Kampf dem Kartell der Vermögens-Vernichter

Retten Sie Ihr Geld vor der Politik, den Banken und dem grauen Kapitalmarkt – So investieren Sie gekonnt

Janne Jörg Kipp

Kampf dem Kartell der Vermögens-Vernichter

Retten Sie Ihr Geld vor der Politik, den Banken und dem grauen Kapitalmarkt – So investieren Sie gekonnt

GeVestor
Scharfsicht zahlt sich aus.

Bibliografische Information der Deutschen Bibliothek
Die Deutsche Bibliothek verzeichnet diese Publikation in der Deutschen Nationalbibliografie; detaillierte bibliografische Daten sind im Internet über http://dnb.ddb.de abrufbar.

ISBN 978-3-8125-2647-0

Herausgeber: Hans Joachim Oberhettinger
Autore Janne Jörg Kipp, Chefredakteur *Der Deutsche Wirtschaftsbrief* (V.i.S.d.P.)
Produktmanagement: Sabine Rehwinkel
Satz: ce redaktionsbüro für digitales publizieren, Heinsberg
Cover: jocic@bigstock.com
Druck: CPI books GmbH, 25917 Leck

2. Auflage

Theodor-Heuss-Straße 2/4
53177 Bonn
Telefon: +49 228 8205-0
Telefax: +49 228 3696480
E-Mail: info@gevestor.de
Internet: www.gevestor.de
Bereichsvorstand: Hans Joachim Oberhettinger
Verlagsleiterin: Cathrin Gutmann

GeVestor ist ein Unternehmensbereich der
Verlag für die Deutsche Wirtschaft AG
Amtsgericht Bonn, HRB 8165
Vorstand: Richard Rentrop

Haftungsausschluss

Alle Angaben in diesem Buch basieren auf Quellen, die wir für zuverlässig erachten. Eine Haftung für die Verbindlichkeit und Richtigkeit der Angaben kann allerdings nicht übernommen werden.

Vorwort

Liebe Leserinnen und Leser,

in keiner anderen Nation lassen sich die Bürger ihr sauer verdientes Geld so leicht aus der Tasche ziehen wie in Deutschland. Was die Gebrüder Grimm in ihrem Märchen „Hans im Glück“ so symbolhaft beschrieben haben, hat hierzulande nach wie vor Gültigkeit.

Über die Jahre hinweg haben viele Deutsche ein ansehnliches Vermögen erwirtschaftet. Denn die Europäische Zentralbank (EZB) hat eine unermessliche Geldflut auf die Märkte losgelassen. Dies entwertet Ihr Geld und damit auch Ihr Vermögen. Zudem haften wir inzwischen alle mit unserem Vermögen für die Pleitekandidaten in der Euro-Zone, wie Sie spätestens seit dem faktischen Griechenland-Konkurs 2015 sowie den anhaltenden Niedrigzinsen auf den Märkten wissen. Gleichzeitig erhalten Sie als Sparer bei Ihrer Bank nur noch Mini-Zinsen. Wenn überhaupt. Dies wird sich in den kommenden Jahren kaum ändern. Vielmehr planen die Geschäftsbanken teils sogar Negativzinsen für private Konten. Selbst ein Bargeldverbot steht zumindest in der politischen Diskussion im Raum.

Zudem ist bei Kapitalanlagen in Deutschland niemand vor Falschberatung sicher. Wenn es um Geld geht, wissen viele Deutsche offenbar nicht, was sie tun. Sie lassen sich von Banken für gutes Geld Anlagemodelle andrehen, die sie gar nicht verstehen. Bei Lichte betrachtet fehlt den verkauften Papieren oft jeder innere Wert. Die Kundenbetreuung durch Banken war so schlecht geworden, dass sich der Gesetzgeber zum Handeln gezwungen sah.

Immerhin: Banken sind mittlerweile zu Beratungsprotokollen verpflichtet und müssen die empfohlenen Produkte durch „Beipackzettel“ erklären. Die ganz großen Vermögensvernichtungen finden aber nicht in den Kreditinstituten, sondern zu Hause im Wohnzimmer oder am Telefon statt. Mit dem sogenannten grauen Markt hat sich in Deutschland ein Geschäftszweig etabliert, der weltweit seinesgleichen sucht. Im Grunde genommen geht es hier allein darum, Geld für Projekte einzusammeln, die mit großen unternehmerischen Risiken behaftet sind – so groß, dass die Banken sie ohne das Geld der Anleger niemals finanzieren würden.

Dieses einzigartige Geschäftsmodell läuft wie geschmiert. Die Initiatoren kassieren immer. Die Anleger dagegen kleben am Fliegenfänger und kommen vor Ablauf von zig Jahren nicht aus den Projekten heraus. Gehen diese am Ende schief, kommt es zum Totalverlust. Die Beratungen sind häufig unqualifiziert und immer wieder sogar betrügerisch. Bis sich das jedoch herausstellt, können Jahre vergehen. Erfahrungen dieser Art können Sie sich ersparen. Denn es gibt durchaus Anlageformen, die transparent sind, gute Renditen versprechen und dennoch große Sicherheit bieten. Dazu zählen etwa Aktien und in späteren Jahren sicher auch wieder Anleihen. Mit Manipulationsversuchen müssen Sie dennoch stets rechnen.

Im Unterschied zu reinen Finanzexperten blickt Der *Deutsche Wirtschaftsbrief* stets über den Tellerrand. Politik und Steuern stehen dabei ebenso auf dem Prüfstand wie die Geldanlage selbst. Die wichtigsten Punkte finden Sie in diesem Buch. Denn:

Was Hans im Glück passiert ist, soll Ihnen erspart bleiben. Nach der Lekture dieses Buchs können Sie sicher sein, dass niemand aus der Finanzbranche Ihnen noch etwas vormachen kann. Ob in der Bank, auf der Wohnzimmercouch oder am Telefon: Sie werden erkennen, ob Sie es mit seriösen Beratern oder aber mit Märchenerzählern zu tun haben.

Eine erfolgreiche Lektüre wünscht Ihnen

Ihr

Janne Jörg Kipp

Janne Jörg Kipp

Chefredakteur
Der Deutsche Wirtschaftsbrief

Einführung in dieses Buch

Vom echten Wohlstand träumt jeder. Für die meisten jedoch bleibt er ein Traum. Denn: Abgesehen von Glücksfällen wie großen Lotteriegewinnen oder üppigen Erbschaften (hoffentlich ohne Schwarzgeld) muss ein Vermögen hart erarbeitet werden.

Auch die Aktienmärkte sind – das zeigen die zurückliegenden Jahre – keine Einbahnstraße zum Erfolg. Im Gegenteil: Noch nie in der Nachkriegsgeschichte Deutschlands, so hieß es bis vor einigen Jahren, sei so viel Geld vernichtet worden wie von Anfang 2001 bis Frühjahr 2003.

Dass es noch schlimmer kommen könnte, hatte kaum jemand erwartet. Exakt das geschah jedoch 2008, im Jahr gigantischer Börsenverluste. Mehr noch: Nur durch Staatsgarantien (also auf dem Rücken der Steuerzahler) wurde der Kollaps der Finanzmärkte verhindert. Heute hat sich die Situation beim DAX wieder stabilisiert. Die Kurse kletterten seit März 2009 um mehr als das Vierfache. Dennoch steht auch dieser Aufschwung stets auf dem Prüfstand. Das billige Geld der EZB hat den Aufschwung angeheizt.

Vorsicht Banken!

Schuld an den Krisen hatten die hatten in beiden Fällen die raffgierigen Manager der Banken. Diese brachten bis zum Platzen der ersten Blase immer mehr Unternehmen an die Börse, um sich als bisherige Hauptkreditgeber zu entlasten. Anschließend wurden durch ständige Kaufempfehlungen die Aktienkurse teils fragwürdiger Unternehmen in immer neue Höhen getrieben und an den Provisionen verdient. Die Börsengänge brachten den Banken noch mehr Geld in die Kasse.

Die Krise 2008 wurde durch die dramatische Entwicklung am US-Immobilienmarkt ausgelöst. Dort hatte sich ebenfalls eine gigantische Blase herausgebildet. Häuser waren zu reinen Spekulationsobjekten geworden. Jeder ging davon aus, einen Käufer zu finden, der morgen mehr als den eigenen Kaufpreis zahlen würde. Der scheinbare Wertzuwachs der Immobilien wurde verkonsumiert.

Die Banken gewährten immer höhere Schulden, bis diese Seifenblase platzte. Die daraus resultierenden faulen Kredite wurden wie ein Kettenbrief quer durch die Welt gereicht. Verbriefungen waren nichts mehr wert. Das schlug bei den Banken auf die Bilanzen durch. Weitere Folge: Kreditkündigungen zwangen zu Notverkäufen von Wertpapieren. Alles, was liquide war, wurde verschleudert. Der Wertverfall an den Börsen griff dann mit voller Wucht auf die Realwirtschaft über.

So werden Sie ausgenutzt

Die Aussicht auf schnelle Gewinne vor Augen, noch verstärkt durch die von Banken geschürte Börsen-Euphorie, haben in Wertpapiergeschäften unerfahrene Anleger den Banken vertraut und in Extremfällen bis zu 90 % ihres Einsatzes verloren. Bei der Börsenkrise 2008 dürften die Verluste im Schnitt bei etwa 50 % gelegen haben.

Viele Freiberufler und Selbstständige haben auf diese Weise große Teile ihrer Altersvorsorge in den Sand gesetzt. Sie konnten die Krise nicht aussitzen, sondern mussten sich anderweitig um ihre Vorsorge kümmern oder haben in Panik verkauft. Besonders wagemutige Naturen hatten Wertpapiere sogar auf Pump gekauft und sind heute hoffnungslos verschuldet. Zu viel Gier erweist sich immer als verhängnisvoll.

Das Dilemma, warum bei Anlagen so viel schief läuft, fängt bei uns bereits in der Schule an. Niemand informiert die jungen Leute über wichtige wirtschaftliche Zusammenhänge. Wer in das Berufsleben eintritt, ist – selbst nach einem Universitätsabschluss – in Geldanlagen meist ein Laie. Mangelndes Wissen sollten Sie sich nicht leisten. Denn:

Damit ist jeder ein potenzielles Opfer für Falschberatungen, schon weil er die Zusammenhänge nicht versteht. Das rächt sich besonders bei den Berufsgruppen, die sich selbst um eine ausreichende Altersversorgung kümmern müssen. Jeder Fehler kann hier verheerende Folgen haben. Dazu gleich drei Beispiele, über die ich im *Deutschen Wirtschaftsbrief* berichtet habe.

Fälle aus der Praxis

Besonders dramatisch ist der Fall eines Rentnerehepaares, dem die damalige Zweigstellenleiterin einer süddeutschen Raiffeisenbank zu Aktienanleihen von SAP riet, und zwar, als ein Kursrutsch der SAP-Aktien schon eingesetzt hatte. Statt die Anleihe zu tilgen, erhielten die Rentner SAP-Aktien von der Bank. Trotz anhaltender Talfahrt wurde ihnen geraten, die Aktien zu halten. Als sie entnervt verkauften, waren 75 % ihrer Altersvorsorge unwiederbringlich verloren. Unglaublich, aber wahr: Die verhängnisvolle erste „Anlageberatung“ hatte gerade einmal fünf Minuten gedauert, teilte uns der eingeschaltete Rechtsanwalt in diesem länger zurückliegenden Fall mit, der aber exemplarisch ist.

Dem Landgericht Ingolstadt genügte, dass die Rentner den Kaufauftrag unterschrieben hatten. Sie seien zu gierig nach Gewinnen gewesen, urteilte das Gericht. Es wies die Klage auf Schadenersatz zurück (Az. 4 O 1744/03). Für eine Berufung, die zweifellos Erfolg gehabt hätte, fehlte den Rentnern das Geld.

Wohin es führen kann, wenn gutgläubige Anleger einem schlechten Berater blind vertrauen, zeigt auch folgender Fall: Eine Volksbank in Bayern hatte einer 68-jährigen Rentnerin geraten, ihren Immobilienbesitz zu verkaufen. Die Frau ließ sich darauf ein. Für den Verkauf der Mietimmobilie erhielt die Bank eine Provision.

20.000 € des Kaufpreises wurden in dem Fonds Templeton Growth angelegt. Dieser bringt der Bank jährlich bis zu 1 % Bestandsprovision. 80.000 € flossen in ein bankeigenes Bonuszertifikat, bezogen auf den EuroStoxx 50, mit vierjähriger Laufzeit. Später erfolgte auf Anraten der Bank ein Notverkauf. Gut 50.000 € betrug dabei der Verlust. 40.000 €, investiert in einen Schiffsfonds, erwiesen sich ebenfalls als Flop.

Ohne den Immobilienverkauf hätte die Frau zu ihrer Rente von 500 € etwa 1.200 € Mieteinnahmen zusätzlich erzielt. Stattdessen hatte man ihr hoch riskante, nur für die Bank profitable Anlageformen aufs Auge gedrückt. Die Beratung hatte

2007 stattgefunden. Erst im Jahr 2012 obsiegte die Rentnerin mit ihrer Schadenersatzklage vor dem Landgericht Traunstein (Az. 5 O 4265/10).

In Folge der Krise im Jahr 2008 zitterten Anleger um ihre Spareinlagen. Sämtliche Aufsichtsbehörden und Kontrollmechanismen hatten versagt. Zudem hatten Banken die Anleger verstärkt in Zertifikate getrieben. Diese werden jedoch wertlos, wenn der Emittent in Konkurs geht. Erst die Lehman-Pleite in den USA verdeutlichte vielen Privatinvestoren, wie riskant Zertifikate tatsächlich sind. Banken hatten die Risiken verharmlost oder sogar ganz verschwiegen. Dazu dieser Fall, den uns ein Anwalt aus Hannover schilderte:

„Im Fahrstuhl auf dem Weg zu meiner Kanzlei erhielt ich auf dem Handy einen Anruf von meiner Bank. Das Zertifikat, so hieß es, müsse in fünf Minuten gezeichnet werden, da dann die Schlusszeichnungsfrist ablaufe. Der Bankberater schlug vor, einen fällig gewordenen Festgeldbetrag in Höhe von 35.000 € zu investieren. Dem habe ich jedoch widersprochen, so dass glücklicherweise nur eine Summe von 20.000 € angelegt wurde."

Der Leser rügt, unter Zeitdruck sowie durch falsche Angaben zu diesem Kauf überredet worden zu sein. Auf Risiken wurde er nicht hingewiesen. 37 Seiten Bedingungen erhielt er auf Nachfrage erst vier Monate später. Zuvor hatte er nie Zertifikate gekauft. Wie Tausende von Lehman-Opfern ist der Anwalt damit auf die Kompromissbereitschaft der Bank oder den mühseligen Klageweg angewiesen.

Noch heute gibt es sehr viele Fälle von Falschberatungen. Dies betrifft vor allem die Investitionen in Mittelstandsanleihen. Aber auch Fonds sind unverändert betroffen. So hat sich erst vor kurzem eine Leserin gemeldet, die bei ihrer Bank riskante Fonds im Depot hatte und diese endlich verkaufen wollte. Die „Milchmädchenrechnung" der Bank: Die aufgelaufenen Verluste könnte sie nur mit solch riskanten Fonds wieder wettmachen. Sie solle auf keinen Fall verkaufen. Fachlich ist dies Unsinn.

Schadenersatzklagen weitgehend sinnlos

Nur einige wenige Anleger können die Banken oder Vermittler letztlich erfolgreich auf Schadenersatz verklagen. Die meisten haben sich auf den Beratungsbögen der Banken als risikobewusst einstufen lassen. Manchmal erst deshalb, weil ihnen erzählt wurde, dass sonst die lukrativsten Geschäfte nicht ausgeführt werden könnten. Dann wurden die Anleger in hoch riskante eigene Fonds der Banken oder hoch komplizierte Finanzinnovationen hineingetrieben.

Die Banken kassierten so hohe Gebühren und Provisionen. Die folgenden Wertverluste aber mussten die Anleger ausbaden. Trotz fehlerhafter Beratung durch die Bank meist ohne jegliche Chance auf Schadenersatz. Was steckt dahinter? Die Antwort:

Die Katze im Sack

Die kaufen Sie immer dann, wenn Sie sich in Vermögensfragen allein auf den Rat Dritter verlassen. Gleichgültig ob bei einer Bank, durch den Vertreter einer Versicherung, durch einen Fondsanbieter oder einen Vermögensberater. Denn: Ob die Beratung, die Sie dort bekommen, gut oder schlecht war, werden Sie immer erst im Nachhinein erfahren. Zudem:

Die wenigsten Berater haben, selbst wenn sie sich Mühe gaben, Ihre tatsächliche Risikobereitschaft bisher zutreffend beurteilt. Alle angestellten Berater müssen zwangsläufig die Interessen ihres Arbeitgebers berücksichtigen. Dieser will – wie auch der Berater selbst – an Ihnen verdienen.

Unausweichlich müssen sich dadurch Interessenkonflikte ergeben. Selbst bei einer wirklich unabhängigen Gesamtberatung werden die Persönlichkeit und Risikobereitschaft des Beraters zwangsläufig auch zu Ihrem Risiko, wenn Sie alle Anlagevorschläge einfach übernehmen.

Es ist aber eine Illusion, darauf zu vertrauen, dass jemand mit Ihrem Geld so umgeht, wie Sie persönlich es tun würden. Deshalb sollten Sie daraus auch die Konsequenzen ziehen.

Sichern Sie sich ab

Treffen Sie selbst alle grundlegenden Entscheidungen über Ihr Vermögen. Beratungen sind nur dann eine wirkliche Hilfe, wenn die Risikoneigung des Beraters der Ihren weitgehend entspricht.

Dort, wo Sie Ihr Geld anderen anvertrauen, sollte in Sachen Seriosität nicht einmal ein Hauch von Unsicherheit im Raum stehen. Sie sollten klare Zielvorgaben machen und regelmäßig überprüfen können, ob diese auch umgesetzt werden.

Behalten Sie bei allem, was Ihr Vermögen betrifft, die Entscheidungsfreiheit in der eigenen Hand. Über Ihr Geld und das, was Sie damit anfangen wollen, wissen Sie schließlich selbst am besten Bescheid.

Ebenso über Ihre Risikoneigung, die sich durch äußere oder innere Einflüsse auch gelegentlich ändern kann. Sie sollten sich deshalb Ziele setzen, diese konsequent verfolgen und überprüfen. Wenn doch etwas schiefläuft, sollten Sie sofort die Reißleine ziehen.

Das können Sie aber nur, wenn Sie die Anlageformen, in die Sie investieren, auch tatsächlich verstehen und die Risiken kennen. Das ist bei vielen Produkten, die die Banken auflegen, nicht der Fall. Es bedurfte erst der Pleite von Lehman Brothers, um Anlegern zu verdeutlichen, dass Zertifikate auch ein Ausfallrisiko haben, wenn der Emittent die Segel streichen muss.

Wie risikobehaftet Aktien sein können, haben alle Aktionäre zuletzt leidvoll erfahren. Viele Anleger machen sich völlig falsche Vorstellungen davon, wie sie Kursverluste ausgleichen können. Ein Kollege schilderte uns diesen Fall: Es ging um einen Optionsschein. Der Kurs sank von 1,00 € auf 0,20 €. Also ein Verlust von 80 %. Danach ging es jedoch zügig aufwärts: Der Optionsschein-Kurs stieg jetzt um 300 %. Ausgehend von 0,20 € führte das zu einem Kurs von 0,80 €. Konsequenz: Der Gesamtverlust betrug immer noch 20 %.

Das ist einer der Gründe, warum ich immer wieder zum Setzen von Stop-Loss-Marken rate. Bedenken Sie: Haben Ihre Verluste 20 % erreicht, brauchen Sie 25 %

Gewinn, um zumindest wieder auf null zu kommen. Um 50 % Verlust auszugleichen, benötigen Sie schon 100 % Gewinn. Das wird leider immer wieder übersehen.

Retten Sie Ihr Geld

Mit Anlagen läuft oft vieles schief. Bei Wertpapieren, die an Börsen gehandelt werden, besteht zumindest die Chance, dass sich die Kurse auch nach starken Verlusten wieder erholen.

Gehen Sie dubiosen Anbietern am grauen Kapitalmarkt auf den Leim, besteht diese Chance nicht. Wo kein Börsenhandel stattfindet, können Sie auch keine Kursverluste wettmachen. Wer Ihnen nicht-börsennotierte Kapitalanlagen als besonders sicher anpreist, erzählt Ihnen Unsinn. Als besonders gefährlich können sich lange Laufzeiten erweisen. Das Kapital ist gebunden, vorzeitige Ausstiege kommen nicht oder nur unter erheblichen Verlusten in Betracht. So berauben Sie sich jeder Flexibilität. Kein Mensch weiß, wie das wirtschaftliche Umfeld in 10, 15 oder gar 20 Jahren aussieht.

Viele Fehler lassen sich jedoch vermeiden. Schon dadurch, dass Sie die Risiken gering halten und Ihr Geld nur in solche Anlagen investieren, die für Sie transparent sind. Und von denen Sie selbst etwas verstehen. Wo dieses Wissen fehlt, sollten Sie es sich aneignen.

Geld ist kein Tabu-Thema

Begehen Sie nicht den Fehler der meisten Deutschen, die bei Geldanlagen einsame Entscheidungen treffen. Geld gilt als ein Tabu-Thema, über das möglichst wenig gesprochen wird. In vielen Fällen diskutiert man darüber nicht einmal im engsten Familienkreis. In wohl keiner anderen Nation gibt es eine ähnliche Geheimniskrämerei.

Wie erschreckend die Unkenntnis in Gelddingen ist, offenbart auch die Geldverteilung in Deutschland. Immerhin haben wir ein Vermögen von 5,2 Billionen €, das allerdings relativ zinsarm angelegt ist. 75 % der Gelder waren nach einer Studie der Bundesbank auf Sparbüchern, Tagesgeldkonten und Girokonten angelegt. Weitgehend zinslos. Selbst wer in Wertpapiere investiert hat, verzichtet überwiegend auf die einzig ertragsstarken Aktien.

Folgenschwere Entscheidungen aus dem Bauch heraus bergen hohe Risiken. Wo niemand kritisch hinterfragt, können sich Fehler dauerhaft verfestigen. Selbst wenn Irrtümer offensichtlich sind, gesteht sie sich niemand gern ein. Das erklärt, warum Deutschland ein Dorado für Kapitalanlagebetrüger ist. Dank der Verschwiegenheitsmentalität dürfte das auch so bleiben. Indes:

Als Leser des *Deutschen Wirtschaftsbriefs* unterscheiden Sie sich von der gutgläubigen breiten Anlegermasse. Sie lassen sich fundiert informieren und erkennen Angebote, bei denen man Sie über den Tisch ziehen will. Woche für Woche lesen Sie, was wie funktioniert und wo Fallstricke lauern können. Wenn Sie verheiratet sind, können Sie als männlicher Leser ein zusätzliches Sicherheitsventil einbauen: Beraten Sie sich mit Ihrer Frau. Frauen haben ein feineres Gespür dafür, Anlagerisiken zu erkennen. Zudem belegen Untersuchungen, dass Teams mit Frauen bessere Ergebnisse erzielen.

Weitere Anregungen, Empfehlungen und Tipps zum Umgang mit Ihrem Geld finden Sie im Fortgang dieses Buches. Dabei wird es auch um steuerliche Einschätzungen gehen, um das Risiko einzelner Anlagearten sowie schließlich um die Rendite. Dafür werden Sie ganz konkret erfahren, welche Strategie für welche Anlagearten ab dem Jahr 2018 richtig ist und welche Rolle vor allem Aktien dabei spielen werden. Auch unter Berücksichtigung der steuerlichen Aspekte. Ganz entspannt und mit höchster Sicherheit.

Dies ist besonders deshalb wichtig, weil der Staat immer stärker nach Ihrem Vermögen greift. Man könnte auch sagen, der Staat vergreift sich an Ihrem Vermögen. Über höhere Steuern, über staatliche Anlagevorschriften für Lebensversicherungen sowie durch die Entwertung des Euros. Tagtäglich lesen Sie, wie die EZB durch ihre Gelddruckmaschine die Euro-Zone rettet. Wie einzelne Staaten gerettet werden. Und wie hoch der Finanzbedarf ist, wenn es beispielsweise um die Versorgung von Flüchtlingen oder unsere Infrastruktur geht. Letztlich werden auch die zunehmenden Militäreinsätze mehr Geld verschlingen. Der Staat braucht also Geld. Unabhängig davon, wer uns in den kommenden Jahren regiert.

Der Staat hat Ihre Finanzen voll im Griff

Politikern gelingt es immer wieder, die Bürger für dumm zu verkaufen. „Die Umstände zwingen uns zum Eingreifen", heißt es offiziell bedauernd. „Nur so können wir das Übel wirksam an der Wurzel bekämpfen." Mehr noch: Das wird so lange wiederholt, bis niemand mehr Zweifel anzumelden wagt. Dann wird wie bei der angeblichen Terroristenbekämpfung gehandelt.

Es folgte ein Kontrollsystem, das sämtliche hiesigen Bankkonten erfasst. Eckdaten von 500 Millionen Konten können abgerufen werden, ohne dass Bank oder Kunde das erfahren. Betroffene können sich – wenn überhaupt – nur im Nachhinein wehren. Wer als Reisender Barmittel mit sich führt, muss mit Kontrollen rechnen. Bei Reisen in Drittstaaten sind Beträge über 10.000 € anzeigepflichtig.

Um Geldwäsche aufzuspüren, müssen Banken ihre Kunden und deren Transaktionen systematisch überwachen. Die Pflicht, Verdachtsfälle anzuzeigen, trifft auch andere Branchen – vom Juwelier bis zum Immobilienmakler. Selbst Rechtsanwälte, Steuerberater und Wirtschaftsprüfer sind in dieses Kontrollsystem einbezogen. Indes: Erfolge hat das weder im Kampf gegen den Terror noch bei der Aufdeckung von Geldwäsche gebracht.

Inzwischen sind sämtliche für die Behörden interessanten Finanzdaten gespeichert und jederzeit abrufbar. Der Staat kennt und registriert alles. Er hat unsere Finanzen voll unter Kontrolle. Jede künftige Regierung kann bei Bedarf darauf zurückgreifen. Alle Bürger können so bis aufs letzte Hemd durchleuchtet werden.

Die wenigen Freiräume, die noch im Ausland bestehen, werden im Kampf gegen die Steueroasen beseitigt. Es geht nicht nur um Steuerhinterziehung. Die Staaten wollen wissen, was ihre Bürger dort besitzen. Kommt es zu Selbstanzeigen und Steuernachzahlungen, ist das ein erwünschter Nebeneffekt. Achtung:

Auch die EU will nicht untätig bleiben. Sie arbeitet an Einzugsmöglichkeiten für Erträge aus Straftaten. Dazu zählt die Steuerhinterziehung. Die Staaten sollen vernetzte Vermögensabschöpfungsstellen einrichten. Vordergründig betrifft der Maßnahmenkatalog nur Bösewichte. Die Datensammelwut aber geht viel weiter. Vorgeschlagen wird eine Datenbank für Finanzinformationen inklusive eines zentralen

Bankkontenregisters. Bleibt nur die – wohl vergebliche – Hoffnung, dass sich die Abschöpfungsstellen auf kriminelle Fälle beschränken.

Nichts ist mehr sicher

Wie soeben dargelegt, geht es längst nicht mehr nur darum, versteckte Zinserträge oder Schwarzgeld aufzuspüren: Jeder Bürger, der über Vermögen oder Einkunftsquellen verfügt, die sich nicht über die Lohnsteuerkarte nachweisen lassen, gilt bei Finanzbeamten als potenzieller Steuerhinterzieher. Im Prinzip betrifft das auch jeden Vermieter oder Erben. Selbst wenn Geld aus nachweisbar versteuertem Einkommen angelegt ist, sind die Bürger vor Nachforschungen nicht sicher.

Jeden kann es treffen

Der Staat traut den Steuerzahlern nicht, die öffentlichen Kassen sind unter dem Strich noch immer leer. Die Verschuldung ist schlicht immens. Um der Schuldenberge Herr zu werden, helfen keine Sparprogramme mehr. Jede Regierung wird die Einnahmen deutlich steigern müssen und deshalb die Steuern erhöhen. Dabei wird im Laufe der nächsten Jahre auf Vermögen jeglicher Art zurückgegriffen. Wieder höhere Belastungen kommen zudem auf Erben zu. Das lässt nichts Gutes ahnen. Denn: In den nächsten Jahren wird so viel vererbt werden wie noch nie zuvor. Daher wird sich der Fiskus auch für größere Erbschaften künftig noch genauer interessieren und überprüfen, ob der Verstorbene das hinterlassene Vermögen ordnungsgemäß versteuert hat.

Völlig überraschend kann so jedermann zu jeder Zeit von staatlichen Maßnahmen betroffen werden, die äußerst unerfreuliche Folgen haben können. Vor allem, wenn auch im Umfeld Nachforschungen laufen und Geschäftsfreunde, Banken, Steuerberater und nahestehende Verwandte oder auch Arbeitgeber in laufende Verfahren einbezogen werden. Selbst wenn sich später die Unschuld herausstellt, sind dadurch verursachte Schäden oft nicht wiedergutzumachen.

Dennoch kann auch der Staat nicht so frei agieren, wie er gerne will. Im zurückliegenden Jahr hat er die Erbschaftsteuerregelungen überarbeitet. Die ursprünglich geplante starke Entlastung von Unternehmen bei der Vererbung ist im Laufe der letzten Legislaturperiode schon wieder aufgeweicht worden. Noch immer ist es teuer, zu vererben.

Inhalt

Teil II: Ihre konkrete Anlagestrategie 93

Anhänge 194

Über die Autoren 224

Teil I:

Was Sie bei Ihren Investitionen berücksichtigen sollten

1. Sichern Sie Ihre finanzielle Unabhängigkeit im Alter

Alt werden will bekanntlich jeder. Darüber, was im Alter so alles blühen kann, machen sich allerdings die wenigsten Menschen Gedanken. Dabei sollte sich eigentlich inzwischen herumgesprochen haben, dass die gesetzliche Rente nicht ausreichen wird, um den gewohnten Lebensstandard im Alter halten zu können. Indes: Gerade jüngeren Leuten ist die Höhe ihrer späteren Altersbezüge teilweise völlig unbekannt. Zwei von fünf Berufstätigen rechnen mit einer Rente nahe ihrem jetzigen Einkommen, also zwischen 80 und 100 %. Realistisch ist dagegen eine Größenordnung um 56 %. Im Schnitt erhält ein westdeutscher Rentner etwa 1.250 €, lediglich etwa 1.100 € monatlich sind es für Rentenempfänger im Osten.

Begehen Sie deshalb nicht den Fehler, in Sachen Alterseinkommen etwas schönzurechnen. Der echte Bedarf im Alter liegt bei mindestens 70 bis 75 % der letzten Nettobezüge. Wer das nicht erreicht, muss damit rechnen, seinen bisher gewohnten Lebensstandard nicht beibehalten zu können. Hinzu kommt, dass die Alterseinkünfte demnächst in voller Höhe besteuert werden.

Neben den erhöhten Steuerabzügen bei den Renten sind auch weiter steigende Kosten für Gesundheit und Pflege zu erwarten. Die steigenden Kassenbeiträge für Private sind ein erstes Alarmzeichen dafür. Nicht zu vergessen ist auch der permanente Kaufkraftverlust durch Inflation. Daher muss jeder zusätzlich privat vorsorgen, um finanziell fürs Alter gerüstet zu sein.

Die meisten Deutschen sind der Ansicht, dass Tagesgeld, Festgeld und Sparbuch gut geeignet seien, um für das Alter vorzusorgen. Diese Form der Geldanlage mag in besser verzinsten Zeiten einige Euro zusätzlich bringen. „Hauptsache, sicher!" ist aber allgemein wohl der größte Irrglaube. Wer die Sicherheit von Tages- oder Festgeld sucht, muss sich derzeit wegen des extrem niedrigen Zinsniveaus nämlich mit Minirenditen zufriedengeben. Das sorgt allenfalls für einen Kapitalerhalt. Unterschätzen Sie zudem nicht den Inflationseffekt. Dazu ein Beispiel:

Sie sparen zehn Jahre lang und gleichen eine jährliche Inflation von 2,5 % nicht mit Anlageerfolgen aus. Dann verbleiben Ihnen von anfänglich 10.000 € am Ende nur 7.800 €. Das ist aktuell der Preis der Sicherheit.

Des Weiteren vergessen die meisten Anleger, dass sie sich absolute Sicherheit überhaupt nicht leisten können, wie das nachfolgende Beispiel zeigt: Ein Anleger will bis zum Renteneintritt in 30 Jahren 50.000 € sparen. Wie hoch sind dann seine monatlichen Raten? Die Antwort: Bei einer festverzinslichen Anlage mit 4 % Rendite muss der Anleger 30 Jahre lang 728 € monatlich zurücklegen.

Beträge in dieser Höhe kann sich jedoch kaum jemand leisten. Selbst wenn die aktuelle Finanzsituation es erlaubt, weiß niemand, was in zehn oder 20 Jahren sein wird. Auch wer kleinere Summen etwa in eine Kapitallebensversicherung einzahlt, muss später häufig erfahren, dass das Geld nicht aufgebracht werden kann. Die Mehrzahl der Verträge kann deshalb nicht bis zum Ende durchgehalten werden. Der vorzeitige Ausstieg aber kostet Geld. Bedenken Sie deshalb stets:

Starre Laufzeiten und eine feste Bindung des Sparkapitals können einen Anleger schnell in Schwierigkeiten bringen. Denn: Dabei fehlt die Flexibilität. Für viele beginnt der Ruhestand früher als gesetzlich geplant. Aufgrund von Arbeitslosigkeit, Erwerbsunfähigkeit oder eines freiwilligen früheren Ausstiegs liegt das faktische Renteneintrittsalter häufig weit unterhalb des gesetzlichen Rentenalters. Beim Sparen für die Altersvorsorge sollten Sie deshalb Wert auf Flexibilität und Verfügbarkeit legen. Verträge mit laufenden Monatsbeiträgen, bei denen die Gebühren für die gesamte Laufzeit in den ersten Jahren abgezogen werden, sollten Sie sofort in den Papierkorb werfen. Denn: Mit solchen Verträgen verdienen in den ersten Jahren nur die Vermittler Geld.

Kapitallebensversicherungen sind nicht attraktiv

Jahrelang haben sich diese Versicherungen quasi von selbst verkauft. In der Tat ließen sich damit in der Vergangenheit bei guten Anbietern Renditen um die 6 % herum erzielen. In den letzten Jahren ist es jedoch immer schwieriger geworden, noch ordentliche Zinsen zu erhalten. Diese konnten die Versicherten sogar steuerfrei einstreichen. Das Zwangssparen über Lebensversicherungen hatte sich in der Vergangenheit so für viele Anleger gelohnt. Diese Zeiten sind längst vorbei. Im Abschnitt „Zum Umgang mit Lebensversicherungen“ in Teil II erhalten Sie zu den aktuellen Aussichten von Lebensversicherungen sowie zu den Empfehlungen bei laufenden Verträgen detaillierte Hinweise.

Da die klassische Kapitallebensversicherung inzwischen sehr schwer zu verkaufen ist, schwenken die Versicherer zunehmend auf Fondspolicen um (oder verkaufen Lebensversicherungen ohne Garantien). Das ist im Grunde nichts anderes, als ob Sie direkt Fonds kaufen. So oder so liegt das Anlagerisiko in diesen Fällen allein beim Kunden. Laufen die Kapitalmärkte schlecht, sind auch die Fonds davon betroffen. Einen gesetzlichen Garantiezins gibt es bei Fondspolicen überhaupt nicht.

Versicherer gehen deshalb dazu über, die gezahlten Beiträge am Ende der Laufzeit selbst zu garantieren. Das können sie aber wiederum nur, weil – wie bisher – die meisten Lebensversicherungen nicht bis zum Ende durchgehalten werden. Zudem müssen die Verträge abgesichert sein. Dieser Schutz muss teuer erkauft werden. Die Kosten, die dafür anfallen, haben die Kunden zu tragen. Selbst wenn die Fonds einigermaßen laufen, wird die Rendite dadurch geschmälert.

Um Fondspolicen dennoch schmackhaft zu machen, wird häufig geraten, sie zur Finanzierung von Immobilien einzusetzen. Bei Mietobjekten sind die Finanzierungszinsen von der Steuer absetzbar. Hier setzen Banken und Versicherer gern an. Sie empfehlen, Fondspolicen mit mindestens zwölfjähriger Laufzeit abzuschließen, anstatt regelmäßig zu tilgen. Hat der Kunde dann die 60 erreicht, braucht er den Gewinn aus der Versicherung nur zur Hälfte zu versteuern. Zudem wird meist mit dem Zinseszinseffekt während der Laufzeit geworben. Indes:

Durch die Abschlusskosten der Lebensversicherung gehen rund 4 % der eingezahlten Prämien verloren. Hinzu kommen die Kosten für den „Versicherungsmantel“, die pro Jahr mit 1,5 % oder mehr zu Buche schlagen. Nicht zu vergessen die Fondskosten, die bei Dachfonds etwa 2 % pro Jahr betragen. Weiterer Kostenblock: Dachfonds investieren in andere Fonds. Das dürfte die Rendite nochmals um 1 % oder sogar mehr mindern.

Banken verweisen häufig darauf, dass mit solchen Policendarlehen rund 6 % Rendite zu erzielen sind. Um alle Kosten zu decken, müsste dafür aber ein Fondsertrag von über 10 % erwirtschaftet werden. Das wird in den meisten Fällen kaum gelingen. Die Bank dagegen macht immer ein gutes Geschäft.

Sparen Sie rechtzeitig für Ihren Ruhestand

Wichtig ist es, möglichst früh hinreichend Kapital für die Altersvorsorge aufzubauen. Dafür eignen sich auf längere Sicht die üblichen Zinsprogramme von Banken nicht mehr. Vielmehr empfiehlt es sich, hier auf Dividenden zu setzen. Die Dividendenrendite von Aktien liegt im DAX zum Zeitpunkt der Drucklegung dieses Buches bei knapp 3,3 %. Je länger Sie solche Dividendenrenditen kassieren, desto stärker wächst der Zins- und Zinseszinseffekt.

Zins- und Zinseszinsen sind das eigentliche Geheimnis des langfristigen Vermögensaufbaus. Im Abschnitt über den Umgang mit Lebensversicherungen finden Sie als Alternative auch eine detaillierte Beschreibung zu Sparplänen und die Möglichkeit, diese einzusetzen. Auch wenn viele Produktanbieter gerne darüber hinwegtäuschen: Genau dies ist die richtige Antwort auf die langfristigen Probleme beim Vermögensaufbau. Denn: Durch den Zins- und Zinseszinseffekt können Sie nicht nur Vermögen aufbauen, sondern gleichzeitig die dauerhafte Geldentwertung bekämpfen.

Erhöhen sich die Lebenshaltungskosten in Zukunft in gleichem Maß wie in den vergangenen 50 Jahren, hat das zur Konsequenz: Der Betrag, der für den zukünftigen Lebensunterhalt verfügbar sein sollte, verdoppelt sich voraussichtlich alle 25 Jahre. Wenn ein Selbstständiger oder Geschäftsführer heute davon ausgeht, dass er im Ruhestand über 10.000 € netto im Monat verfügen möchte, so erhöht sich diese Summe in den nächsten fünf bis 50 Jahren – bei gleichem Lebensstandard – wie folgt:

10.000 € heute erfordern künftig höhere Einkommen:

in	5	Jahren	auf	11.600 €/Monat
in	10	Jahren	auf	13.500 €/Monat
in	15	Jahren	auf	15.600 €/Monat
in	20	Jahren	auf	18.000 €/Monat
in	25	Jahren	auf	20.900 €/Monat
in	30	Jahren	auf	24.300 €/Monat
in	35	Jahren	auf	28.100 €/Monat
in	40	Jahren	auf	32.575 €/Monat
in	45	Jahren	auf	37.764 €/Monat
in	50	Jahren	auf	43.778 €/Monat

Diese Zahlen verdeutlichen, dass Rentenlücken oder Vorsorgelücken auszugleichen sind. Hier sind hohe Dividenden und über Aktienkursgewinne insgesamt sogar 10 % Rendite erforderlich. Dabei sollte es zumindest das Ziel sein, ein möglichst ansehnliches Vermögen aufzubauen, um das Alter sorgenfrei genießen zu können. Das bedeutet für Sie:

- Machen Sie den Erwerb von Vermögen zum wichtigen Lebensziel.
- Investieren Sie nach einem System, mit dem es gelingt, regelmäßig einen Teil des Einkommens für den Vermögensaufbau aufzuwenden.
- Trennen Sie als Unternehmer oder Freiberufler konsequent die geschäftlichen und privaten Gelder.

Zweigen Sie jeden Monat von Ihrem Privatkonto einen festen Betrag auf ein separates Vermögensaufbau-Konto ab, um dieses Geld möglichst gewinnbringend anzulegen. Wie viel Geld Sie zur Verfügung haben, können Sie wie folgt ausrechnen:

Liquiditätsermittlung

Einnahmen	**Ausgaben**
Nettolohn/-gehalt	Miete/Nebenkosten
Nettogewinne	private Versicherungen
feste Nebeneinkünfte	Auto
Kindergeld	Kredittilgungen
Mieteinnahmen	Verpflegung
Zinseinnahmen	Kleidung
	Hausrat/Möbel
	Reisen/Freizeit
	Telefon
	Sonstiges
Monatliches Nettoeinkommen minus monatliche Ausgaben	
Einnahmeüberschuss (Liquidität)	

Haben Sie nach dieser Aufstellung deutlich weniger als 10 % Ihrer monatlichen Privateinnahmen zum Anlegen zur Verfügung, dann sollten Sie über Einsparmöglichkeiten nachdenken! Bitte bedenken Sie: Die durchschnittliche Sparquote liegt bei etwa 10 %. Viel weniger sollte es auch bei Ihnen nicht sein, wollen Sie später keine empfindlichen Einbußen in Ihrer Lebensqualität hinnehmen.

Unterliegen Sie nicht der Versuchung, die Einkommenszuwächse der folgenden Jahre in vollem Umfang zu konsumieren. Wenn Ihr Einkommen wächst, sollten Sie wiederum rund die Hälfte dieses Zuwachses auf Ihr Vermögensaufbau-Konto übertragen.

2. Sorgen Sie für eine breite Vermögensstreuung

Setzen Sie bei Ihrem Vermögensaufbau niemals alles auf eine Karte. Eine gesunde Streuung Ihres Kapitals verringert das Risiko hoher Verluste. Ganz auszuschließen sind aber auch diese nicht, wie sich bei der Börsenkrise im Jahr 2008 gezeigt hat. Alle Wertpapierkategorien sind dabei unter die Räder gekommen. Wertsteigerungen gab es nur beim Gold. Achtbar haben sich in der Krise offene Immobilienfonds geschlagen. In die Bredouille sind sie aber im Anschluss geraten, auch wenn dies aktuell angesichts stabiler Renditen schon wieder vergessen scheint. Was unterstreicht: Auch Investitionen in Immobilien bieten keine absolute Sicherheit. Noch vor einigen Jahren wurde auf eine feste Formel zur Anlagemischung verwiesen, die auf Baron Rothschild zurückgeht. Der Vorschlag lautete, das Vermögen in drei gleiche Teile aufzuteilen: Ein Drittel in Aktien, ein Drittel in Anleihen und ein Drittel in flüssige Mittel. Von solch starren Strategien ist heute aber abzuraten.

Erfolgversprechender ist es, wenn Sie eine individuelle Vermögensaufteilung vornehmen. Diese richtet sich nach Ihrer ganz persönlichen Risikoneigung, Ihrer Anlagementalität und Ihrem individuellen Anlagehorizont. Denn es macht natürlich große Unterschiede, ob Sie Ihr Geld kurzfristig, mittelfristig für drei bis fünf Jahre oder langfristig für darüber hinausgehende Zeiträume anlegen wollen. Wenn Sie heute Geld kurzfristig anlegen wollen oder müssen, sind die Alternativen rar gesät. Die Zinsen sind niedrig. Deshalb eignet sich kaum ein Geldkonto, unabhängig davon, ob es Tagesgelder oder Festgelder sind, zur dauerhaften Anlage.

Alle Angebote, die Ihnen Banken bieten, sind nach Abzug der Inflationsrate und der Gebühren sowie Steuern letztlich sogar Kapitalvernichter. Reine Lockvogelangebote sind auch sogenannte Währungskonten, die angeblich mehr Rendite bieten als die herkömmlichen Euro-Konten. Die Rendite wird langfristig stark schwanken und unkalkulierbar sein, da der Devisenmarkt selbst nicht zu berechnen ist.

Auch vor Neukundenangeboten warne ich Sie ausdrücklich. Banken versuchen hier und da, über scheinbar attraktive Zinsen Neukunden zu gewinnen. Die Angebote beziehen sich allerdings zumeist nur auf Zeiträume von einem halben Jahr oder sogar noch weniger. Danach haben Sie wieder das Problem, dass die Zinsen zu niedrig sind.

Welche Alternativen sich Ihnen überhaupt bieten, sehen Sie in den nächsten Abschnitten. Anfangs erhalten Sie einen Überblick über die unterschiedlichen Anlageformen. Dann werden Sie konkrete Hinweise erhalten.

3. Was Sie über Anleihen wissen sollten

Viele Jahrzehnte galten Anleihen als Inbegriff von Sicherheit, aber auch von Langeweile. Doch spätestens beim Ausbruch der Finanzkrise 2007/2008 wurde diese Einschätzung komplett über den Haufen geworfen. Und das nicht gerade im positiven Sinn. Und auch in den vergangenen Jahren zeigte sich erneut, wie renditeschwach Anleihen sind. So fällt die Rückzahlung bei vielen Mittelstandsanleihen inzwischen zumindest zum Teil aus. Vorher allerdings hatten zahlreiche Experten zum Kauf dieser Papiere geraten.

Es ist mittlerweile müßig, sich noch über die damals offen zutage getretene Mischung aus Gier, fachlichem Unvermögen und Risikoblindheit aufzuregen. Aber gerade Sie als Privatanleger sollten dadurch ausreichend sensibilisiert worden sein, um Markttendenzen und Handlungsweisen vor allem institutioneller Anleger besser zu verstehen und auch kritisch einzuordnen. Denn es gilt:

Wer Wert auf ein ausgewogenes Depot legt und den Plan eines langfristigen Vermögensaufbaus verfolgt, wird auch in Zukunft an bestimmten Anleihen nicht vorbeikommen. Dies folgt schon aus den grundsätzlichen Merkmalen dieser Investmentklasse. Die beiden wichtigsten: Bereits im Zeitpunkt des Kaufs können Sie als Anleger errechnen, welchen Gewinn Ihnen die jeweilige Anleihe bringt – natürlich vorausgesetzt, dass Zinszahlungen und Tilgungen über die Laufzeit ordnungsgemäß erfolgen.

Sollte dies nicht der Fall sein, nehmen Sie als Anleihen-Gläubiger in der Regel eine weitaus bessere Position ein als die Aktionäre. Denn als Aktionär sind Sie Miteigentümer und stehen folglich mit Ihrem kompletten Investment ein. Als Gläubiger dagegen können Sie zumindest auf eine teilweise Befriedigung Ihrer Forderungen hoffen, falls es zu einer Insolvenz und Verwertung des Unternehmensvermögens kommt.

Auch wenn es zwischen Anleihen und Aktien grundlegende Unterschiede in der Ausgestaltung gibt, so wurde doch vor allem in den letzten Jahren deutlich: Das früher gern zitierte Credo von „kaufen und liegen lassen“ gilt für beide Anlageformen nicht mehr.

Zwar ist ein langfristiger Erfolg meist auch mit einem längeren Anlagehorizont bzw. längeren Haltephasen verbunden. In beiden Anlagegattungen hat die Handelsvolatilität in den letzten Jahren jedoch grundsätzlich zugenommen.

Das sollte für Sie aber kein Fluch sein, sondern eher ein Segen. Denn ebenso wie bei Aktien kann auch bei Anleihen der Erfolg mit einem aktiven Management optimiert werden. Längst haben sich Anleihen vom Anschein der vermeintlichen Langeweile befreit und bieten ihrerseits sehr gute Ansatzpunkte, um verschiedene Marktphasen aktiv ausnutzen zu können.

Unternehmen und Anleihen

Auf dem Anleihenmarkt funktioniert vieles genauso wie bei Aktien. Das gilt in besonderem Maß für die Preisfindung. Auch bei den Kursen von Anleihen geht es um Angebot und Nachfrage. Während sich bei Aktien die Kurse und Bewertungen vorrangig an der Frage orientieren, ob das Unternehmen über entsprechende Wachstumsperspektiven verfügt, steht bei Anleihen im Fokus, ob der Schuldner seine Zinszahlungen leisten und die Anleihen am Ende auch wieder tilgen kann.

Daraus ergibt sich eine ganz spezielle Sensibilität im Verhältnis zwischen Schuldner und Gläubiger. Einfach ausgedrückt: Wenn der Aktienkurs einer Firma unter Druck gerät, ist das für das Unternehmen selbst zwar nicht angenehm, doch die meisten dürften darauf verzichten, hier aktive Kurspflege zu betreiben.

Sinken dagegen die Kurse von Anleihen, gilt das immer als Warnsignal, dass der Markt die Schuldentragfähigkeit des Konzerns – und damit die Zukunft der Firma als Ganzes – in Frage stellen könnte. Deshalb reagieren Unternehmen auf entsprechende Kursbewegungen auch deutlich sensibler. Für Sie als Gläubiger kann so etwas nur von Vorteil sein.

In den letzten Jahren war allerdings vielfach zu beobachten, dass Unternehmen diese „Schwäche" umgehen wollten: Viele von ihnen waren bestrebt, die vermeintlich zittrigeren Hände der Privatanleger herauszudrängen und nach Möglichkeit nur noch mit institutionellen Anlegern zu agieren. Die Folge war, dass viele neue Anleihen nur noch mit Mindestanlagebeträgen von 50.000 € und mehr am Markt platziert wurden und werden. Denn dadurch entfällt die Pflicht, für die jeweilige Emission einen Prospekt zu erstellen, was wiederum auch haftungsrechtliche Konsequenzen hat.

Viele Unternehmen haben allerdings auch einen entgegengesetzten Weg eingeschlagen und wollen durchaus Privatanleger einbeziehen. Bestes Beispiel sind die seit einigen Jahren aktiven Märkte für Mittelstandsanleihen. Aufgrund ihrer Struktur sind diese allerdings sehr riskant. Im Zweifel lassen Sie die Finger von den Titeln, wenn Sie die betreffenden Unternehmen nicht kennen oder beurteilen können.

Die ersten Schritte

Vergleicht man die Ausgestaltung von Anleihen und Aktien, fällt vor allem auf: Bei Aktien handelt es sich in der Regel um standardisierte Wertpapiere. Zwar gibt es auch hier einige besondere Arten, wie Vorzüge oder vinkulierte Namensaktien. Diese Besonderheiten beziehen sich jedoch meist auf die Frage, welche Rechte den Aktionären eingeräumt werden.

Anders sieht es bei Anleihen aus. Theoretisch hat jeder Emittent das Recht, seine Anleihen so auszugestalten, wie er es für richtig hält. Die Frage ist nur, ob die Bedingungen, die er dabei stellt, von den potenziellen Gläubigern auch akzeptiert werden. Aus dieser Wechselbeziehung haben sich verschiedene Anleihengruppen gebildet, die über ähnliche Ausstattungen verfügen. Zu nennen wären dabei vor allem Festzinsanleihen, variabel verzinste Anleihen, Nullcoupon-Anleihen oder Wandelanleihen.

Auch wenn es eine generelle Ausgestaltungsfreiheit gibt, so verfügen die meisten Anleihen doch über ein Mindestmaß an gemeinsamen Merkmalen: So hat jede Anleihe einen bestimmten Nennwert. Dieser kann faktisch zwischen null und unendlich liegen, wobei die Mehrheit der Anleihen mit Nennwerten von 1.000 € aufwartet.

Jede Anleihe wird verzinst. Hier gibt es verschiedene Zinsmodelle, von fest über variabel bis hin zu sogenannten Nullcoupon-Zinsen. Diese Sonderform hat zwar einen offiziellen Zinssatz von 0 %, wird aber mit abgezinsten Kursen emittiert. Das bedeutet, der absehbare Kursgewinn ist der Zins.

Die Kursstellung erfolgt in Prozent vom Nennwert. Das hat vor allem Einfluss auf die Berechnung der Investitionssummen. Dazu ein Beispiel: Der Mischkonzern Franz Haniel hatte kürzlich noch eine Anleihe ausstehen, die ein gutes Jahr lang laufen sollte. Ihre ISIN lautet XS0743603358. Verzinst wird sie mit 6,25 % jährlich. Der hier zugrunde gelegte Kurs lag bei 107 %.

Das bedeutet konkret: Wenn Sie einen Nennwert von 1.000 € dieser Anleihe kaufen, müssen Sie 1.070 € bezahlen. Hinzu kommen sogenannte Stückzinsen. Damit vergüten Sie dem Verkäufer der Anleihe die seit der letzten Zinszahlung aufgelaufenen Zinsen, in diesem Fall aktuell rund 5 %. Somit investieren Sie 1.120 € je 1.000 € Nennwert. Im Gegenzug erhalten Sie während der Laufzeit jährlich den Coupon von 6,25 % und am Ende den Nennwert. Im vorliegenden Fall wären dies also zwei Zinszahlungne a 62,50 € je 1.000 € Nennwert plus 1.000 € Tilgung zum Laufzeitende. In der Summe wären das 1.1250 €, woraus sich bezogen auf den aktuellen Kurs von 1.070 € und die Laufzeit von (bei einem Kurs von 107 %) einem Jahr eine Rendite von 0,6 % pro Jahr ergäbe.

Dies ist allerdings nicht die regelmäßig genannte Rendite. Deren Berechnung bezieht explizit die Laufzeit ein. Hier gibt es verschiedene Modelle der Renditeberechnung, so dass in den einschlägigen Informationsmedien für ein und dieselbe Anleihe durchaus unterschiedliche Renditen angegeben sein können.

Ich empfehle, hier vor allem auf den entsprechenden Webseiten etwa der Frankfurter oder der Stuttgarter Börse nachzuschauen. Diese halten meist auch Instrumente parat, mit denen sich verschiedene Kursszenarien durchrechnen lassen.

So wählen Sie richtig aus

Wenn Sie sich grundsätzlich für ein Anleihen-Investment entscheiden, haben Sie die Qual der Wahl. Denn der weltweite Anleihenmarkt ist noch größer als der Aktienmarkt.

Entsprechend kommen Sie nicht umhin, einen mehrstufigen Auswahlprozess in Gang zu setzen. Das klingt komplizierter, als es meist in der Praxis ist. Dennoch sollten Sie einige Aspekte beherzigen, um mit Ihrem Investment Erfolg zu haben. Der wichtigste Punkt: Leihen Sie Ihr Geld nur solchen Unternehmen und Staaten, denen Sie ein Mindestmaß an Vertrauen entgegenbringen. Genau wie bei Aktieninvestments müssen Sie für sich die Frage beantworten, ob Sie das jeweilige Geschäftsmodell für tragfähig halten. Hierbei sollten Sie auf die langfristige Tragfähigkeit sogar noch größeren Wert legen, da Anleihen meist über viele Jahre laufen.

Bei ihrer Anlageentscheidung schauen viele Anleger natürlich besonders auf den Coupon. Hohe Zinsen sind zwar vielversprechend, sollten aber auch immer als gewisses Warnsignal angesehen werden. Denn hohe Zinsen bedeuten in jedem Fall auch hohes Risiko.

Diese Wechselwirkung kann in Boomphasen zwar deutlich verzerrt werden. Doch hier hilft oft der Blick zu anderen Firmen gleicher Risikokategorie, um einschätzen zu können, ob der gebotene Zinssatz das Risiko halbwegs abbildet.

Öfter ist besser: Wenn es um die Couponzahlungen selbst geht, sind vor allem Anleihen interessant, die mehrmals im Jahr Zinsen ausschütten. Dies erzeugt unterjährig einen besseren Liquiditätsfluss und kann Ihre Vermögensplanung insgesamt positiv beeinflussen. Vor allem amerikanische Unternehmen sind seit Jahren dafür bekannt, ebenso wie ihre Dividenden auch Anleihenzinsen vierteljährlich zu zahlen. In Deutschland hat sich das noch nicht so eingebürgert. Allerdings finden sich mittlerweile auch hierzulande einige Anleihen, die zumindest halbjährlich ausschütten.

Einen wichtigen Aspekt bei der Kaufentscheidung stellt auch die Handelsliquidität dar. Tatsache ist, dass die meisten Anleihen nicht mit ebenso hohen Volumina an der Börse gehandelt werden wie üblicherweise Aktien. Darauf müssen Sie reagieren und durchgängig mit Limit arbeiten. Und dies umso mehr, weil die An- und Verkaufskurse von Anleihen wegen der fehlenden Umsätze zuweilen stark auseinanderklaffen.

Immerhin haben Sie bei Anleihen regelmäßig die Möglichkeit, auch auf den außerbörslichen Handel zurückzugreifen. Dies funktioniert oftmals über die Hausbank. Viele Banken und Broker stellen nämlich intern auch Kurse für Anleihen. Diese können Sie über Ihre Hausbank abfragen lassen und dann entscheiden, ob Sie zum gebotenen Kurs kaufen oder verkaufen wollen.

Zum direkten Vergleich verschiedener Anleihen ziehen viele Investoren vor allem die erzielbaren Renditen heran. Das ist nicht verkehrt. Allerdings sollte immer darauf geachtet werden, dass diese keinen absoluten Wert an sich darstellen, sondern stets im Zusammenhang mit den Laufzeiten der Anleihen gesehen werden müssen. So kann eine Anleihe mit einer geringeren Rendite durchaus attraktiver sein, wenn sie im direkten Vergleich über eine kürzere Restlaufzeit verfügt und ihr Risiko dadurch insgesamt niedriger ist.

Das Rating als Orientierung

Viele Emittenten und ihre Anleihen verfügen über ein Bonitäts-Rating einer oder mehrerer Rating-Agenturen. Diese Agenturen analysieren die Fähigkeit der Schuldner, die Zinsen zu zahlen und die Schulden zu tilgen. Dabei wurde ein Bewertungssystem etabliert, mit dessen Hilfe sich Anleger schnell einen Überblick über die Bonität des Schuldners verschaffen können.

Bei den Bonitäts-Ratings unterscheidet man ganz grob zwei Anleihenklassen: Non-Investment Grade und Investment Grade. Letztere umfasst Anleihen und Emittenten, die eine eher risikoarme und stabile Finanzstruktur haben, während im Non-Investment Grade Anleihen mit deutlich spekulativerem Charakter vertreten sind.

Führend bei den Bonitäts-Ratings sind die drei amerikanischen Agenturen Standard & Poor's, Moody's und Fitch. Darüber hinaus konnten sich regionale Rating-Anbieter etablieren, die meist speziellere Themenbereiche abdecken. So haben sich in Deutschland Creditreform Ratings, Scope und Euler Hermes als Anbieter von Ratings für Mittelstandsanleihen einen Namen gemacht.

Wenn es um langfristige Bonitätseinstufungen geht, kommt man in der Annotation aber kaum an den Amerikanern vorbei. Hier das etablierte Bewertungsschema im Überblick:

Standard & Poor's	Moody's	
AAA	Aaa	
AA	Aa	
		Investment Grade
A	A	
BBB	Baa	
BB	Ba	
B	B	
CCC	Caa	Non-Investment Grade
CC	Ca	
C	C	
D		

Die Finanzkrise hat gezeigt, dass Bonitätseinstufungen durchaus auch interessengetrieben sein können. Denn oftmals wurden sie nicht selbstständig von den Rating-Agenturen vergeben, sondern auf Antrag und mit Bezahlung durch die Emittenten. So ist auch zu erklären, dass die immer wieder genannten Hypotheken-Schrottpapiere oft die Höchstnote AAA erhielten – ein Umstand, der die Gerichte noch viele Jahre lang beschäftigen wird.

Zwar haben die amerikanischen Rating-Agenturen Besserung gelobt. Dennoch sollten Ratings stets nur als das gesehen werden, was sie tatsächlich sind: Als eines von vielen Hilfsmitteln zur Investmentauswahl, aber auf keinen Fall als ausschließliches Kriterium.

Spreads als Risikomaß

Wenn es um die Einschätzung von Risiken geht, kann neben den Ratings auch der Markt selbst herangezogen werden. Denn: Dieser spiegelt in der Kursstellung der Anleihen das zu erwartende Risiko im direkten Vergleich zu risikoarmen Anleihen wider. Hierbei dienen vor allem die US-Staatsanleihen (Treasuries) oder die deutschen Bundesanleihen (Bunds) als Maßstab.

Konkret geht es um die sogenannten Spreads. Dabei handelt es sich um die Renditeunterschiede zwischen den verglichenen Anleihen. Um dies zu verdeutlichen, nochmals ein Blick auf die vorgestellte Haniel-Anleihe. Wenn man auf den Renditeunterschied zwischen dieser Anleihe und einer vergleichbaren Bundesanleihe schaut, betrug dieser noch 2013 rund 330 Basispunkte. Die Rendite der Haniel-Anleihe lag also um 3,3 Prozentpunkte höher als die der Bundesanleihe. Im weiteren Verlauf der Jahre ging der Rendite-Spread weiter zurück und betrug zuletzt nur noch etwa 0,3 Prozentpunkte. Das signalisierte potenziellen Käufern der Haniel-Anleihe, dass der Markt diese im Vergleich zu den als sehr sicher geltenden Bundesanleihen als zunehmend risikoärmer ansah.

Grundsätzlich gilt: Eine Ausweitung oder Einengung der Spreads bedeutet konkret eine veränderte Einschätzung der Investoren zum Risikogehalt einer Anleihe.

Bleiben Sie flexibel

Wenn Sie sich für eine oder mehrere Anleihen entschieden und diese gekauft haben, geht es nun um die kontinuierliche Überwachung. Dies gilt vor allem mit Blick auf die Finanzstruktur der Emittenten, damit Fehlentwicklungen und Risiken möglichst frühzeitig erkannt werden. Da grundsätzlich davon auszugehen ist, dass die meisten Emittenten zumindest Halbjahresberichte publizieren, verfügen Sie als Anleger regelmäßig über das nötige Zahlenmaterial, um eine Standortbestimmung Ihrer Investition vornehmen zu können. Einige Bilanzkennzahlen sind hierbei besonders hilfreich.

3 Kennzahlen, die Sie nutzen können

Bei der Beurteilung von Anleihen ist die Fähigkeit des Unternehmens ausschlaggebend, zumindest während der Laufzeit die anfallenden Zinsen zu zahlen. Hierbei kann der Zinsdeckungsgrad als Maßzahl genutzt werden. Dabei geht es um die Frage, ob der operative Gewinn, meist das EBIT (Gewinn vor Zinsen und Steuern), ausreichend ist, um die Zinsen zu zahlen. Eine Ratio von über 1 ist dabei positiv zu werten, weil sie aussagt, dass die Zinsaufwendungen das EBIT nicht übersteigen.

Eine weitere Maßzahl ergibt sich aus der Gegenüberstellung von operativem Ergebnis, meist EBITDA (Gewinn vor Zinsen, Steuern und Abschreibungen auf Sachanlagen und immaterielle Vermögenswerte), und der Unternehmensverschuldung. Bei der Verschuldung wird oftmals die Nettoverschuldung (Finanzverbindlichkeiten minus Finanzvermögen) genutzt. Die resultierende Ratio gibt letztlich an, wie viele Jahre das Unternehmen ein gleichbleibendes EBITDA verdienen müsste, um die Nettoschulden zu begleichen. Damit ist klar: Niedriger ist besser. Werte zwischen 2 und 3 sind hier bei Unternehmen durchaus üblich.

Als dritte Kennzahl sollte dann noch auf die Eigenkapitalquote geschaut werden. Diese bildet das Verhältnis von Eigenkapital zur Bilanzsumme ab und gibt Auskunft darüber, wie hoch der Anteil verlusttragenden Kapitals im Unternehmen ist. Damit wird letztlich auch eine wichtige Aussage über die generelle Substanz des Konzerns getroffen. Hier gilt: Je höher die Eigenkapitalquote, desto besser. In Deutschland gibt es diesbezüglich eine relativ ordentliche Ausstattung von regelmäßig 25 bis 40 %.

4. Tipps zum Kauf von Zertifikaten

Nach den schlechten Erfahrungen mit Aktien sind die Banken auf dem Gebiet der Zertifikate besonders aktiv. Zertifikate sind Wertpapiere, die Anlegern die Möglichkeit bieten, sich beispielsweise an den Wertentwicklungen von Indizes zu beteiligen. Bekannte Indizes dieser Art sind der DAX oder der EuroStoxx. Die Kursentwicklung der Zertifikate hängt davon ab, wie sich der zugrunde gelegte Index entwickelt.

Rechtlich gesehen handelt es sich bei Zertifikaten um Schuldverschreibungen. Bonitätsmäßig sind die Papiere so gut wie die sie begebende Bank. Diese verpflichtet sich, bei Fälligkeit der Papiere den Betrag zu zahlen, der dem Index-Stand entspricht. Da sich Zertifikate parallel zum Index entwickeln, partizipieren Sie im Verhältnis 1:1. Es kann aber bei Zertifikaten auch zum Totalausfall kommen, wie das Beispiel Lehman Brothers gezeigt hat.

Da alle im Index enthaltenen Aktien abgebildet werden, vermeiden Sie so das Risiko einzelner Aktien. Fällt der Index, verliert auch ein Zertifikat. Index-Zertifikate können also durchaus ein Depot als Beimischung ergänzen, wenn der Emittent erstklassig ist.

Neben diesen Index-Zertifikaten werden auch sogenannte Basket-Zertifikate angeboten, mit denen Anleger sich zumeist an verschiedenen Aktien beteiligen. Ausgewählt werden diese Aktien von der emittierenden Bank. Meist sind die Werte nach bestimmten Branchen sortiert.

Besonders beliebt ist angesichts der niedrigen Zinsen der Handel von Zinszertifikaten, üblicherweise verbunden mit einer Kapitalgarantie zum Ende der Laufzeit. Über die Laufzeit hinaus wird meist eine Mindestverzinsung gewährt. Aber Achtung: Wie viel Zinsen Sie tatsächlich bekommen, bleibt eine offene Frage. Das hängt allein von der Kursentwicklung der festgelegten Basiswerte ab. Das können beispielsweise Aktien, Aktienfonds oder auch Börsenindizes sein.

Schon deshalb eignen sich diese Papiere unserer Meinung nach nur als Beimischung zu einem Depot. Als Anleger haben Sie damit zumindest die Chance, eine höhere Rendite zu erzielen als mit Staatsanleihen. Wenn Sie sich für ein Zinszertifikat entscheiden, sollte die Festschreibung eines einmal erreichten Zinsniveaus selbstverständlich sein. Das heißt: Wurden beispielsweise im ersten Jahr 4 % erzielt, sollte dieses Niveau in den Folgejahren nicht sinken.

Auf Einzelaktien oder Fondskonstruktionen als Basiswerte sollten Sie sich besser nicht einlassen. Das erschwert Ihnen die Transparenz. Auch Ausgabeaufschläge von 4 oder gar 5 % sollten Sie nicht akzeptieren. Auch keine hohen Verwaltungsgebühren. Kritisch beurteile ich Mindestzinsen von nur 1 oder 1,5 %. Geht die Wette auf höhere Zinsen nicht auf, verlieren Sie damit schon inflationsbedingt zwangsläufig Geld.

Zertifikate gibt es eigentlich nur aus einem einzigen Grund: Die Kreditinstitute können damit gut verdienen. Für den Kapitalanleger hingegen hängt der Erfolg gleich von einer ganzen Reihe von Unwägbarkeiten ab. Der Kaufpreis eines Zertifikats fließt über die Order via Börse zunächst an den Emittenten des Produkts. Dieser kauft die Basispapiere, die in den Zertifikaten stecken. Darauf wiederum baut er eine Absicherung auf.

Je komplizierter Zertifikate aufgebaut sind, desto umfangreicher sind die Transaktionen im Hintergrund. Bei Discount-Zertifikaten kommen Optionen ins Spiel, bei Bonus-Zertifikaten ebenfalls komplexe Termingeschäfte. Verlieren kann die Bank nicht. Sind die Strukturen schwer durchschaubar, ist die Marge meist besonders groß.

Ein in der Regel zu wenig beachteter Aspekt ist auch die Frage nach dem wahren Wert von Zertifikaten. Wer etwa glaubt, die Preisfeststellung werde – wie bei Aktien – von Angebot und Nachfrage bestimmt, der irrt. Es sind ausschließlich die Emittenten selbst, die die An- und Verkaufspreise für ihre Zertifikate berechnen. Die Preisfindung beruht meist auf mathematischen Modellen, die sie hinterlegt haben. Bedenken Sie aber: Echter Wettbewerb besteht nur dort, wo viele Emittenten vergleichbare Produkte anbieten.

5. Hintergründe zu Aktien- und anderen Investmentfonds

Wer sein Wertpapierdepot nicht selbst überwachen und umschichten möchte, kann in Investmentfonds investieren. Mit einem Investmentfonds lassen sich Börsen und Anlagemöglichkeiten nutzen, die Ihnen als Privatanleger verschlossen sind. Zugleich können Sie börsentäglich Ihre Fondsanteile verkaufen, wenn Sie Geld benötigen.

Jeden Tag wird der Anteilspreis der Fonds errechnet. Er ergibt sich aus dem Fondsvermögen abzüglich Verwaltungskosten, dividiert durch die Anzahl der ausgegebenen Fondsanteile. Die Anteilswerte werden in überregionalen Zeitungen regelmäßig im Kursteil veröffentlicht.

Aber Achtung: Beim Kauf der meisten Fonds müssen Sie einen Ausgabeaufschlag zahlen, der bis zu 5 % betragen kann. Bei Investmentfonds müssen Sie mit Wertschwankungen von +/– 50 % innerhalb von zwölf Monaten rechnen. Sie eignen sich somit nicht zum schnellen Kauf und Verkauf. Das macht nur die Vermittler reich, die dadurch Provisionen verdienen.

Erfreulicherweise besteht oft auch die Möglichkeit, offene Investmentfonds direkt an den Fondsbörsen kostengünstiger zu ordern. Alle Fonds, die an diesen Börsen gelistet sind, können Sie über Ihre Bank dort kaufen. Ebenso wie für Verkäufe fallen dafür zwar Börsengebühren an. Diese betragen in der Regel jedoch nur die Hälfte des jeweiligen Ausgabeaufschlags. Diese Fonds werden als ETFs (börsengehandelte Fonds, siehe weiter hinten) bezeichnet.

Können Sie beim Fondskauf keinen entsprechend hohen Rabatt auf den offiziellen Ausgabeaufschlag durchsetzen, bietet sich in vielen Fällen der Erwerb über die Fondsbörsen an. Das hat für Sie noch den weiteren Vorteil, dass Sie bei Kauf oder Verkauf Kurslimits vorgeben können. Nur wenn diese erfüllt werden, kommt der Handel der Fondsanteile zustande.

Allein in Deutschland haben Sie die Auswahl unter Tausenden von Fonds unterschiedlicher Qualität und Ausrichtung. Viele dieser Fonds sind einer Bank oder Bankengruppe zuzuordnen. Bankmitarbeiter werden deshalb meist versuchen, der Bank nahestehende Fonds zu verkaufen. Sie jedoch sollten Ihre persönliche Vermögensplanung möglichst unbeeinflusst von den Interessen einer Bank vornehmen. Daraus folgt:

Bevor Sie sich für einen Fonds entscheiden, formulieren Sie Ihre eigenen Anlageziele. Haben Sie Ihre Wahl getroffen, sollten Sie möglichst regelmäßig und langfristig investieren.

Hilfreich bei der Fondsauswahl sind Performance-Ranglisten, die regelmäßig in der Fachpresse veröffentlicht werden. Gute Ergebnisse sind zwar keine Garantie für die Zukunft. Haben Fonds aber seit Jahren die Nase vorn, unterstreicht das die Qualität des Managements.

Ob das auf Dauer so bleibt, hängt nicht nur vom Geschick des jeweiligen Managements ab. Zum einen kann das Management wechseln. Zum anderen können Fonds aber auch so erfolgreich sein, dass sie durch den stetigen Mittelzufluss ihre bisherige Flexibilität verlieren und Investitionen tätigen müssen, die weniger Erfolg versprechend scheinen. Das gilt es im Auge zu behalten. Zudem: Werden Fonds nicht an Zweitmarktbörsen gehandelt, müssen Sie als Anleger ein Agio zahlen. Das muss dann erst einmal erwirtschaftet werden.

Der Erwerb von Aktien ist von der Kostenseite her günstiger. Außerdem beteiligen Sie sich so direkt an den Unternehmen, die Sie für langfristig aussichtsreich halten. Sie können jederzeit unmittelbar verfolgen, wie sich die Kurse der Unternehmen in Ihrem Depot entwickeln. Der Kursverlauf von Aktienfonds weist weniger Dynamik auf. Selbst wenn die Aktien einzelner Unternehmen, in die der Fonds investiert hat, stark steigen, verläuft die Kursentwicklung des Fonds nur moderat.

Ein Ärgernis ist, dass Anleger für aktiv gemanagte Investmentfonds gelegentlich Erfolgsgebühren zahlen müssen. Solche Gebühren kassieren Fondsgesellschaften zusätzlich zu den laufenden Managementgebühren, wenn ein Investmentfonds eine Zielmarke übertrifft. Was die Fondsgesellschaft unter „Erfolg“ versteht, entscheidet sie selbst. Folge: Mit verschiedenen Tricks kassieren einige Anbieter selbst bei unterdurchschnittlicher Leistung Erfolgsgebühren.

Mehr Transparenz versprach sich der Bundesverband der Investmentgesellschaften (BVI) von der Einführung einheitlicher Produktinformationen. Seit dem 1. Juli 2011 gibt es das sogenannte Key Information Document (KID). Darin wird unter anderem eine einheitliche, zwischen den Anbietern vergleichbare Darstellung von Fondsgebühren festgelegt.

Anleger sollten bei Fonds mit Erfolgsgebühr deshalb besonders genau hinsehen. Nur wenn sich der Fonds in der Vergangenheit bewährt hat, sollte er in die engere Wahl kommen. Wer Erfolgsgebühren auf jeden Fall vermeiden will, findet in börsengehandelten Indexfonds, sogenannten ETFs, eine zuverlässige Alternative. Dazu finden Sie gleich einige Hinweise. Im zweiten Teil, in dem es um Ihre konkrete Anlagestrategie geht, werde ich ausführlicher darauf eingehen.

6. Was Sie zu Exchange Traded Funds (ETFs) wissen sollten

ETFs sind seit einigen Jahren auf dem Vormarsch und machen insbesondere den Investmentfonds Konkurrenz. Letztere sind aktiv gemanagt. ETFs dagegen bilden meist einen Index nach und sind deshalb deutlich preisgünstiger.

Abgebildet wird in der Regel ein Aktien- oder Renten-Index. Das macht einen Fondsmanager fast überflüssig. Der Einkauf von Wertpapieren richtet sich streng nach dem zugrunde liegenden Index. Üblicherweise wird die Zusammensetzung des ETF-Portfolios nur geändert, wenn sich auch im Index Verschiebungen ergeben haben. Die Gewichtung der im Index vertretenen Unternehmen wird laufend an die Gewichtung der Unternehmen im jeweiligen Index angepasst.

Im Unterschied zu Index-Zertifikaten verwalten ETFs – wie alle börsengehandelten Fonds – ein wirkliches Fondsvermögen. Als Sondervermögen ist es im Falle der Insolvenz der Fondsgesellschaft vor dem Zugriff der Gläubiger geschützt. Das ist der entscheidende Unterschied zu Index-Zertifikaten. Sicherheit bietet Ihnen bei diesen nur das Versprechen des Emittenten, Ihnen den Index-Wert zum Fälligkeitstermin oder laufend auszuzahlen. Das nützt Ihnen aber nichts, falls der Emittent pleite gehen sollte.

Wie Aktien kaufen Sie ETFs an der Börse. Sie zahlen keinen Ausgabeaufschlag, sondern nur den sogenannten Spread. Das ist der Unterschied zwischen Geld- und Briefkurs. Ebenso wie bei Aktien können Sie bei ETFs die Kurse stets aktuell beobachten. Bei Investmentfonds gibt die Fondsgesellschaft in der Regel nur einmal pro Handelstag die An- und Verkaufskurse für jeden ihrer Fonds bekannt. Kaufen Sie einen Index-Fonds, haben Sie die Sicherheit, dass er sich genauso entwickelt wie der zugrunde liegende Index. Wenn Sie Ihr Risiko auf verschiedene Geldanlagen streuen möchten, können Sie auch auf ETFs setzen.

7. Fondssparpläne können eine gute Sache sein

In aller Regel werden Sie Wertpapiere immer dann kaufen, wenn Sie gerade ein paar tausend Euro erübrigen können. Denn die Ordergebühren fallen erheblich ins Gewicht. Kleinere Summen, z. B. 100 oder 200 € oder auch 500 €, lohnen sich daher kaum für den Wertpapierkauf. Die Beträge, die Sie bei Ausschüttungen (Dividenden und Zinszahlungen) erhalten, bewegen sich aber meist genau in diesen Größenordnungen. Trotzdem sollte dieses Geld nicht lange unproduktiv auf Ihrem Verrechnungskonto herumliegen. Denn langfristig kann es erheblich zu Ihrem Gewinn beitragen. Um das erhaltene Geld schnell wieder in Wertpapieren anzulegen, sind Fondssparpläne ideal. Denn hier haben Sie die Möglichkeit, zum günstigen Preis Klein- und Kleinstorders aufzugeben und davon Fondsanteile zu kaufen – und zwar regelmäßig.

Wie ein Fondssparplan funktioniert

Das Prinzip eines Fondssparplans ist einfach: Sie suchen sich einen Fonds heraus oder folgen meinen Empfehlungen am Schluss dieses Beitrags. Von diesem Fonds kaufen Sie – und zwar regelmäßig – Anteile. Regelmäßig heißt: Sie besparen den Fonds beispielsweise in monatlichen, vierteljährlichen, halbjährlichen oder jährlichen Abständen. Dafür geben Sie immer die gleiche Summe aus, von der – je nach Kurs der Fondsanteile – mal mehr, mal weniger Anteile gekauft werden.

Der Vorteil der gleichbleibenden, regelmäßigen Sparraten ist der sogenannte Cost-Average-Effect, auf Deutsch Durchschnittskosten-Effekt. Sind die Fondsanteile gerade teuer, werden weniger gekauft. Sind sie gerade ausgesprochen billig, werden entsprechend mehr gekauft. Im Durchschnitt kaufen Sie damit Ihre Fondsanteile vergleichsweise günstig ein. Dass der Kurs des ausgewählten Fonds Höhen und Tiefen hat, kann Ihnen somit gleich sein.

Wie Sie einen Fondssparplan einrichten

Fondssparpläne haben fast alle Broker (Depotbanken) im Angebot. Auf der Internet-Seite von Direktbrokern finden Sie in der Regel die Schaltfläche „Fondssparplan einrichten". Wenn Sie darauf klicken, werden folgende Eingaben von Ihnen verlangt:

- Name des gewünschten Fonds, WKN oder ISIN
- Höhe der Sparrate (z. B. 100, 200 oder 400 €)
- zeitlicher Abstand der einzelnen Fondskäufe (monatlich, quartalsweise, halbjährlich, jährlich)
- Kontonummer und Bankleitzahl des Kontos, von dem das Geld für den Fondskauf abgebucht werden soll (wenn Sie nur Ihre Dividenden und Zinsausschüttungen in Fondssparpläne investieren wollen, geben Sie hier das Verrechnungskonto Ihres Depots an)

Aber aufgepasst: Nicht alle Fonds sind sparplanfähig. Falls Ihr Broker bei Fondssparplänen den gewünschten Fonds nicht zulässt, liegt das meist daran, dass dieser sich nicht für Sparpläne eignet. Manchmal entscheidet aber auch der Broker selbst, ob er einen eigentlich sparplanfähigen Fonds anbietet oder nicht.

Übrigens sind auch viele ETFs (Exchange Traded Funds, also börsengehandelte Indexfonds) sparplanfähig. Sie brauchen also nicht auf den Sparplan zu verzichten, nur weil Sie keinen aktiv gemanagten Fonds kaufen wollen, sondern einen günstigen Indexfonds.

Kostenspar-Tipps: So umgehen Sie mögliche Gebührenfallen

Zwei Gebührenfallen drohen bei Fondssparplänen:

Falle 1: Voller Ausgabeaufschlag

Sie zahlen den vollen Ausgabeaufschlag von bis zu 5,5 %. Denn bei aktiv gemanagten Fonds funktioniert ein Sparplan in der Regel nur beim Kauf über die Fondsgesellschaft. Günstiger wäre normalerweise der Kauf über eine Börse, aber bei Sparplänen funktioniert das nicht, bzw. es funktioniert nur bei den ohnehin rein börsengehandelten ETFs.

Mögliche Auswege aus dieser Falle:

- Sie wählen einen Fonds aus, bei denen Ihr Broker Ihnen den Ausgabeaufschlag erlässt. Viele Broker haben bestimmte beliebte Publikumsfonds im Angebot und verlangen dafür – trotz Kauf bei der Fondsgesellschaft – keine oder nur reduzierte Ausgabeaufschläge.

- Sie wählen für Ihren Fondssparplan einen ETF, für den keine Ausgabeaufschläge verlangt werden.
- Sie eröffnen extra für Ihren Fondssparplan ein Depot. Denn es gibt Fondsvermittler, die mit verschiedenen Brokern ein Abkommen getroffen haben: Die Depoteröffnung läuft über deren Vermittlung, dafür gibt es beim Fondskauf einen 50- oder 100%igen Rabatt auf den Ausgabeaufschlag. Der Vermittler kassiert die Bestandsprovisionen, also das Geld, das die Fondsgesellschaft ansonsten an den Broker abführen würde, solange Sie die Fondsanteile in Ihrem Depot haben (Teil der Verwaltungsgebühr).

Falle 2: Hohe Ordergebühren

Nicht alle, aber einige Broker verlangen hohe Ordergebühren. Ins Gewicht fallen vor allem die Fixkosten. Werden beispielsweise pro Kauf 2,50 € fix verlangt, macht das bei einer Sparrate von 25 € 10 % aus. Bei einer Sparrate von 50 € immerhin noch 5 % – und mit den volumenabhängigen Transaktionskosten sogar 5,2 oder 5,4 %. Das ist zu viel!

Mögliche Auswege aus dieser Falle:

- Setzen Sie die Sparraten hoch und verringern Sie dafür die Kauffrequenz sowie die damit verbundenen Fixkosten. Lieber kaufen Sie einmal im Quartal für 300 € anstatt monatlich für 100 €.
- Eröffnen Sie ein Depot bei einem Broker, der für Sparpläne besonders günstige Ordergebühren anbietet. Näheres erfahren Sie im Preis- und Leistungsverzeichnis der verschiedenen Depotbanken.
- Auch hier lohnt sich die Eröffnung eines Extra-Depots über Fondsclever, AVL oder Fondsvermittlung 24. Denn bei den angeschlossenen Brokern werden Ihnen oft die Ordergebühren für Fondssparpläne komplett erlassen. Aber Vorsicht: Erst sollten Sie prüfen, ob stattdessen Depotgebühren verlangt werden.

Fondsempfehlungen für Sparpläne

Um den richtigen Fonds zu finden, sollten Sie sich möglichst nicht von Ihrer Hausbank beraten lassen. Denn diese Beratung ist nicht frei von Provisionsinteressen. Volksbanken beispielsweise werden Ihnen in der Regel ausschließlich Fonds von der verbundeigenen Fondsgesellschaft Union Invest empfehlen, die Deutsche Bank in der Regel DWS oder db x-trackers. Hinweise, welche Fonds sich für Sparpläne wirklich eignen, gebe ich im *Deutschen Wirtschaftsbrief*.

8. Worauf Sie beim Kauf und Verkauf von Aktien unbedingt achten sollten

Nach dem katastrophalen Börsenjahr 2008 haben viele Anleger bis heute das Vertrauen in Aktien verloren. Wer nicht rechtzeitig ausgestiegen war, hatte große Verluste zu verzeichnen. Indes: Dass es bei Aktien zwischendurch immer wieder zu Krisen kommt, ist ganz normal. Solange die Papiere nicht verkauft werden, bleiben Wertverluste nominal. Folgen dann wieder gute Jahre, haben die im Depot geführten Aktien Aufwärtspotenzial.

Langfristuntersuchungen haben gezeigt, dass Aktien bei entsprechender Haltedauer gewinnträchtiger sind als alle anderen Wertpapiere. So haben viele Aktien, die 2008 abgestürzt waren, 2017 wieder neue Höchststände erreicht. Darin zeigt sich das enorme Potenzial von Aktien.

Wie Sie ganz konkret mit Aktien Geld verdienen können, zeige ich Ihnen in Teil II dieses Buches. Dabei kommt es vor allem darauf an, Aktien mit hohen Dividendenausschüttungen zu finden, von denen Sie langfristig profitieren. Beim Kauf von Aktien sollten Sie jedoch wie beim Verkauf einige allgemeine Hinweise beachten, die ich Ihnen nun nenne.

Aktien sind besser als ihr Ruf – auch in Krisensituationen

Aktien sind Sachwerte. Wer Aktien kauft, beteiligt sich an einem Unternehmen, das aus realen Werten besteht. Aktien verkörpern einen Anteil am Grundkapital eines Konzerns. Ihr Ertrag und ihr Marktwert (Börsenkurs) richten sich somit nach der wirtschaftlichen Ertragskraft. Folglich sind erhebliche Kursschwankungen möglich. Bei Konkurs des Unternehmens ist das Aktienkapital ganz, bei einer Sanierung nach Überschuldung in der Regel weitgehend verloren.

Es gibt jedoch zig Unternehmen, die in der Vergangenheit alle Krisen und sogar Kriege überstanden haben. Konzerne wie Nestlé, Coca-Cola oder auch BASF dürften nie auch nur in die Nähe eines Bankrotts geraten. Ganz anders sieht es aktuell bei hoch verschuldeten Staaten aus. Die enorme Staatsverschuldung wird derzeit als die stärkste Bedrohung für den Wohlstand empfunden. In Europa geht sogar das Gespenst der Währungsreform um. Wenn es tatsächlich dazu kommen sollte, hätten Aktien einen besonderen Charme:

Als die Reichsmark seinerzeit in D-Mark umgewandelt wurde, kam es bei Aktien nicht zu einem Wertverlust. Ein DM-Bilanzgesetz hatte den Unternehmen eine Eröffnungsbilanz in der neuen Währung vorgeschrieben. Nach Umbewertung der Aktiva und Passiva wurde als Saldo das neue Grund- bzw. Stammkapital festgesetzt. Dieses teilte man in Aktien auf, die dann für die Aktionäre umgestempelt oder neu begeben wurden.

Aktien bei einer Währungsreform

Ganz ungeschoren kommen bei einer Währungsreform aber auch die AGs nicht davon. Der Kapitalbestand würde in Höhe der Reform entwertet. Auf der anderen Seite würden die Firmenschulden reduziert. Es gäbe also Vor- und Nachteile. Die größten Nachteile jedoch hätten Sparer und Zeichner von Anleihen zu tragen: Sie würden von einer Währungsumstellung mit voller Wucht getroffen.

Selbst nach einer Währungsreform würden Aktien handelbar bleiben. Sie könnten also bei Kapitalbedarf jederzeit veräußert werden. Ganz anders sähe es in diesem Fall bei Immobilien aus: Deren Preise würden deutlich nachgeben. Über Jahre hinweg dürften sich keine Käufer finden, die die einstigen Preise noch bezahlen könnten. Im Falle einer echten Krise bieten Aktien damit Vorteile gegenüber Immobilien, die zumindest vorübergehend stark an Wert verlieren würden.

Sollte tatsächlich ein Währungsschnitt durchgeführt werden, gäbe es bei Bargeld und Konten kein Entkommen. Entwertet würden auch alle Geldanlagen, denen Anleihen zugrunde liegen, wie etwa Lebensversicherungen, berufsständische Versorgungswerke sowie Bausparverträge.

Ein weiterer Aspekt: An Aktien, die Sie kaufen, erwerben Sie das Eigentum. Die Banken bewahren sie lediglich für Sie auf. Missbrauch ist nicht möglich. Selbst wenn eine Bank in Insolvenz geht, bleiben Ihre Aktien geschützt.

Sie sollten dennoch gute Nerven haben, wenn Sie in Aktien investieren wollen. Legen Sie zudem nur den Teil Ihres Vermögens an, den Sie über mehrere Jahre nicht brauchen. Bedenken Sie weiterhin: Je verlockender die Gewinnchancen sind, desto höher ist auch das Risiko eines Verlusts. Deshalb sollten Sie vor dem Kauf einer jeden Aktie die folgenden Aspekte beachten. Erst wenn Sie bei allen Punkten mit gutem Gewissen ja sagen können, ist diese Aktie auch eine Vertrauen erweckende Kapitalanlage:

„Es gibt keine todsicheren Tipps!“ Behalten Sie diese alte Regel immer im Hinterkopf, wenn Ihnen jemand eine Aktie empfiehlt. Investment-Banken, Wirtschaftszeitungen und Finanzberater neigen dazu, ihren Klienten immer neue Aktien als bombensichere Anlage zu empfehlen. Dabei werden gern Anglizismen wie „akkumulieren“ oder „Outperformer“ verwendet und suggerieren hohe Gewinnchancen. Bedenken Sie aber immer: Auch diese „Analysten“ können nicht in die Zukunft sehen. „Todsichere“ Empfehlungen gibt es nicht. Fragen Sie sich daher stets: Kann ich persönlich dem Unternehmen vertrauen, dessen Aktien ich kaufen möchte? Verstehe ich, was das Unternehmen macht? Ist das Unternehmen in einer Branche tätig, die auch in Zukunft eine wichtige Rolle spielen wird (zum Beispiel in der Pharma- oder Chemiebranche)?

Achten Sie beim Kauf von Aktien auf den Zeitpunkt Ihres Investments. Es ist falsch zu behaupten, langfristig würde jeder Kurs steigen. Nehmen Sie sich die Zeit und betrachten Sie den historischen Verlauf der Kursentwicklung einer Aktie. Handelt es sich dabei zum Beispiel um einen „zyklischen“ Wert, kann Ihnen der Einstieg in Zeiten steigender Kurse leicht Verluste einbringen. Hier gilt: Auch wenn Sie von dem Unternehmen überzeugt sind – warten Sie lieber, bis der Wert zu sinken beginnt. Denn, so eine weitere Börsenregel, auch beim Kauf braucht ein erfolgreicher Aktionär zuweilen drei Eigenschaften: „Geduld, Geduld und nochmals Geduld.“ Wollen Sie langfristig investieren, kaufen Sie Aktien nie auf einen Schlag. Nutzen Sie stattdessen schwache Börsenphasen, um sukzessive mit nach unten gestaffelten Limits nachzukaufen.

Behalten Sie die gesamtwirtschaftliche und die politische Situation im Auge. Entscheidend für die zukünftige Entwicklung vieler Unternehmen sind die wirtschaftlichen und politischen Bedingungen, mit denen sie zurechtkommen müssen. Welche langfristigen Pläne zur Unternehmensbesteuerung oder zur Wirtschaftsförderung haben die Parteien? Wie entwickelt sich die Europäische Union in Zukunft? Welche Ziele hat die Europäische Zentralbank? Wie entwickelt sich der Euro zum US-Dollar oder zu wichtigen asiatischen Währungen? Was wird künftig überhaupt aus dem Euro?

Diese und weitere Fragen frühzeitig beantworten zu können, ist ein wichtiger Erfolgsfaktor für Ihre rentable Kapitalanlage. Daher analysiert der *Deutsche Wirtschaftsbrief* ständig die wirtschaftspolitische Situation, gibt fundierte Prognosen über die weiteren Entwicklungen ab und empfiehlt nur Werte, die sich auch unter zukünftigen Bedingungen voraussichtlich überdurchschnittlich entwickeln werden. Mit Erfolg:

Attestiert von Vermögens-Controlling-Gesellschaften erzielt der *Deutsche Wirtschaftsbrief* seit Jahren höhere Renditen als vergleichbare Indizes. Bis zu 12 % jährlich haben die Leser des *Deutschen Wirtschaftsbriefs* dabei regelmäßig erzielt. Langfristig haben die Leser des Deutschen Wirtschaftsbriefs Jahr für Jahr etwa 10 % erzielt. Allein durch den Zins- und Zinseszinseffekt ist für Sie dabei rechnerisch nach etwa sieben Jahren so eine Vermögensverdopplung möglich.

Das ist beim Aktienverkauf zu bedenken

In „normalen“ Börsenzeiten steht und fällt jede Aktie mit der wirtschaftlichen Ertragskraft des Unternehmens. Der Aktienkurs kann somit starken Schwankungen unterliegen. Von kurzfristigen Stimmungsschwankungen an den Börsen sollten Sie sich aber nicht beeindrucken lassen. Dennoch: Sie müssen Ihre Aktien schon im Auge behalten.

Verfügen Sie über einen Internet-Zugang, geht das Verfolgen der Kursentwicklungen ganz bequem. So bieten beispielsweise Banken Seiten an, auf denen Sie Ihr Depot überwachen können. Sie brauchen nur die entsprechenden Wertpapiere einzugeben. Die Kurse werden ständig aktualisiert sowie Gewinne oder Verluste automatisch ausgewiesen.

Übertreiben Sie es aber nicht: „Es ist unsinnig, die Aktienkurse ununterbrochen zu verfolgen. Wenn man von der Richtigkeit seiner Anlage überzeugt ist, muss man hartnäckig, zäh und geduldig sein.“ Auch diesen Spruch des Börsenspekulanten André Kostolany sollten Sie beherzigen. Und das können Sie auch guten Gewissens tun, wenn Sie tatsächlich in Unternehmen investiert haben, denen Sie Vertrauen entgegenbringen. Dennoch werden Sie kein Unternehmen finden, dessen Aktienkurs permanent immer nur steigt.

Weil es so wichtig ist, nochmals: Viele Anleger begehen den Fehler, an bestimmten Aktien förmlich zu kleben. Selbst extreme Kursschwankungen sitzen sie aus. Kommt dann irgendwann der Zeitpunkt, zu dem die Aktie wegen Kapitalbedarfs verkauft werden muss, ist die Enttäuschung groß.

Beispiel Siemens: Wer diese Aktie Anfang 1999 kaufte, bezahlte dafür etwa 40 €. Im Jahresverlauf 2000 stieg der Kurs in der Spitze auf bis zu 130 €. 2001 und im Herbst 2008 fiel er wieder bis unter die 40-€-Marke. Dann stieg die Aktie wieder auf 100 €, in deren Nähe sie mittlerweile verharrt. Wer diese Berg- und Talfahrt mitgemacht hat, ohne zumindest einen Teil der zwischenzeitlich aufgelaufenen Gewinne zu realisieren, hat die einzigartige Gelegenheit verpasst, an der Börse mühelos richtig viel Geld zu verdienen.

Natürlich fällt es gerade in guten Börsenzeiten nicht leicht, sich für den Verkauf einer Aktie zu entscheiden. Schließlich könnte der Kurs ja noch höher steigen. Das Beispiel Siemens verdeutlicht das besonders plastisch. Ähnlich ist es Anlegern mit der Deutschen Telekom ergangen: Dreistellige Buchgewinne haben sich vor Jahren innerhalb weniger Monate im Börsenalltag verflüchtigt. Sie sollten deshalb den Mut finden, erfreuliche Kursentwicklungen zumindest teilweise oder auch ganz zum Ausstieg zu nutzen. Selbst wenn Sie sich später ärgern, dass Sie noch mehr Geld hätten verdienen können: Machen Sie sich klar, dass nur realisierte Gewinne auch echte Gewinne sind.

Die Entscheidung, wann Sie eine Aktie verkaufen, sollten Sie immer selbst treffen. Dabei kann es hilfreich sein, bestimmte Kursgrenzen nach oben und unten abzustecken und sich bei deren Erreichen konsequent von einer Aktie zu trennen. Das erfordert viel Disziplin. Diese streng kaufmännische Ausrichtung wird sich aber unter dem Strich auszahlen. Denn:

Niemandem gelingt es, bei Aktien wirklich jedes Mal den optimalen Ein- bzw. Ausstiegszeitpunkt zu erwischen. Was optimal gewesen wäre, stellt sich immer erst im Nachhinein heraus.

Verzichten Sie bei Aktien nicht auf Absicherungen

Arbeiten Sie mit individuellen Stop-Loss-Marken. So können Sie in guten Börsenzeiten festlegen, wann Sie mit einer Aktie genug verdient haben. Erreicht ein Aktienkurs das von Ihnen angestrebte Niveau, sollten Sie die Gewinne realisieren. Bei Kursanstiegen in ansonsten unsicheren Zeiten sollten Sie Ihre Stop-Loss-Marken nach oben anpassen.

Stop-Loss-Marken sind aber auch sinnvoll, um Kursverluste in schwierigen Börsenzeiten in Grenzen zu halten. Wo Sie solche Grenzen ziehen wollen, ist wiederum Ihre persönliche Entscheidung. Ratsam ist es, einen Verkauf dann ins Auge zu fassen, wenn der Aktienkurs etwa 15 % unter Ihren Einstandspreis gefallen ist. Ab einem Minus von etwa 20 % kann es empfehlenswert sein, zu Teilverkäufen überzugehen – also technische Erholungsphasen zu nutzen, um den Bestand nach und nach zu reduzieren. Denn: Je tiefer Sie in die roten Zahlen gerutscht sind, desto problematischer wird ein späterer Ausgleich. Zur Wertaufholung für Sie diese Zahlen:

Um 15 % Verlust lediglich auszugleichen, müssen Sie in zwei Jahren eine Jahresrendite von 8,47 % erzielen, in fünf Jahren 3,30 %. Bei einem Minus von 25 % erfordert die Wertaufholung zwei Jahresrenditen von je 15,47 %, in fünf Jahren von je 5,92 %. Wurden gar 40 % Verlust gemacht, sieht es in puncto Wertaufholung finster aus: Der Ausgleich erfordert hier regelmäßige Jahresrenditen von 29,10 bzw. 10,76 %.

Diese Zahlen verdeutlichen Ihnen, wie wichtig es für Sie ist, bei roten Zahlen die Reißleine zu ziehen. Und zwar so rechtzeitig, dass Sie Verluste mit weniger risikoreichen Anlagen wieder wettmachen können. Diese Chance bleibt Ihnen immer, wenn Sie bei Kursen von etwa 15 % unter dem Einstandspreis verkaufen. Zudem können Sie sich dann für eine ruhigere Strategie entscheiden, was auch Ihre Nerven schont.

Versuchen Sie, Aktien billig einzukaufen

Arbeiten Sie mit Abstauber-Limits. Rückt in schwierigen Börsenphasen die Zeit einer Bodenbildung näher, eröffnet Ihnen das die Chance, Aktien zu Schnäppchenpreisen zu erwerben. Anders als bei individuellen Stop-Marken, die Sie sich selbst gesetzt haben, erteilen Sie der Bank feste Kauforders. Das allerdings zu Kursen, die deutlich unter denen zum Zeitpunkt der Auftragserteilung liegen. Wird dieses Niveau während der Laufzeit nicht erreicht, führt die Bank den Auftrag nicht aus. Dort, wo es funktioniert, erhalten Sie möglicherweise den Zuschlag zu einem Preis, der sich auf längere Sicht als extrem günstig erweist.

Beratung bei Aktienanlagen ist Vertrauenssache

Sie sollten nur Empfehlungen von Personen oder Börsendiensten folgen, von deren Seriosität Sie überzeugt sind. Sind Sie hier zu leichtgläubig, riskieren Sie, dass man Ihnen das Fell über die Ohren zieht. Da das in der Praxis so oft geschieht, läuft es unter dem Begriff „Scalping". Es handelt sich dabei um verbotene Marktmanipulation zu Lasten von in die Irre geführten Anlegern.

Das als Ordnungswidrigkeit oder Straftat zu ahnden, ist nicht immer leicht. Dazu muss den Tätern ein Vorsatz zur Kursmanipulation nachgewiesen werden. Das bloße Schlechtmachen oder Hochjubeln eines Unternehmens kann dagegen durch die grundgesetzlich garantierte Presse- und Meinungsfreiheit gedeckt sein. Diese Grauzone nutzen unseriöse Börsenbriefe und Wirtschaftsjournalisten aus, um die Kurse von Wertpapieren massiv zu manipulieren.

Besonders beliebt ist der Betrug mit Penny-Stocks. Das sind Aktien, die einen geringen Kurswert haben, im Euro-Raum also unter 1 € notieren. Allein durch Penny-Stocks versickern jährlich Milliardenbeträge in dunklen Kanälen.

Im September 2010 war es beispielsweise zu einer spektakulären Aktion durch die Staatsanwaltschaft München gekommen. Diese hat nach mehr als zweijährigen Ermittlungen insgesamt 48 Büro- und Privaträume in Deutschland und Österreich durchsucht. Die Ermittlungen richteten sich gegen insgesamt 31 Verdächtige; betroffen seien Aktien von 20 verschiedenen Gesellschaften.

Dabei ging es nicht nur um Manipulationen mit Penny-Stocks. Teilweise seien auch andere Aktien durch negative Nachrichten in die Verlustzone gebracht und damit Geschäfte gemacht worden. Durchsucht wurden unter anderem die Geschäftsräume der Schutzgemeinschaft der Kapitalanleger in München – also eine Adresse, von der man das nicht erwartet hätte. Das unterstreicht, wie groß die Betrugsgefahren sind.

Seit Jahren weise ich meine Leser auf solche Betrügereien hin, um sie vor Fehlinvestitionen zu bewahren.

9. Wichtige Hintergründe zu Goldanlagen

Kaum ein Thema hat die Schlagzeilen seit dem Jahr 2010 stärker beherrscht als der Euro und seine Probleme. Viele Euro-Länder sind heillos überschuldet. Erst kam Griechenland, dann Irland. Beide mussten mit Milliardenkrediten vor der Pleite bewahrt werden. 2018/2019 kann es auch die großen europäischen Volkswirtschaften erwischen. Die Rettungsmilliarden für die besonders angeschlagenen Schuldenstaaten müssen wiederum über Schulden der anderen Staaten finanziert werden. Die Staatsverschuldung ist damit auch für die Deutschen das größte Sorgenthema.

Doch was passiert, wenn ein Land aus der erzwungenen Solidarität mit den Schuldenstaaten ausbricht? Vielfach war und ist noch zu lesen, dass der Euro das nicht überleben würde.

Seitdem geistern die Schreckgespenster Inflation und Währungsreform durch das Land. Denn zwei wirtschaftspolitische Ereignisse haben sich tief in die deutsche Volksseele eingegraben: Die Hyperinflation des Jahres 1923 mit der darauffolgenden Währungsreform sowie die Einführung der D-Mark 1948. Die Währungsreform legte zwar den Grundstein für Deutschlands wirtschaftlichen Aufschwung nach dem Krieg. Das mühsam über die Kriegsjahre gerettete Bar- und Sparvermögen der Bürger wurde danach jedoch rücksichtslos abgewertet. Profitieren konnten nur die Besitzer von Sachwerten. Zu dieser Kategorie gehört auch:

Gold im Krisenfall

Gerade in Zeiten großer Unsicherheit ist der Wunsch nach vermeintlich echten, harten Werten groß. Der Run auf Gold ist ein Paradebeispiel für diese Sehnsucht. Viele Anleger sehen in Gold *die* Krisen-Versicherung schlechthin und meinen, damit gegen alle Horrorszenarien gefeit zu sein. Daher ist insbesondere in den letzten Krisenjahren eine regelrechte Explosion des Goldpreises zu beobachten.

Wie genau Sie in Gold investieren können und was Sie dabei beachten sollten, lesen Sie imn Teil II dieses Buches. Hier erfahren Sie nun einige Hintergründe zur möglichen Absicherung mit dem gelben Metall.

Ich bin durchaus ein Freund von Investitionen in Gold und empfehle es Ihnen vor allem als Krisen-Sicherheitspolster, gemeinsam mit Anlagen in Fremdwährungen, in Höhe von 10 bis 15 % des verfügbaren Kapitals. Denn: Gold in physischer Form bietet Ihnen Schutz für den extremen Krisenfall. Allerdings müssen Sie sich bewusst sein, dass Gold im Vergleich zu anderen Anlageformen nicht für Sie arbeitet. Es kostet sogar, da es ja entsprechend gelagert werden muss, und es wirft keine Rendite ab.

Vor allem ist die Goldpreisentwicklung aber ein Spiel mit vielen Unbekannten. Bei Aktien zum Beispiel liegt die Sache einfacher: Die Finanzlage von Unternehmen lässt sich nach dem Liquiditätszufluss beurteilen. Der Cashflow erlaubt es, auch Aussagen über die Bewertung der entsprechenden Aktien zu treffen. So kann man sich einem fairen Preis ziemlich zuverlässig annähern. Bei Gold liegt die Sache grundsätzlich anders: Gold hat keinen fairen Preis, es kann gar keinen fairen Preis haben. Gold wirft auch keinen Cashflow ab. Es ist bei Gold vielmehr Glaubenssache oder eben der Mut zur Wette, der den aktuellen Wert ermittelt: Gold ist quasi eine Religion. Entweder man glaubt daran, oder man lässt es bleiben. Sicherlich gibt es Faktoren, die den Goldpreis beeinflussen können. Dazu gehört etwa ein schwacher Dollar. Andererseits können auch finanz- und wirtschaftspolitische Weichenstellungen Auswirkungen auf den Goldpreis haben.

Die Entwicklung des Goldpreises ist also nicht ohne Weiteres absehbar. Eines sollten Sie aber bedenken: Auch Gold ist zyklisch und volatil. Auf eine Phase großer Preisanstiege folgt zwangsläufig irgendwann eine Kurskorrektur nach unten. Die Stärke des Goldes wurde ab dem Jahr 2010 wurde vor allem durch die Krisenangst vieler Investoren oder eben durch das gezielte Wetten darauf getrieben. Dennoch schwankt oder fällt der Preis, wenn die Krisenangst nicht mehr das alles beherrschende Thema ist. So geschehen in den Jahren 2014 und 2015, als die faktische Staatspleite von Griechenland nicht mehr reichte, um den Goldpreis zu stützen. Auch aktuell ist der Goldpreis noch nicht so stark gestiegen, wie viele sich erhofft hatten.

Zieht allerdings die Konjunktur dauerhaft wieder an und steigen die realen Zinsen, wird Gold für die Anleger deutlich an Glanz verlieren. Auch institutionelle Anleger, Hedge-Fonds und Spekulanten sind mit Wetten auf steigende Goldpreise deutlich vorsichtiger geworden. Natürlich sind solche Ereignisse nur erste Anzeichen, und von einer Flucht kann gerade heute nicht mehr die Rede sein. Zudem bleibt ja auch eine gewisse konstante Nachfrage nach Gold und anderen Edelmetallen durch die (Schmuck-)Industrie. Fest steht aber: Verlieren mehr und mehr Investoren das Interesse an Gold, wird der Preis spürbar nachgeben.

Sollte es eines Tages dennoch so weit kommen und der Markt Gold aus dem Fokus verlieren, droht stets eine weitergehende Abwärtsspirale. Der Kursrückschlag könnte schnell eine gefährliche Eigendynamik entwickeln, die Blase platzen. Zum Vergleich: Nach dem Rekordstand im Jahr 1980 hat sich der Goldpreis binnen Jahresfrist auf 850 US-Dollar halbiert. Bis zum Jahr 1999 ging es sogar hinunter auf 250 Dollar pro Unze. Dass der Goldpreis im bis Ende 2015 Richtung 1.000 Dollar gerutscht war, hat den *Deutschen Wirtschaftsbrief* deshalb nicht überrascht. 2016 und 2017 ging es dann wieder etwas bergauf. Dennoch ist Gold eine schwankungsintensive Geldanlage.

Es gilt also: Wer beim Gold mitzieht, muss sich über die Risiken im Klaren sein. Große Investoren setzen auf Gold, weil sie mit einer Blasenbildung rechnen. Krisen- und Inflationsangst der Privatanleger spielen ihnen da zu. Für die Großen steckt folgende Überlegung dahinter: Es wird an einem irrationalen Preisanstieg verdient. Dann steigt man aus und bringt dadurch die Blase zum Platzen. Hier muss klar sein, dass Sie als Privatanleger dieser Entwicklung vermutlich nur hinterherrennen können. Behalten Sie deshalb den Markt genau im Auge, wenn Sie größere Summen in Gold investiert haben. Ansonsten kommt Ihr Ausstieg zu spät.

Wegen der oben aufgezeigten Risiken rate ich meinen Lesern nicht mehr zu physischem Gold – außer als Sicherheitsrücklage. Ein Run auf die Aktien der großen Betreiber ist seit 2011 jedoch ausgeblieben. Die Förderkosten sind so stark gestiegen, dass die Minen trotz des Preisanstiegs in Sachen Profitabilität enttäuscht haben. Zudem mussten die meisten Minen ihre Produktionsziele nach unten korrigieren. Das ist Gift für die Börsen. Wird Gold zu einem Spekulationsobjekt, sollten Sie übrigens nicht nur auf den Kauf physischen Goldes verzichten. Lassen Sie auch von Goldfonds (ETCs) die Finger, die Gold verbrieft haben. Hier kaufen Sie teuer ein. Die Hinterlegung mit Gold schützt Sie nicht vor einem Kurseinbruch, wenn Spekulanten aussteigen. Abstürze können beträchtlich ausfallen. Bleiben Sie trotzdem dabei, fallen Jahr für Jahr Gebühren an. Das schmälert in der Folge die Performance, die zudem nie besser sein kann als die des Goldpreises selbst.

Sie sehen: Die Investition in Gold ist – insbesondere in der aktuellen Lage – ein spannendes Feld. Doch wie verhält sich Gold bei Inflation, Staatsbankrott oder einer Währungsreform? Wozu kann es unter diesen Umständen nutzen und wozu nicht?

Viele Anleger suchen ihr Heil im Gold, da sie der Meinung sind, Gold schütze vor Inflation. Leider ist diese Rechnung so nicht ganz richtig. Denn: Während der letzten großen Inflationsperiode von 1987 bis 1990 hat das nicht funktioniert. Laut einer Studie der Bank Vontobel für die USA hatte Gold damals sogar einen realen Verlust von 7 % pro Jahr zu verzeichnen. Steht aber der akute Krisenschutz im Vordergrund, ist ein Grundsockel von Gold in der Tat unerlässlich. Wenn es zu einer extremen Geldentwertung kommt, haben Sie so eine Ersatzwährung zu Ihrer Verfügung. Falls Sie mit Ihren Euros tatsächlich einmal nichts mehr für den Lebensunterhalt kaufen können sollten, kann Gold seine Stärke als echter Wert unter Beweis stellen. Die gleichen Stärken spielt Gold bei den Horrorszenarien eines Staatsbankrotts oder einer Währungsreform aus. So schloss beispielsweise Argentinien wegen seines Staatsbankrotts die Banken. Das Peso-Vermögen war für die Bürger also nicht verfügbar.

Vor dem Hintergrund eines hohen Goldpreises ist diese Krisensicherheit teuer erkauft. Zudem kann es insbesondere in extremen Krisensituationen für Menschen mit Goldvorräten zu bösen Überraschungen kommen. Denn: Kommt es hart auf hart, könnten Staaten Privatleuten den Besitz von Gold verbieten, um selbst Gold aufzukaufen. Damit würde dann gegebenenfalls eine neue Währung hinterlegt, oder es würden Devisen für den Staat beschafft. Bei diesen Zwangsaufkäufen kann der Staat die Preise willkürlich festsetzen. Für den privaten Goldhandel bliebe dann nur der Schwarzmarkt.

Dennoch bleibt unsere Empfehlung: Legen Sie einen gewissen Anteil Ihres Investitionsvolumens als Sicherheit in Gold und eventuell auch Fremdwährungen wie den US-Dollar an, um im schlimmsten aller Fälle gewappnet und flüssig zu sein. Die Aufteilung auf Gold und Fremdwährungen hat den Vorteil, dass Sie bei staatlichen Eingriffen in den Gold- oder Devisenhandel immer auf den jeweils anderen Notvorrat ausweichen können.

Fazit: Gold ist keine ultimative Wertanlage. Es wird allerdings nie auf null abzuschreiben sein und kann in Krisenzeiten bei Inflation, Staatsbankrott oder Währungsreform einen Sicherheitssockel bieten. Wer Gold aber zu teuer einkauft, kann erhebliche und nachhaltige Vermögensverluste erleiden. 2010 waren Gold-Gläubige bereit, je Unze 1.400 Dollar zu zahlen. Mitte 2011 hatte Gold sein bisheriges Allzeithoch von über 1.900 Dollar pro Unze erreicht. Noch einmal: Ende 2015 dann fiel der Preis schon wieder auf fast 1.000 Dollar. Bis Ende 2017 schien er sich zwischen 1.200 und 1.300 Dollar einzupendeln. Dies belegt, dass Gold als Renditeanlage viel zu große Schwankungen aufweist und von den großen Investoren wie Notenbanken abhängig ist.

10. Immobilien

Auch Immobilien sind eine Kapitalanlage, die bei einer Inflation, bei Staatsbankrotten oder Währungsreformen nicht direkt betroffen sind. Deshalb eignen sie sich als Anlage für Ihr Vermögen. Dabei gibt es vergleichsweise viele Vorteile und einige Nachteile, die ich Ihnen auch nicht verschweigen will. In Teil II dieses Buches gehe ich konkret und detailliert auf die Anlagechancen ein.

Hier zu den wichtigsten Rahmenbedingungen: Wenn Sie auf Immobilien setzen, können Sie in normalen Phasen von Renditen in Höhe von 0 bis 1 % nach Inflation ausgehen. Das setzt allerdings voraus, dass der Staat Sie nicht mit unnötigen Gebühren und Steuern zusätzlich belastet.

Vor allem aber setzt dies voraus, dass die Einkaufspreise für Immobilien nicht bereits zu hoch sind. Dies kann nach Einschätzung einiger Experten in Deutschland für bestimmte Regionen und Immobilienarten bereits der Fall sein. Genau jetzt Immobilien zu kaufen, kann also die Renditekalkulation bereits zerstören.

Die niedrigen Immobilienkredit-Zinsen sind dementsprechend eine Falle: Zwar sieht es so einfach aus wie nie zuvor, einen Kredit zu bekommen und abzubezahlen. Ob das Geschäft sich jedoch lohnt, hängt von der Immobilienpreis-Entwicklung oder von Ihrer Nutzung ab. Sollten Sie die Immobilie stets selbst nutzen, dürfte sich der Bau oder Kauf von Immobilien zu niedrigen Zinsen lohnen.

Sofern Sie vermieten und eventuell später sogar verkaufen wollen, droht indes ein Problem: die Immobilienblase in Deutschland könnte 2018 platzen. Die Preise stagnieren teilweise in einigen Regionen bereits. Deshalb warne ich: den Immobilienkauf sollten Sie trotz des drängelnden Bankberaters nicht übereilen. Und: Bleiben Sie bei Mietimmobilien vorsichtig.

Immobilienkauf nicht übereilen

Schon gar nicht sollten Sie sich aus Furcht vor einer Inflation überstürzt zu einem Immobilienkauf entschließen. Grundsätzlich sind die eigenen vier Wände eine gute Sache. Es sollte sich aber um das richtige Objekt handeln. Insbesondere, wenn es eine Entscheidung fürs Leben sein soll, wäre ein überhasteter Kauf verfehlt.

Bei der Frage, was beim Immobilienkauf am wichtigsten ist, lautet die goldene Regel: Erstens – die Lage, zweitens – die Lage, und drittens – die Lage. Denn nur wenn ein Objekt auch in vielen Jahren noch nachgefragt ist, können Sie mit einer Wertsteigerung rechnen. Hat sich das Umfeld dagegen über die Jahre hinweg nachteilig verändert, kann es bei Finanzbedarf erhebliche Schwierigkeiten bereiten, überhaupt einen Käufer zu finden.

Zudem sollten Sie eine Immobilie nur dann erwerben, wenn Ihnen das ohne finanzielle Kraftakte möglich ist. Planung und Finanzierung sollten auf Ihre individuelle Lebenssituation zugeschnitten sein. Nur wer auf Dauer die monatlich anfallenden Belastungen tragen kann, wird glücklich und zufrieden in seinem Eigenheim leben. Was bei der Finanzierung zu beachten ist und wie Sie vorgehen können, lesen Sie in Anhang 1 zu diesem Buch („Formen der Immobilienfinanzierung“).

Mietimmobilien als Kapitalanlage

Nicht weniger umsichtig sollten Sie sein, wenn Sie Mietobjekte als Kapitalanlagen erwerben wollen. Manche Anlageberater stellen den Kauf zu vermietender Immobilien als nützliche Altersvorsorge heraus. Dabei wird allerdings gern verschwiegen, dass die Netto-Mietrendite einer Immobilie nur 3 bis 5 % beträgt. Nur wer einen hohen Immobilienbestand hat, kann deshalb aus Vermietung einen echten Zusatzertrag erzielen.

Übernehmen Sie selbst die Verwaltung, müssen Sie sich auch selber mit den Mietern herumschlagen. Das kostet Nerven, Zeit und Geld. Dabei brauchen Sie nicht einmal an Mietnomaden zu geraten – auch Mieter, die immer pünktlich zahlen, können Ihnen Stress bereiten, indem sie beispielsweise die korrekte Abrechnung von Nebenkosten bestreiten.

Als Vermieter müssen Sie zudem damit leben, dass die Rechtsprechung ständig für Änderungen sorgt. Das betraf in den vergangenen Jahren vor allem den Bereich Schönheitsreparaturen. Wer hier als Vermieter die falschen Formulierungen im Mietvertrag stehen hat, muss die Wohnung beim Auszug von Mietern auf eigene Kosten renovieren, weil der Bundesgerichtshof diese Klauseln für unzulässig erklärt hat. Sie sollten also Wert darauf legen, dass Ihre Wohnraummietverträge rechtssicher abgefasst sind. Alles in allem gilt: Überlegen Sie sich gut, ob Sie sich auf das Abenteuer Vermietung einlassen wollen.

11. Was dahinter stecken kann, wenn Banken bestimmte Anlagen empfehlen

Ein Geschäftsfreund sagte uns vor Jahren: „Ich gehe gern zu meiner Bank, um dort über mein Wertpapier-Depot zu sprechen. Anschließend gehe ich nach Hause und mache regelmäßig das Gegenteil von dem, was man mir geraten hat. Mit dieser Strategie bin ich bisher immer gut gefahren."

Dieses Gespräch fand Ende der 90er-Jahre statt – also kurz bevor die Aktien weltweit auf Talfahrt gingen. So gut wie alle Anleger haben bis 2002 mit Aktien oder Aktienfonds viel Geld verloren. Hauptgrund damals: Die jungen, meist unerfahrenen Wertpapierberater der Banken hatten die Risiken von Aktien grob fahrlässig unterschätzt.

Auch der Börsencrash von 2008 ist im Wesentlichen auf die Banken zurückzuführen. Nachdem erkannt worden war, wie hoch der tatsächliche Abschreibungsbedarf aufgrund gigantischer Fehlspekulationen war, begannen die Banken damit, sich untereinander kein Geld mehr zu leihen. Der sogenannte Interbankenhandel kam zum Erliegen. Hedge-Fonds wurden die Kredite gekündigt. Liquidität musste her – um jeden Preis. Hedge-Fonds, Versicherungen und auch die Banken warfen ihre Aktienbestände ohne Rücksicht auf Verluste auf den Markt. Im Oktober 2008 brach Panik aus. Weltweit gingen die Aktienbörsen auf Talfahrt.

Sollten Sie sich fragen, warum die Banken ihre Kunden vor Kursverlusten nicht gewarnt haben, hier die Antwort:

Anleger sind selbst schuld, wenn sie Bankentipps glauben und befolgen. Warnpflichten ergeben sich nur, wenn das mit einem Kunden ausdrücklich vertraglich vereinbart worden ist. Wer den Banken eine unzulässige Verfolgung von Eigeninteressen vorwirft, muss das zur Überzeugung der Gerichte beweisen. Was Außenstehenden bei bankinternen Vorgängen bisher kaum möglich war.

Vor allem sollten Sie immer bedenken, dass Bankberater Umsatz machen müssen. Seit der Euro-Einführung haben Banken die Umsatzvorgaben teils verdoppelt. So betreuen etwa bei den Groß- und exklusiven Privatbanken einzelne Berater Depotvolumina zwischen 50 Mio. und über 100 Mio. €. Die Vorgabe lautet, auf diese Summen 1 bis 1,6 % Provisionen pro Jahr zu erzielen. Anleger müssen deshalb zu Umsatzbringern umfunktioniert werden. Die Folge:

Ein erfolgreicher Bankberater muss Ihnen Produkte mit einem hohen Agio verkaufen. Nur so kann er seine Zielvorgaben erfüllen. Schafft er das nicht, entfallen für ihn Sonderzahlungen oder Leistungsboni. Möglicherweise wackelt sogar sein Arbeitsplatz. Mit Kunden, die nur in Aktien, Renten oder Festgeld anlegen, lässt sich einfach nicht genug verdienen. Mit vielen Tricks wird deshalb versucht, Sie von den Chancen bankeigener Produkte zu überzeugen. Gelingt das, verdient die Bank auf jeden Fall. Sie als Anleger können dagegen ganz schnell zum Unglücksraben werden.

Viele Finanzinnovationen sind so gestrickt, dass ein normaler Anleger sie kaum noch versteht. Zur gewollten Verwirrung tragen auch die englischen Namen bei. Da jede Bank hier tun und lassen kann, was sie will, wird die Vergleichbarkeit erschwert.

Stellen sich solche Produkte als Enttäuschung heraus, empfehlen die Banken kurzerhand andere Papiere. Häufig verdienen sie dabei nicht nur mit der Herausgabe Geld, sondern sind zugleich am Handel beteiligt. Bei Zertifikaten werden die Laufzeiten ständig verkürzt, um dann bei Fälligkeit erneut Umsätze zu machen. Rutschen Bonuszertifikate unter das Sicherheitsnetz, fällt für die Anleger der Bonus weg. Die Zertifikate sind ertraglos, die Dividenden streichen die Banken ein. So einfach funktioniert das – und doch fallen Anleger noch immer darauf herein.

Was Banken alles tun, um Schadenersatzansprüche abzublocken

Fragt die Bank nach der Risikoneigung, haben ich meinen Lesern schon immer geraten, sich als „konservativ" einstufen zu lassen. Versäumt hatte das beispielsweise im Jahr 2000 eine Steuerberaterin, die sich nicht länger selbst um das Management ihrer Aktien kümmern wollte. 580.000 DM legte die Steuerberaterin zur professionellen Verwaltung durch die Bank an. Der Verwendungszweck: Altersvorsorge.

Da sie sich nicht als „konservativ" hatte klassifizieren lassen, legte die Bank auch am Neuen Markt an. 95 % hatten diese Anlagen Anfang 2003 verloren. Insgesamt betrug der Verlust bei der Depotverwaltung über 60 %. Das einzige Entgegenkommen, zu dem sich die Bank bereit erklärte: Ausnahmsweise wollte sie auf die Vermögensverwaltungsgebühr verzichten.

Dies ist allerdings kein Einzelschicksal aus den Zeiten der Börsenkrise im Jahr 2000. So und ähnlich ging es bis heute vielen Anlegern. Die halten heute noch miese Fonds im Depot, haben Immobilien auf Kredit gekauft oder geschlossene Fonds, die sich als wertlos erwiesen. Stets zeigen sich Banken bei Beschwerden als sehr unkooperativ.

Nutzen Sie das Ombudsverfahren

Bevor Sie sich mit Banken herumschlagen und diese möglicherweise sogar verklagen, können Sie ein privates Schlichtungsverfahren beantragen. Darüber entscheiden die eigens dafür eingesetzten Schlichter bzw. Ombudsleute. Ein solches Verfahren kostet Sie nichts. Üblicherweise wird eine Beschwerde in drei bis gut sechs Monaten bearbeitet.

Bei allen Banken-Schlichtungsstellen ist der Schlichterspruch bis zur Höhe von 5.000 € bindend für die Bank. Erst, was darüber hinausgeht, kann die betroffene Bank gerichtlich überprüfen lassen. Über die Ombudsleute lässt sich gerichtlicher Streit häufig vermeiden. Das gilt aber nicht nur gegenüber Banken. Auch für den Bereich Versicherungen gibt es zwei Schlichtungsstellen. Die Anschriften, an die Sie sich wenden können, sowie die wichtigsten Verfahrensgrundsätze finden Sie im Anhang 6 in diesem Buch.

12. Neue Pflichten für Banken

Im Zuge der Finanzkrise hat die Bundesregierung im Juli 2009 ein Paragraphenwerk zum besseren Anlegerschutz verabschiedet. Selbst den Politikern und gut verdienenden Ministerialbeamten, die sich dank üppiger Pensionen nicht um die eigene Altersvorsorge kümmern müssen, war klar geworden, wie häufig von Banken vorsätzlich falsch beraten wurde. Ein zentraler Punkt der Reform ist die Wiederabschaffung der kurzen 3-jährigen Verjährungsfrist. Wie oben dargelegt, hat dieses Banken-Sonderrecht bei zigtausend Anlegern für erhebliche Schäden gesorgt.

Neu ist, dass die 3-Jahres-Frist erst dann zu laufen beginnt, wenn Sie als Bankkunde von einem Anspruch erfahren. Erst nach Ablauf von zehn Jahren sind Schadenersatzansprüche wegen Falschberatung endgültig ausgeschlossen.

Findet die Beratung in einer Filialbank statt, müssen Bankberater seit Anfang 2010 Verkaufsgespräche protokollieren und die Aufzeichnungen vor dem Geschäftsabschluss unterschrieben an Sie aushändigen. Das Protokoll soll im Streitfall als Beweismittel dienen. Erfolgte die Beratung telefonisch, muss Ihnen die Bank ein Protokoll zusenden. Sollte dieses das Gespräch nicht korrekt wiedergeben, können Sie binnen einer Woche ein Widerrufsrecht nutzen. Die Beweislast für die Richtigkeit des Protokolls soll bei der Bank liegen.

Ich warne davor, Beratungsprotokolle zu Geldanlagen voreilig zu unterschreiben. Anlass dazu gibt folgender Fall: Eine Bank hatte einen langjährigen Kunden zu einer Beratung eingeladen. Bei dem Gespräch betonte dieser ausdrücklich, dass das Geld jederzeit für einen Hausbau verfügbar sein müsse. Vermittelt wurden ihm ein offener Immobilienfonds sowie ein Garantiefonds – also langfristige Anlagen.

Im Protokoll hatte der Berater zum Anlagehorizont und zur Risikobereitschaft falsche Angaben gemacht. Dennoch verlangte er vom Kunden, eine Empfangsbestätigung für das Beratungsprotokoll zu unterzeichnen. Hätte der Anleger tatsächlich unterschrieben, wäre die Bank aus dem Schneider gewesen.

Lassen Sie sich nicht bluffen – auch nicht, wenn der Berater auf eine Vertragsbestimmung verweist. Kein Verbraucher kann verpflichtet werden, Vollständigkeit und

Richtigkeit schriftlich zu bestätigen. Etwaige Vertragsklauseln, die so etwas vorschreiben, sind unwirksam.

Schon kurz nach Einführung der Protokollierungspflicht stellte sich heraus, dass den Banken damit nicht beizukommen ist. Viele Kreditinstitute nutzten die Protokolle nämlich nicht zur transparenten Dokumentation ihrer Anlageberatung, sondern vielmehr zur rechtlichen Absicherung ihrer Berater. Besonders oft fehlten Informationen darüber, welches Risiko der Kunde eingehen wollte. Der Gesetzgeber sah sich deshalb erneut zum Handeln gezwungen.

Sind Wertpapierkunden mit einem Bankberater unzufrieden, ist das jetzt der BaFin zu melden. Im Jahresverlauf 2012 hatte die Finanzaufsicht BaFin die Daten von rund 300.000 Bankmitarbeitern gelistet – gegen den Widerstand der Bankenlobby. Nur noch qualifizierte Mitarbeiter dürfen in der Anlageberatung tätig sein. Jedem einzelnen wurde eine Kennnummer zugeteilt, die er auch beim Wechsel zu einer anderen Bank behält. Beschwert sich ein Kunde über die Anlageberatung, muss die Bank die BaFin darüber informieren. Das gilt für alle Unmutsäußerungen – egal ob schriftlich, telefonisch oder direkt am Schalter. Sollte die BaFin schwerwiegende Verstöße bei einzelnen Beratern erkennen, kann sie von den Geldinstituten verlangen, dass die betreffenden Mitarbeiter bis zu zwei Jahre lang nicht mehr in ihrer Position eingesetzt werden.

Kundenberater sehen sich durch diese Maßnahme an den Pranger gestellt. Wenn Anlegern deshalb jetzt weniger oft Risikopapiere empfohlen werden, wäre das immerhin eine positive Folge. Trotz des Registers können Sie aber nicht sicher sein, dass die BaFin tatsächlich von Ihrem Vorwurf erfährt. Über grobe Verstöße sollten Sie die Finanzaufsicht daher sicherheitshalber selbst informieren. Um die Qualität der Beratung zu testen, ist zudem vorgesehen, „verdeckte Ermittler“ zu Testberatungen zu schicken. Neu ist auch ein Produkt-Informationsblatt. Anleger müssen vor Abschluss eines Geschäfts eine maximal drei Seiten lange Produktinformation erhalten. Dieser „Beipackzettel“ soll wesentliche Angaben über Risiken, Erträge und Kosten des Finanzprodukts vermitteln.

Ob das alles wirklich für bessere Beratungen sorgt, bleibt abzuwarten. Der bürokratische Aufwand jedenfalls ist enorm. Am Ende werden alle Anleger dafür zahlen.

Anlegerfreundlich wäre es gewesen, die Beweislast bei Schadenersatzprozessen vollständig den Banken aufzuerlegen. Denn: Nach wie vor besteht der Interessenkonflikt, dass der Bankmitarbeiter in erster Linie eben nicht unabhängiger Berater, sondern abhängiger Verkäufer ist. Daran ändert sich auch nichts, wenn Banken mehr und mehr dazu übergehen, für eine Beratung Honorar zu verlangen. Ist der Berater nicht wirklich unabhängig, läuft das Ganze im Endeffekt doch wieder auf ein Verkaufsgespräch hinaus.

13. Wie sicher Ihr Geld bei den Banken ist

Wenn Sie Ihr Erspartes einer Bank anvertrauen, erwarten Sie zu Recht höchstmögliche Sicherheit, auch im Fall einer Bankenpleite. Die Finanzkrise hat dieses Vertrauen erschüttert. Für Verunsicherung hatte vor Jahren insbesondere die Insolvenz der isländischen Kaupthing Bank gesorgt.

Das Kreditinstitut hatte auch in Deutschland um das Geld von Anlegern geworben. Mehr als 30.000 Deutsche ließen sich von den hohen Zinsen anlocken. Denn: Einlagen waren durch die isländische Entschädigungseinrichtung bis zu Beträgen von gut 20.000 € geschützt. Bei den isländischen Banken waren jedoch so hohe Schulden aufgelaufen, dass die Regierung Anfang Oktober 2008 die Verstaatlichung der drei größten Kreditinstitute beschloss. Die Bedienung der Ansprüche aus dem Einlagenfonds wurde im Januar 2009 um weitere drei Monate verschoben. Trotz Einlagenschutzes kamen die Anleger zwischenzeitlich nicht an ihr Geld. Schon im Mai 2008 wurden die Leser vom *Deutschen Wirtschaftsbrief* Nr. 22 wie folgt gewarnt:

„Trotz der Top-Zinsen sollten Sie bei der isländischen Kaupthing Bank kein Geld anlegen. 5,65 % Zinsen auf Tagesgeldkonten sind zweifellos attraktiv. Auch die Seriosität der Bank steht außer Frage. Der Knackpunkt ist aber die Einlagensicherung: Nach isländischem Recht sind Anlegern nur 20.887 € garantiert.

In Frage zu stellen ist jedoch die Werthaltigkeit. Die isländischen Banken stehen unter massivem Druck. Die US-Kreditkrise hat das Land hart getroffen. Die Währung verlor zuletzt dramatisch an Wert. Hedge-Fonds spekulieren darauf, dass die isländischen Banken kollabieren könnten.

Sollte diese Rechnung aufgehen, beträfe ein Kollaps der Banken zwangsläufig auch den Sicherungsfonds. Island hat nur etwa 300.000 Einwohner. Ausfälle in Milliardenhöhe könnte der Staat schwerlich verkraften. Wir raten deshalb davon ab, überhaupt bei der Kaupthing Bank zu investieren."

Staatsgarantien sollen Ihnen Sicherheit bieten

Einlagensicherung ist Gesetz. Die Banken aller EU-Mitgliedsstaaten sind verpflichtet, die Gelder ihrer Kunden für den Fall abzusichern, dass die Kreditinstitute in Zahlungsschwierigkeiten geraten. Zwei Richtlinien, die in jedem EU-Land umgesetzt waren, hatten vorgeschrieben, dass das Sparguthaben eines jeden Bankkunden bis zu einer Höhe von mindestens 20.000 € gesichert ist.

Als Folge der Finanzkrise war die gesetzliche Einlagensicherung in allen EU-Staaten im Sommer 2009 auf zunächst 50.000 € erhöht worden. Seit 2011 sind es 100.000 €. Auch die bisherige Selbstbeteiligung von 10 % ist entfallen. Die Frist für Auszahlungen wurde per Gesetz auf höchstens 30 Tage begrenzt. In der Schweiz ist die Einlagensicherung von 30.000 sfr auf 100.000 sfr angehoben worden.

Die Erhöhung der gesetzlichen Einlagensicherung ist zu begrüßen. Denn: Wenn eine Bank zum Insolvenzfall wird, greift diese gesetzlich vorgeschriebene Einlagensicherung, wenngleich auch nicht der Staat. Diese Haftung gilt in Deutschland auch für ausländische Banken, die hier mit eigenen Gesellschaften tätig sind. Nur Niederlassungen ausländischer Banken sind davon ausgenommen.

Soweit es sich um Banken mit Sitz in der EU handelt, ist Ihr Geld durch die EU-weite Einlagensicherung geschützt. Bei einer Insolvenz müssten Sie sich im Falle einer Auslandsgarantie jedoch meist mit einer fremden Sprache herumschlagen. Die Ansprüche sind in einem fremden Rechtssystem geltend zu machen. Zudem dürfte die Entschädigung von Ausländern mit mehr Zeit und Aufwand verbunden sein als bei Einheimischen. Das gilt es zu bedenken, wenn Sie ausländischen Banken Geld anvertrauen. Ein weiterer Aspekt:

Das Risiko, dass ein Land mangels Leistungsfähigkeit seine Garantiezusagen nicht erfüllt, ist mit Blick auf die „alten" EU-Staaten vermutlich sehr gering. Anders kann es jedoch bei kleineren Ländern mit niedriger Bevölkerungszahl, geringem Bruttoinlandsprodukt oder extrem hoher Staatsverschuldung aussehen. Nichts gegen die neuen EU-Mitglieder. In Sachen Werthaltigkeit der Einlagensicherungsgarantien sollten Sie aber selbst entscheiden, ob Sie Bulgarien, Rumänien, Slowenien, Slowakei, Tschechien, Estland, Lettland, Litauen oder Polen uneingeschränkt vertrauen.

Einlagensicherungsfonds sollen Ihr Erspartes zusätzlich absichern

Über die gesetzliche Regelung hinaus existieren zusätzliche Einlagensicherungssysteme der Banken selbst. Diese schützen auch größere Geldsummen bis zu 100 %. Beim Einlagensicherungsfonds handelt es sich um ein freiwilliges Sicherungssystem der privaten Banken zum Schutz von Kundengeldern im Falle einer Insolvenz.

Private Banken, die dem Einlagensicherungsfonds angehören, zahlen in diesen jährlich einen bestimmten Betrag ein. Dessen Höhe ist abhängig vom Geschäftsvolumen und der Bonität der Bank. Beim freiwilligen Sicherungsfonds für private Banken gibt es eine sehr hohe Sicherungsgrenze für private Kunden, die bei 30 % des Eigenkapitals der jeweiligen Bank liegt. Je nach Kreditinstitut bewegt sich diese vollständig abgesicherte Summe bis in den Millionenbereich hinein. Indes:

Auf dem Höhepunkt der Bankenkrise 2008 hatten die deutschen Privatbanken gerade einmal 4,8 Mrd. € in den Fonds eingezahlt. Das ist erschreckend wenig und wäre im Falle einer größeren Insolvenz nur ein Tropfen auf den heißen Stein. Der Gesetzgeber hat die Banken deshalb im Sommer 2009 verpflichtet, ihre Einzahlungen in den Fonds zu verdoppeln.

Diese Sicherungsgrenze soll ab 2025 auf 8,75 % gesenkt werden.

Öffentliche Kreditinstitute wie Sparkassen, Volks- und Raiffeisenbanken sowie Genossenschaftsbanken besitzen eigene mehrstufige Absicherungssysteme. Auch dadurch sollen Ihre Einlagen in voller Höhe abgesichert werden. Die Sparkassen sind beispielsweise dem Sicherungssystem der Deutschen Sparkassen Organisation angeschlossen. Falls es bei einem Institut zu Problemen kommt, springen die anderen ein. Indes: Ob die volle Absicherung tatsächlich für alle Kunden funktioniert, würde sich erst bei einem größeren Schadensfall zeigen. Wie bei den Privatbanken können Sie auch hier nicht absolut sicher sein.

Wenn Sie Wert auf bestmögliche Risikovermeidung legen, sollten Sie größere Geldbeträge aufteilen. Und zwar dadurch, dass Sie sich für verschiedene Kreditinstitute in unterschiedlichen Verbundsystemen entscheiden.

Welche Sparguthaben die Einlagensicherung erfasst

Ihre Einlagen sind dann gesichert, wenn es Guthaben sind, die auf Ihren Namen lauten (Namensschuldverschreibungen). Diese dürfen also nicht handelbar sein. Das sind

- Girokonten (sogenannte Sichtgelder),
- Sparbücher und -briefe sowie
- Termineinlagen und Tagesgeldkonten.

Achtung: Nicht unter die gesetzliche Einlagensicherung fallen dagegen

- Inhaberschuldverschreibungen wie Zertifikate und Anleihen, wenn deren Emittent in Insolvenz geht, sowie
- Einlagen, die nicht auf Euro oder die sonstige Währung eines EU-Mitgliedsstaats lauten.

Ihre Wertpapiere sind sicher

Im Zusammenhang mit Wertpapieren in Ihrem Depot greift die Anlegerentschädigung in der gleichen Höhe wie die Einlagensicherung. Beachten Sie: Diese Regelung kommt nur zum Tragen, wenn die in Geldnot geratene Bank nicht in der Lage ist, Anlegern ihre Wertpapiere zurückzugeben, die sie verwahrt oder verwaltet.

Das dürfte aber nur der Fall sein, wenn die Bank widerrechtlich über die Papiere verfügt, also ohne Zustimmung des Kunden Wertpapiere verkauft und den Erlös unterschlägt. Denn: Wenn ein Kreditinstitut Aktien oder Rentenpapiere verwaltet oder auch (heute allerdings nur noch selten) verwahrt, bleiben die Papiere dennoch im Eigentum des Bankkunden. Somit haben weder Gläubiger der Bank noch sonst jemand Zugriff auf die eben erwähnten Wertpapiere. Auch wenn die Bank in Geldnot gerät, kann sie solche Papiere trotzdem jederzeit zurückgeben.

Fonds sind als Sondervermögen geschützt

Bei Fonds und Exchange Traded Funds (ETFs) besteht für Sie kein Risiko im Falle einer Insolvenz der Fondsgesellschaft oder der dahinter stehenden Bank. Denn: Fondseinlagen sind Sondervermögen. Die Anteile bleiben stets Ihr Eigentum, Gläubiger erhalten darauf im Insolvenzfall keinen Zugriff.

Wo Sie weitere Informationen bekommen

Banken haben Informationspflichten. Jede Bank ist gesetzlich verpflichtet, Sie im Preisaushang zu informieren,

- zu welcher Entschädigungseinrichtung sie gehört,
- in welcher Höhe Ihre Einlagen abgesichert sind und
- in welchem Umfang die Sicherung erfolgt (z. B. bis zu 90 % der Einlage).

Neukunden muss die Bank explizit auf ihre bankeigenen Sicherungsvorkehrungen hinweisen!

Auskünfte über die Höhe der Einlagensicherung eines Kreditinstituts geben:

- der Bundesverband deutscher Banken in Berlin (www.bdb.de, Tel.: 030 1663-0),
- der Verband öffentlich-rechtlicher Banken in Deutschland (www.voeb.de, Tel.: 030 8192-0),
- die Bundesanstalt für Finanzdienstleistungsaufsicht in Bonn (www.bafin.de, Tel.: 0228 4108-0).

14. Wer Geld am grauen Kapitalmarkt investiert, muss sich über die Risiken klar sein

Bisher bin ich ganz überwiegend auf Wertpapiere eingegangen, die wie Aktien und Anleihen an den Börsen gehandelt werden und damit einem reglementierten Markt unterliegen. Das hat für Sie den weiteren Vorteil, diese Papiere jederzeit über die Börse wieder verkaufen zu können. Für viele durchaus beliebte Anlageformen gilt das jedoch nicht.

So gibt es Zigtausende von Finanzdienstleistern, die Anleger am grauen Kapitalmarkt mit verschiedensten Angeboten ködern. Die in Aussicht gestellten Renditen sind oft verlockend. Die damit verbundenen Risiken werden jedoch häufig kleingeredet, ebenso wie die hohen Nebenkosten.

Die vertriebenen Produkte sind bei der Bundesanstalt für Finanzdienstleistungsaufsicht allenfalls meldepflichtig. Das öffnet Missbrauch Tür und Tor und kann bis hin zum Betrug gehen. Hier hilft Ihnen auch die EU-Richtlinie MiFID nicht. Denn: Für geschlossene Fonds gilt sie nicht. Gesetzlich vorgeschrieben ist lediglich, Vollständigkeit und Verständlichkeit zu überprüfen.

Wissen sollten Sie auch, dass am grauen Kapitalmarkt viele Berater nur auf hohe Provisionen aus sind. Statt, wie behauptet, neutral zu beraten, wird hinter dem Rücken des Anlegers kräftig abkassiert. So sind beim Verkauf von Immobilienfonds Vermittlungsprovisionen von 10 % keine Seltenheit. Unternehmensbeteiligungen können dem Berater sogar 15 % einbringen. Da auch die Initiatoren kassieren, kann bis zu einem Viertel des eingezahlten Geldes von den sogenannten weichen Kosten aufgefressen werden. Sie sollten sich deshalb immer eine gesunde Portion Misstrauen bewahren.

Besonders groß ist das Risiko, wenn man Sie dazu bringt, riskante Finanzgeschäfte über angebliche Profis abwickeln zu lassen. Oft fehlt diesen die erforderliche Erlaubnis, derartige Transaktionen überhaupt durchführen zu dürfen. Nur in solchen Fällen kann das Bundesamt für Finanzdienstleistungsaufsicht einschreiten und die Abwicklung von Finanz-Kommissionsgeschäften untersagen.

Auf derartige Firmen hereingefallene Anleger haben kaum Aussichten, ihr Geld zurückzubekommen. Zwischenzeitlich ist es den unseriösen Anbietern meist gelungen, allein durch die hohen Gebühren für jede durchgeführte Transaktion abzukassieren. Durch dieses sogenannte Churning ist der Großteil des Einsatzes vernichtet.

Selbst erfolgreiche Schadenersatzklagen bringen Geschädigten nichts, wenn die Gesellschaften insolvent sind und die Drahtzieher unauffindbar bleiben. Immer wieder warne ich deshalb vor unseriösen Anbietern am grauen Kapitalmarkt namentlich im *Deutschen Wirtschaftsbrief*.

Phoenix Kapitaldienst und Leipzig-West: Nur die krassesten Fälle

Bereits sehr früh hatte der *Deutschen Wirtschaftsbrief* beispielsweise den bis dato wohl bedeutendsten Betrugsfall seit dem Jahr 2000 aufgegriffen, den Fall Phoenix Kapitaldienst. Auch vor Betrügeren in jüngerer Zeit wie etwa bei „Prokon" hat der *Deutschen Wirtschaftsbrief* stets gewarnt. Die Masche ähnelt sich im Kern. Noch einmal zum Hintergrund bei Phoenix Kapitaldienst, weil Vorgehen und das System beispielhaft sind: Rund 30.000 Investoren wurden um Anlagebeträge von gut 500 Mio. € geprellt. Allein im Zeitraum Juli 2004 bis Januar 2005 erwischte es knapp 7.000 Anleger, die insgesamt etwa 123 Mio. € investiert hatten. Der Betrug erfolgte in der Form, dass den Investoren (darunter auch viele Kleinanleger) falsche Renditeversprechen gemacht wurden. Anstatt in „profitable Börsentermingeschäfte" steckten die Angeklagten einen Großteil des investierten Geldes in die eigene Tasche oder ließen es in dunklen Kanälen verschwinden. Die angeblichen Termingeschäfte mit Rohstoffen und Aktienindizes waren zum großen Teil frei erfunden.

Bei Phoenix handelte es sich um ein Wertpapierhandelsunternehmen, das wie ein Kreditinstitut unter Bankenaufsicht stand, sich jedoch nicht mit Einlagegeschäften befasste. Wertpapierhandelsunternehmen tätigen ausschließlich Wertpapiergeschäfte oder erbringen Finanzdienstleistungen wie etwa Anlagevermittlung.

Solche Unternehmen sind in Deutschland der Entschädigungseinrichtung der Wertpapierhandelsunternehmen (EdW) angeschlossen. Diese Einrichtung soll besonders die Ansprüche von Kleinanlegern sichern. Das Ziel ist, 90 % der ausstehenden Forderungen abzudecken, maximal jedoch 20.000 €. Der EdW fehlte allerdings das Geld, um die Phoenix-Geprellten zu entschädigen. Die Einrichtung musste Kredite beim Bund aufnehmen. Erst im Juli 2012 meldete die EdW, fast alle Anleger entschädigt zu haben. Also sieben Jahre nach dem Zusammenbruch von Phoenix.

Auch vor der Wohnungsbaugesellschaft Leipzig-West AG hatte ich wiederholt gewarnt. Zu Recht. Auch dies ist exemplarisch für ähnliche, spätere Fälle. Der Kern ist stets derselbe. Denn: Die Gesellschaft stellte im Juni 2006 vor dem Amtsgericht Leipzig Insolvenzantrag. Rund 27.000 Anleger stehen vor einem Totalverlust ihrer Kapitaleinlagen. Die Schadenssumme wird auf insgesamt 300 bis 500 Mio. € beziffert. Noch bis kurz vor der Insolvenzantragstellung wurden massiv neue Anleger geködert. Als Hintergrund des Anlagebetrugs wird ein Schneeballsystem vermutet. Für diese Annahme sprechen Angaben in den Anleiheprospekten, wonach der Nettoerlös der Anleihe auch zur Ablösung bisher ausgegebener Inhaber-Teilschuldverschreibungen dienen könne.

Ähnlich wie bei den Leipzigern lief es bei der DM Beteiligungen AG/Düsseldorf. Auch hier wurden die Leser vom *Deutschen Wirtschaftsbrief* vor einem Schneeballsystem und hoffnungsloser Überschuldung gewarnt. Der Drahtzieher und Hauptaktionär war bei beiden Gesellschaften derselbe.

Einen weiteren Fall von Systemversagen lieferte S&K

Einen weiteren Fall von Systemversagen lieferte S&K, Im Februar 2013 hatte die Staatsanwaltschaft bundesweit zwei Großrazzien durchgeführt. Der Vorwurf lautet auf Anlagebetrug nach dem Schneeballsystem. Die bevorzugten Verkaufsargumente für die S&K-Fonds waren Inflationsängste und die Euro-Krise. Davor sollten Immobilien schützen. Angepriesen wurden „deutsche Sachwerte“ als geschlossene Fonds – das Ganze garantiert mit einem verlockenden Zinssatz von 12 %.

Nach Angaben der Staatsanwaltschaft hat S&K zwischen 2008 und Januar 2012 mit fünf Fonds insgesamt 111 Mio. € eingesammelt. Die Hintermänner sollen das Millionenvermögen größtenteils für einen „ausschweifenden und luxuriösen Lebensstil“ verprasst haben. Die angeblichen Immobilienwerte von über 1,7 Mrd. € dürften sich als gigantische Luftnummer erweisen. Die Geschäftsführer der Fonds machten sich auch den Umstand zunutze, dass Anbieter geschlossener Fonds den Wert ihrer Immobilien selbst bemessen können. Schrottobjekte werden so zu angeblich wertvollen Anlagen. Die versprochenen 12 % Zinsen vor Augen, hat die Gier bei den Zeichnern der Fonds obsiegt.

Je höher die in Aussicht gestellten Gewinne, desto größer das Betrugsrisiko

Dazu erneut exemplarisch ein Fall, über den der *Deutsche Wirtschaftsbrief* im Sommer 2009 fortlaufend berichtete. Es ging um eine Firma namens Real Estate & Oil. Inc. mit angeblichem Hauptsitz im US-Bundesstaat Oregon. Das Unternehmen bot für eine Beteiligung in Höhe von 5.000 € an der Börse gehandelte Genussscheine an. Nach einer in Aussicht gestellten Wandlung werde die Wertsteigerung über 33.000 € betragen. Begründet wurde der versprochene Zuwachs mit dem Besitz von Ölfeldern gigantischen Ausmaßes. Indes:

Gestartet hatte der Handel in Frankfurt mit einer Notierung von über 80 €. Das war im Spätsommer 2008. Zuletzt war der Kurs auf 3 Cent gefallen. Im Klartext: Wer hier eingestiegen ist, hat einen Totalverlust erlitten. Trotz Strafanzeigen wegen Betrugs dürften Geschädigte wohl keinen Cent wiedersehen.

Achtung: Beispiele dieser Art werden sich gerade in den kommenden Jahren bei etwas schlechteren Rahmenbedingungen in Konjunktur und Politik erneut wiederholen. Die Internet-Auftritte solcher Firmen sind besonders eindrucksvoll aufgemacht. Alles sieht seriös aus. Aber: Geschäftstätigkeit und Internationalität sind bloß vorgegaukelt. Dahinter stecken lediglich Scheinadressen. Büroservice-Unternehmen wickeln die Geschäfte ab, die Hintermänner bleiben unsichtbar. Da der Genussscheinmarkt so gut wie nicht reguliert ist, lädt er Betrüger geradezu ein.

Unterschätzen Sie nicht die unternehmerischen Risiken geschlossener Fonds

Bei geschlossenen Fonds handelt es sich um unternehmerische Beteiligungen. Die Initiatoren sammeln Kapital ein, das dann in bestimmte Objekte investiert wird. Das können beispielsweise Immobilien, Schiffe, Windkraftanlagen oder auch Filme sein.

Geschlossene Fonds werden meist als Kommanditgesellschaften mit beschränkter Haftung (GmbH & Co. KG) konzipiert. Dabei werden die Kommanditanteile an der Gesellschaft über einen bestimmten Platzierungszeitraum zum Verkauf angeboten. Ist die geplante Eigenkapitalquote erreicht, wird der Fonds geschlossen.

Die Anlage ist langfristig. Die Anleger binden sich über die gesamte Laufzeit der Beteiligung. Börsenhandel oder tägliche Preisfeststellung wie bei Investmentfonds existieren hier nicht. Anteile können nur über den Zweitmarkt, z. B. an der Börse Hamburg, abgegeben werden – wenn sich dort ein Käufer findet.

Geschlossene Fonds wurden in der Vergangenheit häufig als Steuerstundungsmodelle eingesetzt. Diese Möglichkeit hat der Gesetzgeber inzwischen weitgehend eingeschränkt. Solche Beteiligungen rechnen sich deshalb nur, wenn sie eine überdurchschnittliche Nachsteuer-Rendite erzielen können. Dafür werden oft steuerliche Besonderheiten der einzelnen Anlagegüter genutzt – bei Schiffen etwa die Tonnagesteuer oder bei Immobilien die Abschreibung.

Unterstellt das Finanzamt dem Fonds eine fehlende Gewinnerzielungsabsicht, gehen die erhaltenen Steuervorteile nachträglich verloren. Ein nicht unerheblicher Anteil von geschlossenen Immobilienfonds in Ostdeutschland hat sich als Bumerang für die Anleger erwiesen.

Geschlossene Immobilienfonds müssen ihre Ausschüttungen streichen

Durch die Finanz- und Wirtschaftskrise hat es vor allem die Fonds erwischt, die vor der Krise in Länder mit Preisverfall investiert hatten. Also etwa in Großbritannien, Spanien oder den USA. Zur Falle werden die Beleihungssätze. Dazu aus dem *Deutschen Wirtschaftsbrief* Nr. 37/09:

„In Kreditverträgen ist üblicherweise vereinbart, wie hoch die Beleihung sein darf. Für Sie ein Beispiel: Der Euroselect 14 Fonds hat über die Bonner Immobiliengesellschaft IVG in die „Londoner Gurke" investiert. Deren Wert ist von 600 Mio. auf 470 Mio. Pfund gefallen. Dem stehen 473 Mio. Pfund Kredite gegenüber. Der Beleihungsgrad beträgt damit über 100 %. Laut Kreditvertrag dürfen es jedoch nur 67 % sein. Folge:

Investoren werden so lange keine Ausschüttungen erhalten, bis die Marke von 67 % wieder erreicht ist. Ähnlich sieht es auch bei anderen Fonds aus, bei denen gemäß den Kreditverträgen die Beleihungssätze niedrig sind. Angelockt wurden Anleger mit Steuervorteilen, die Ausschüttungen bei Auslandsbeteiligungen bieten. Jetzt fallen diese Ausschüttungen aus. Nur wenige Zeichner sind bereit, noch weiteres Kapital zuzuschießen. Die Restrukturierung der Fondsfinanzen wird Anleger in vielen Fällen noch Nerven kosten.“

Sind Sie auf geschlossene Fonds hereingefallen, ist Hopfen und Malz aber noch nicht immer verloren. Denn:

Vertreiber geschlossener Fonds müssen Sie auf die unternehmerischen Risiken hinweisen

Eine geschlossene Beteiligung ist eindeutig keine sichere Geldanlage, auch wenn in große Immobilienprojekte wie Büroflächen, Altersheime, Einkaufszentren oder neuerdings auch Kindertagesstätten investiert wird. Wenn der Anleger also eine sichere Altersvorsorge als Anlageziel angibt, dürfen unternehmerische Beteiligungen nicht empfohlen werden. Im Gegenteil – von ihnen müsse sogar abgeraten werden, so entschieden vom Bundesgerichtshof (Az. III ZR 249/09).

Darüber hinaus legt der BGH eindeutig fest, dass Anleger in Beratungsgesprächen darauf hingewiesen werden müssen, dass es äußerst schwierig ist, sich von einer geschlossenen Beteiligung wieder zu trennen: „Zu den Umständen, auf die ein Anlageberater hiernach hinzuweisen hat, gehört insbesondere die in Ermangelung eines entsprechenden Marktes fehlende oder sehr erschwerte Möglichkeit, eine Kommanditbeteiligung an einem Immobilienfonds zu veräußern. Die praktisch fehlende Aussicht, eine solche Beteiligung zu angemessenen Konditionen verkaufen zu können, ist ein Umstand, der für den durchschnittlichen Anleger für seine Anlageentscheidung von erheblicher Bedeutung ist“ (Az. III ZR 169/08).

Sicherlich gibt es gerade bei Immobilien Beteiligungsmodelle, die sich auch für Anleger als lukrativ erweisen. Wichtig ist es, seriöse und erfahrene Anbieter zu finden. Deren Leistungsbilanzen reichen teils Jahrzehnte zurück. Jedoch sollten Sie selbst bei zweifelsfrei gegebener Seriosität mit Ihrem Steuerberater abklären, ob es sich für Sie wirklich lohnt, solche Investitionen einzugehen. Denn:

Geschlossene Fonds sind durch die Einlagensicherung nicht geschützt. Mangelnder wirtschaftlicher Erfolg kann je nach Rechtsform der Fonds zu einer Nachschusspflicht führen. Das gilt vor allem für GbR-Fonds. Bei den üblichen KG-Fonds haften die Zeichner „nur" mit der Einlage. Die Haftung kann jedoch gemäß § 172 HGB wieder aufleben, wenn es zu Ausschüttungen kam, die nicht kaufmännisch erwirtschaftet wurden.

15. Unseriöse Tricks am grauen Kapitalmarkt: Wie gewiefte Verkaufsprofis vorgehen

Der graue Kapitalmarkt ist dadurch gekennzeichnet, dass hier „Werber“ besonders aggressiv agieren. Sie werden meist von sich aus ohne jede Aufforderung des angesprochenen potenziellen Kunden aktiv. Dabei werden zunächst nur telefonisch bestimmte Berufs- oder Einkommensgruppen angesprochen. Aktuell beliebt ist es, den Ansprechpartnern noch nicht gehandelte, angeblich demnächst zur „Neuemission“ anstehende Wertpapiere oder Fonds anzubieten. Deren „vorbörsliche“ Preise können von den Vertreibern nach Gutdünken festgesetzt werden. Üblicherweise machen die vorweg zu finanzierenden Vertriebskosten auf dem grauen Kapitalmarkt bis über 50 % des „Kapitaleinsatzes“ aus. Die stets taktisch und psychologisch geschulten Telefonwerber setzen auf

- die Angst der bereits an der Börse hereingefallenen Anleger vor weiteren Vermögensverlusten,
- das Bestreben dieser Anleger, ihre Verluste durch andere Anlagen wieder herauszuholen,
- das „Abfischen“ von Schwarzgeldern bei ausgewählten Berufsgruppen sowie
- die Gier mancher Anleger, kurzfristig mit spekulativen Börsengeschäften, insbesondere durch Hedge-Fonds, an fallenden Börsenkursen zu verdienen oder eigene Bestände vermeintlich „abzusichern“.

Kleinanlegern werden stille Beteiligungen in Form von Sparplänen als ideale Altersvorsorge angepriesen. Die Laufzeiten liegen zwischen 10 und 40 Jahren, wobei ordentliche Kündigungen regelmäßig ausgeschlossen sind. Wer aussteigen will, muss horrende Abgangsentschädigungen zahlen. Geschickte Anlagebetrüger kennen börsentechnische Begriffe bestens und überzeugen unter Verwendung von Schlagworten. Sie übertölpeln die angerufenen Personen meist abends mit scheinbar überzeugenden Argumenten, die nur einen Nachteil haben: Sie sind schwer durchschaubar, praktisch nie überprüfbar und in den für die Betrüger wesentlichen Kostenpunkten falsch oder irreführend.

Dieses von den Aufsichtsbehörden, insbesondere der Bundesanstalt für Finanzdienstleistungsaufsicht (BaFin) nicht kontrollierte Agieren der Telefonbetrüger durch kalte Anrufe wird von den Ermittlungsbehörden ohnehin kaum durchschaut, selbst wenn diese davon durch Anzeigen betroffener Anleger erfahren. Von der Justiz wird es meist erst dann verfolgt, wenn sich die Initiatoren solcher Anlagen längst abgesetzt haben oder die GmbHs bzw. rechtzeitig zwischengeschaltete Strohleute Insolvenz anmelden.

Objektive Kontrolle: Fehlanzeige

Die nach den kalten Anrufen interessierten Anlegern auf Anfrage zugesandten „Verkaufsprospekte" werden am grauen Kapitalmarkt praktisch nie von einer objektiven Stelle analysiert oder kontrolliert. Bei der BaFin gibt es zwar eine Liste über „alle" Firmen am grauen Kapitalmarkt (auch via Internet), soweit diese dort „gelistet" sind. Aber selbst wenn ein Anlagebetrüger sich mit erfundenen/falschen Angaben dort als „gelistet" eingeschlichen hat, bleibt er in der Regel zunächst zwei Jahre als „gelisteter Finanzdienstleister" erfasst und ungeschoren.

Ohnehin sagt eine „Listung" bei der BaFin nichts über die potenzielle kriminelle Energie einzelner dort eingetragener Finanzdienstleister aus. Denn: Die „Eintragungsschwelle" ist relativ niedrig, und Verkaufsprospekte werden nur auf formale Kriterien geprüft – also nicht darauf hin, ob sie wirtschaftlich fundiert sind.

Seit 1. Juli 2005 gilt das „Anlegerschutzverbesserungsgesetz". Alle geschlossenen Fonds dürfen danach nur noch „geprüft" vertrieben werden. Das Prüfsiegel für neu aufgelegte Fonds wird von der Finanzaufsicht BaFin erteilt und soll Anleger schützen. Dazu gehören in erster Linie Risikohinweise. Über rein formale Auflagen geht aber auch diese Prüfung nicht hinaus. Inhaltliche Angaben und Renditerechnungen werden von der BaFin nicht auf Schlüssigkeit geprüft. Was man seitens der BaFin auch für richtig hält. Denn: Fehlbeurteilungen könnten die Finanzaufsicht schadenersatzpflichtig machen. Zudem fehlt Personal.

Seit Anfang 2013 müssen sich die rund 80.000 freien Finanzvermittler bei den Gewerbeämtern registrieren und ihre fachliche Eignung überprüfen lassen, wenn sie Graumarkt-Produkte verkaufen wollen. Zudem ist eine Berufshaftpflichtversicherung vorzuweisen. Allerdings sind auch die Gewerbeämter dünn besetzt. In vielen Fällen dürften die Mitarbeiter mit den Kontrollen überfordert sein. Wegen der laschen Gesetze lädt der graue Kapitalmarkt weiterhin zum Missbrauch ein. 174 Anbieter geschlossener Fonds hatten 2012 noch im Vorfeld der rechtlichen Neuregelung in Deutschland von Privatanlegern 3 Mrd. € an frischem Kapital eingesammelt. Unseriösen Firmen fällt es leicht, sich in der Menge zu verstecken.

Das läuft darauf hinaus, dass Sie sämtliche Inhalte von Verkaufsprospekten selber sorgfältig durchgehen müssen. Bisher waren formale Fehler häufig der Ansatzpunkt für Schadenersatzklagen hereingefallener Anleger. Auf unzureichende Risikoaufklärung können Sie solche Klagen nicht mehr stützen. Achtung:

Selbst der formalen Prüfung können die Anbieter entgehen, wenn sie Fonds aus dem EU-Ausland verkaufen. Wird dort eine Immobilien-Aktiengesellschaft gegründet, können sie die Aktien ungeprüft absetzen. Eine Börsennotierung ist nicht erforderlich. Das folgt aus der neuen EU-Wertpapierprospekt-Richtlinie. Hier öffnet sich ein neues Einfallstor für Betrug in großem Stil. Ich werde das für Sie im Auge behalten.

„Harte" kriminelle Anlagebetrüger sind bei der BaFin ohnehin überhaupt nicht erfasst. „Weiche" Betrüger kommen zwar in die Listung, jedoch erfolgt durch die BaFin keine laufende Kontrolle ihrer Aktivitäten.

Meist haben Betrüger mindestens zwei Jahre Zeit, um gutgläubige Anleger abzuzocken, bevor diese mit Beschwerden und später Strafanzeigen reagieren. Dabei gehen die Verfasser unrichtiger Verkaufsprospekte in der Regel wenig Risiko ein, sofern ihre Fehler überhaupt auffallen. Denn:

Zum einen sind die Fristen der Verjährung für die Prospekthaftung (sechs Monate ab Kenntnis des Fehlers!) äußerst kurz, auch wenn die Verjährungsfrist grundsätzlich drei Jahre ab Auflegung des Prospekts beträgt. Zum anderen sind, anders als in den USA, bei fehlerhaften Prospekten keine hohen „Straf-Schadenersatzansprüche" („punitive damages") gegen die Prospektverfasser bzw. -verwender zu erwarten, geschweige denn konsequente Betrugsverfahren wegen Anlagebetrugs. Die Staatsanwaltschaften sind nämlich in der Regel kompetenzmäßig unterbesetzt, uninteressiert oder durch die Vielzahl von Verfahren gegen Anlagebetrüger überfordert und überlastet.

Das Anlegerschutzgesetz könnte sich als Farce erweisen

Für Angebote am grauen Kapitalmarkt gelten jetzt ähnliche Spielregeln wie für Bankprodukte. Auch freie Vermittler haben zusammen mit dem Kunden ein ausführliches Beratungsprotokoll zu erstellen. Wie die Banken müssen sie eine Art „Beipackzettel" aushändigen, der das Produkt und dessen Risiken genau erklären soll. Eine Berufshaftpflichtversicherung soll verhindern, dass Kunden auf Schäden sitzen bleiben, die durch eine fehlerhafte Beratung entstanden sind. Indes:

In betrügerischen Fällen springen Berufshaftpflichtversicherungen gerade nicht ein! Je skrupelloser vorgegangen wird, desto geringer sind die Aussichten auf Schadenersatz. Zudem: Nicht die Finanzaufsicht, sondern die Gewerbeaufsicht soll die rund 80.000 freien Berater überprüfen. Spezialisiert auf die Überwachung von Hygienevorschriften im Lebensmittelbereich, werden diese Kontrolleure völlig überfordert sein. Als Anleger kommen Sie nicht darum herum, sich selbst zu schützen.

Durchschauen Sie die Maschen unseriöser Anbieter

Was können Sie vorbeugend gegen solche Angebote tun? Am besten den Telefonhörer auflegen. Insbesondere dann, wenn der Anruf ohne Aufforderung erfolgt, der Firmensitz im Ausland ist oder mit hohen Renditeversprechungen oder Sicherheitsbeteuerungen geworben wird.

Fast immer werden arglose Anleger dadurch aufs Glatteis geführt, dass ihnen angeboten wird, es zunächst doch einmal probeweise mit einem relativ geringen Einsatz von 1.000 € oder etwas mehr zu versuchen. Anschließend werden den so angelockten Erstanlegern Anfangsgewinne auf diese Ersteinlage vorgespiegelt oder fiktiv durch kreativ gefälschte Kontoauszüge bestätigt. Nicht selten wird auch auf angeblich seriöse „Referenzen" verwiesen, bei denen sich die angesprochenen Anleger über deren Erfahrungen vermeintlich objektiv „erkundigen" können. Dabei handelt es sich meist um verdeckte „Zutreiber" bzw. „freie Mitarbeiter", die den Anrufern gegenüber vorgeben, sie hätten gute Erfahrungen mit diesen Anlageberatern gemacht. Wer sich die von den Betrügern zunächst vorgespiegelten Anfangsgewinne auszahlen lassen will, wird in der Regel systematisch hingehalten.

Viel häufiger aber fassen auf diese Weise „überzeugte“ Erstanleger daraufhin Vertrauen und tun genau das, was die Anlagebetrüger erreichen wollen: Sie schießen größere Beträge sukzessive nach. Meist erst nach einigen Wochen stellen sie dann fest, dass sie keine aktuellen Informationen mehr erhalten. Nach vergeblichen weiteren Versuchen, sich über die Anlagen und deren Ergebnis zu informieren, werden die Anleger in der Folgezeit nach allen Regeln der Kunst hingehalten, bis die sechsmonatige Verjährungsfrist aus der Prospekthaftung abgelaufen ist oder die Anlagebetrüger in aller Ruhe „dichtgemacht“ haben bzw. im Ausland untergetaucht sind.

Anzeigen können zum Bumerang werden

Falls die Staatsanwaltschaft sich dann doch noch durchringt, die Räume und Buchhaltungsunterlagen bzw. Bankverbindungen der Anlagebetrüger zu durchsuchen, werden die Anschriften der geschädigten Anleger ausfindig gemacht und diese bezüglich ihrer erlittenen Schäden von den Ermittlungsbehörden angeschrieben bzw. als Zeugen vernommen. Dabei stellen sich dann nicht selten auf Kontoauszügen bestätigte, fiktive „Anfangsgewinne“ der hereingefallenen Anleger heraus, die von den Anlagebetrügern und deren Geschäftspartnern auf den ersten Abrechnungen bzw. Kontoauszügen verbucht wurden.

Statt gegen die Betrüger und deren Hintermänner nachhaltig zu ermitteln, ziehen es die deutschen Ermittlungsbehörden inzwischen in der Regel vor, die Anschriften der hereingefallenen Anleger deren zuständigem Wohnsitzfinanzamt mitzuteilen – insbesondere dann, wenn sich bei den Ermittlungen herausstellt, dass zunächst hohe fiktive „Kapitalgewinne“ (auf dem Papier!) ausgewiesen wurden. Dann müssen die bereits um ihren gesamten Kapitaleinsatz erleichterten Anleger aufgrund ihrer eigenen Zeugenaussagen und der vorgelegten Bestätigungsbelege der Anlagebetrugsfirmen auch noch mit Ermittlungsverfahren rechnen. Wegen der auf den Kontoauszügen bestätigten fiktiven Spekulationsgewinne kann es sogar zu Steuernachforderungen kommen! Zu diesem Thema hat der Bundesfinanzhof ein Urteil gesprochen (Az. VIII R 5/02):

Im Urteilsfall ging es um angeblich lukrative Geldanlagen in den USA. Sicherheit suggerierte ein über dem Einstandsbetrag liegender Mindestgewinn. Tatsächlich fanden jedoch überhaupt keine Börsengeschäfte statt. Gewinne wurden aus den Einlagen anderer Betrugsopfer gezahlt. Aber: Gewinne aus nur vorgetäuschten Geschäften sind laut BFH einkommensteuerpflichtig. Denn entscheidend ist allein die Absicht eines Anlegers, mit dem eingesetzten Kapital Gewinne zu erzielen. Werden wie hier Terminmarkt-Investitionen vorgetäuscht, sind das steuerpflichtige Spekulationsgeschäfte. Was dem Anleger nachher tatsächlich zufließt, ist unerheblich.

Keine Rolle spielt laut Bundesfinanzhof auch, ob Geschädigte den Betrug durchschaut haben oder nicht. Fallen gutgeschriebene Beträge besonders hoch aus, kann der Fiskus sogar noch mehr Steuern fordern. Dafür genügt, dass einmal die Gelegenheit bestanden hat, einen ausgewiesenen Gewinn ausgezahlt zu bekommen. Diese Rechtsprechung hatte der BFH bekräftigt (Az. VIII R 36/04).

Konsequenz: Reagieren Sie niemals auf kalte Anrufe, unabhängig davon, wo deren Urheber ihren Sitz haben! Selbst nur „durchschnittliche“ Renditeversprechungen oder Sicherheitsbeteuerungen sollten zur Vorsicht mahnen. Sehen Sie auch von geringfügigen Ersteinsätzen ab. Denn selbst bei Ausweis prozentual hoher „Anfangsgewinne“ kann hierüber in der Regel nicht verfügt werden. Andererseits besteht für die hereingefallenen Anleger aber das oben geschilderte Risiko, diese fiktiven „Gewinne“ später nachversteuern und die „Einkommensteuerrückstände“ auch noch mit 6 % verzinsen zu müssen.

16. So reagieren Sie richtig auf zweifelhafte Angebote und „kalte“ Anrufe

- Bevor Sie jemandem Geld anvertrauen, sollten Sie in jedem Fall die Seriosität überprüfen. Seien Sie besonders misstrauisch, wenn sich Treuhandfirmen oder andere Finanzdienstleister unaufgefordert bei Ihnen melden.

- Fragen Sie den Telefonverkäufer nach seinem Namen und der genauen Anschrift, unter der er am Arbeitsplatz zu erreichen ist.

- Kündigen Sie einen persönlichen Besuch an, da Sie Ihre Partner für finanzielle Transaktionen grundsätzlich persönlich kennen lernen wollen. Mancher Anrufer wird das Gespräch sofort beenden. Falls nicht:

- Bitten Sie um Zusendung firmenspezifischer Unterlagen. Wie lange existiert das Unternehmen? Wer steht dahinter? Kündigen Sie zugleich an, ein Exemplar dieser Unterlagen dem Anlageberater Ihrer Hausbank vorzulegen, um mit diesem über die Seriosität von Anbieter und Angebot zu sprechen. Das sollten Sie dann auf jeden Fall auch tun!

- Fordern Sie den Anbieter auf, Ihnen eine Pressemappe vorzulegen. Denn: Ein seriöser Anbieter mit wirklich guten Angeboten ist auch daran zu erkennen, dass die Fachmedien seine Arbeit zu würdigen wissen. Fehlt es an solchen Presseresonanzen, hat das Produkt Fachredaktionen und Experten offensichtlich nicht überzeugt.

- Kann die Abwicklung der Geschäftsbeziehung über ein Einzelkonto im eigenen Namen erfolgen? Seriöse Berater geben sich mit einer Handelsvollmacht für dieses Konto zufrieden. Gemeinschaftskonten, Poolkonstruktionen und Treuhandlösungen sollten Sie vermeiden.

- Einzahlungen per Scheck sollten Sie nie leisten. Schecks dienen meist dazu, die spätere Rückverfolgung des Geldlaufs zu erschweren.

17. Wie der Fiskus bei der Besteuerung Ihrer Geldanlagen zulangt

Bis zur Einführung der Abgeltungsteuer ab dem Veranlagungsjahr 2009 war es als Anleger Ihre Sache, private Kapitaleinkünfte in der Steuererklärung anzugeben. Damit ist seither Schluss. Die Abgeltungsteuer ist eine Quellensteuer, die von der Bank ermittelt, einbehalten und anonym an den Fiskus abgeführt wird.

Bei allen zinstragenden Geldanlagen ergibt sich daraus insbesondere für Hochbesteuerte eine beachtliche Entlastung. Die Abgeltungsteuer beträgt aktuell nämlich einschließlich Solidaritätszuschlag „nur" 26,38 %. Legt man einen Einkommensteuer-Spitzensatz von 45 % plus Soli zugrunde, sind das immerhin fast 20 Prozentpunkte weniger als bisher.

Eine ganz einschneidende Verschlechterung ist jedoch die generelle Besteuerung von Kursgewinnen. Die Gewinne aus der Veräußerung aller Wertpapiere, die nach dem 31.12.2008 angeschafft wurden, unterliegen der Abgeltungsteuer. Bisher waren Veräußerungsgewinne in der Regel steuerfrei, wenn das Papier länger als ein Jahr gehalten wurde. Bei Einkäufen ab 2009 spielt die Haltedauer keine Rolle mehr.

2018 – das Jahr der Änderungen

Beginnend mit dem 1. Januar 2018 sollte nach Kenntnisstand bis zur Bundestagswahl die Abgeltungsteuer noch einmal reformiert werden. Derzeit prüfen die Behörden. Aber bis zur Etablierung einer neuen Bundesregierung wird nicht mehr viel passieren. Auch ältere Fonds sollen jetzt auf Fondsebene besteuert werden – allerdings nur bezogen auf die Gewinne, die ab dem 1. Januar 2018 anfallen.

Zudem wird vor allem daran gearbeitet, auch alte Aktienbestände der Abgeltungsteuer zu unterwerfen. Dann wäre der Anschaffungstag nicht mehr relevant, Sie müssten auf jeden Fall Kursgewinne versteuern. Der Deutsche Wirtschaftsbrief wird rechtzeitig darauf hinweisen, dass gegebenenfalls Altaktien noch verkauft werden können. Auch hier wird es auf die politische Weiterentwicklung ankommen.

Mit der Abschaffung der Spekulationsfrist hat der Finanzplatz Deutschland einen seiner wenigen Vorteile verloren. Die Aktienkultur hat darunter erheblich gelitten. Wenig bekannt ist, dass diese Steuer dem Staat durch die Lobbyisten der Versicherer geradezu aufgedrängt wurde – mit dem Ziel, die Wettbewerbsfähigkeit der Lebensversicherungen, deren Erträge seit 2005 generell zu versteuern sind, zu verbessern. Nur zu gern hat sich die Regierung darauf eingelassen, alle Sparformen steuerlich angeblich gleich zu behandeln. Was aber so nicht stimmt. Es geht vielmehr darum, bei den als gierig eingestuften Aktionären Gewinne abzuschöpfen. Ein Beleg dafür:

Immobilien und Immobilienfonds sind schon früher privilegiert. Private Veräußerungsgeschäfte bleiben nach Ablauf von zehn Jahren steuerfrei. Bei Gold, Antiquitäten oder auch Kunst können Sie aktuell noch nach Ablauf eines Jahres Gewinne steuerfrei einstreichen oder sich durch Verkäufe steuermindernde Verluste sichern. Als Aktionäre dagegen müssen Sie gerade unter der Abgeltungsteuer immer nur zahlen. Ihre Abzugsmöglichkeiten sind auf den läppischen Sparerfreibetrag von 801 € p. a. begrenzt. Allerdings wird auch an einer Reform der Zahlungspflicht bei den anderen Anlageformen gearbeitet.

Der Staat torpediert die Aktienkultur

Selbst Besuche bei Hauptversammlungen können Sie steuerlich nicht mehr absetzen. Geht es nach linken Politikern, sollen Spekulationsgeschäfte mit Aktien verboten, zumindest aber verschärft besteuert werden. Man tut so, als seien Aktionäre für die Krise an den Kapitalmärkten verantwortlich.

In erster Linie geht die Krise jedoch auf die Dummheit der öffentlich-rechtlichen Banken zurück. Deren Vorstände haben durch dilettantische Investitionen in den USA Unsummen unwiderruflich verbrannt – auf Kosten der Steuerzahler. Und in den Aufsichtsräten dieser Banken saßen genau die Politiker, die jetzt anderen die Schuld zuweisen. Traurig ist, dass die Öffentlichkeit dieses Spiel nicht durchschaut. Denn:

Wer sein Geld in Aktien investiert, tritt als Risikokapitalgeber auf. Gerade während und nach Krisenzeiten benötigen die Unternehmen dringend mehr Kredite. Soweit sie diese überhaupt noch bekommen, müssen sie dafür deutlich mehr zahlen als bei einer Börsenfinanzierung. Dadurch, dass die deutschen Aktionäre von den Börsen vertrieben werden, sind viele Unternehmen gezwungen, Ölscheichs, Oligarchen und Staatsfonds ins Boot zu holen. Inwieweit diese die Interessen von Unternehmen und Beschäftigten berücksichtigen, bleibt abzuwarten.

Schon jetzt ist sicher, dass die Einführung der Abgeltungsteuer zu volkswirtschaftlichen Schäden führt. Im Prinzip lohnt sich für Private nur noch das kurzfristige Zocken. Immer weniger Aktionäre werden Hauptversammlungen besuchen und dort ihre Kontrollrechte ausüben. Der Aktienkultur als Mittel zum Aufbau von Vorsorgevermögen wurde ein Bärendienst erwiesen.

Die Abgeltungsteuer trifft zudem vor allem die Bürger, die nur ein unterdurchschnittliches Einkommen haben. Diese wären auf Zinseszinseffekte bei langfristigen Sparanstrengungen angewiesen, um überhaupt eine nennenswerte Zusatzrente ansparen zu können. Das wird dadurch verhindert, dass der Staat Jahr für Jahr bei den Gewinnen abschöpft. Wurde bei einkommensschwächeren Steuerzahlern zu viel abgeschöpft, müssen sich diese das Geld über die Steuererklärung zurückholen. Viele verzichten jedoch aus Unwissenheit oder Bequemlichkeit darauf – auch hiervon profitiert wiederum der Staat.

Steuerliche Besonderheiten bei ausländischen Fonds

Die Geldanlage mit offenen Immobilienfonds ist in Deutschland besonders beliebt. Hierdurch wird es beispielsweise möglich, mit relativ niedrigen Beträgen eine breitere Streuung im Portfolio zu erreichen.

Nicht selten handelt es sich dabei um nicht in Deutschland aufgelegte Fonds, die man anhand der DE-Kennung in ihrer ISIN-Nummer erkennt, sondern um solche aus Luxemburg, der Schweiz oder auch von den Cayman-Inseln. Insbesondere ausländische Fonds, die keine Ausschüttung von Erträgen vorsehen und als thesaurierende Fonds bekannt sind, werfen für deutsche Anleger einige steuerliche Besonderheiten auf, die es zu beachten gilt.

Obwohl diese Fonds an ihre Anleger keine Erträge auszahlen, wird jährlich ein steuerpflichtiger Zufluss fingiert. Dieser Betrag setzt sich aus den vom Fonds erwirtschafteten Dividenden und Zinsen, nicht jedoch aus realisierten Kursgewinnen des Fonds zusammen und wird als „ausschüttungsgleicher Ertrag“ bezeichnet. Er muss als steuerpflichtige Einnahme aus Kapitalvermögen beim Privatanleger regelmäßig der Abgeltungsteuer in Höhe von 25 % plus Solidaritätszuschlag und ggf. Kirchensteuer unterworfen werden.

Da der bundesdeutsche Fiskus die ausländischen Gesellschaften jedoch nicht zur Abführung dieser Steuer verpflichten kann, muss der deutsche Anleger selbst aktiv werden. Der Sparer ist verpflichtet, diese Einnahmen jährlich in seiner Steuererklärung zu deklarieren. Stichtag ist jeweils der 31. Mai des Folgejahres. Bei der Erklärung hilft allerdings die Fondsgesellschaft, indem sie die notwendigen Zahlen mitteilt.

Die Steuer auf diesen fiktiven Zufluss muss aus anderen Geldquellen des Anlegers aufgebracht werden, da aus dem Fonds selbst keine Liquidität an den Sparer ausgezahlt wird. Auf der anderen Seite verbleibt aber der gesamte Ertrag im Fonds und kann somit von der Gesellschaft wieder angelegt werden.

Eine weitere Besonderheit besteht im Falle des Verkaufs von Anteilen dieser ausländischen thesaurierenden Fonds: Bei Gutschrift des Gegenwerts durch eine inländische Bank ist diese verpflichtet, zunächst an das Finanzamt nochmals pauschal die Abgeltungsteuer auf die ausschüttungsgleichen Erträge für die gesamte Zeit des Anteilsbesitzes abzuführen. Die zunächst doppelt gezahlte Steuer auf diese Erträge kann sich der Anleger allerdings durch seine persönliche Steuererklärung zurückholen. Hierzu muss er aber den Nachweis erbringen, dass die Erträge bereits zutreffend versteuert wurden. Es kann daher nur der Rat erteilt werden, entsprechend aussagekräftige Steuererklärungen beim Finanzamt einzureichen und aufzubewahren.

Fazit: Damit die Rendite aus Fondsanlagen nicht geschmälert wird, ist die zutreffende steuerliche Behandlung von entscheidender Bedeutung.

Teil II:

Ihre konkrete Anlagestrategie

1. Einführung

In den vorhergehenden Abschnitten haben Sie erfahren, wie sich Staat, Politik, Banken und auch Versicherungen Ihrem Vermögen gegenüber benehmen. Steuern, hohe Gebühren, aktiver Betrug, passiver Betrug, Geldentwertung – dies sind die Themen, mit denen Sie seit vielen Jahren konfrontiert wurden und künftig werden.

Kommen wir zum Kern des entspannten Vermögensaufbaus. Anleihen und vor allem Aktien. Wenn Sie Ihr Geld dauerhaft sichern und anständig vermehren möchten, wird Ihnen weder die Finanzindustrie der großen Konzerne noch der Staat helfen. Auch, wenn wir alle in dieser Idee erzogen worden sind.

Die Rente ist sicher, heißt es seit Jahrzehnten.

Wir benötigen Lebensversicherungen, wissen Nachbarn, Kollegen, Freunde, Verwandte, Bekannte, Vereinskollegen und der nette Vertriebler von nebenan.

Die Bank begleitet uns seit jüngsten Jahren. Wer hätte nicht bereits als junges Kind sein erstes Sparbuch gehabt, auf das zu besonderen Anlässen eingezahlt wurde. Wer kennt nicht den „Weltspartag", an dem die Jüngsten mit kleinen Geschenken von Banken daran erinnert wurden, bei wem sie das Geld abzuliefern haben. In den heiligen Hallen der Bankfiliale nebenan, die stets besonders sauber war. Mit dämpfenden Teppichböden und sehr ordentlichen Angestellten, die man früher noch „Bankbeamte" nannte. Bankfilialen, in denen sich vielleicht die Eltern einen Immobilienkredit geben ließen. In denen sie Vorsorgeverträge abschlossen, bis man selbst in derselben Rolle war. Vielleicht auch als Selbstständiger, als Freiberufler, der schnell an die Grenzen der Finanzierungsmöglichkeiten stieß. Diese Banken waren es, die in späteren Jahren zur großen Jagd an den Börsen bliesen.

Wer vor mehr als 15 Jahren an den Börsen anfing, hat nicht nur den „Neuen Markt" miterlebt. Aktien unbedeutender, aber extrem überbewerteter Unternehmen hatten zu jener Zeit viele „Anfänger". Sie waren nicht von allein auf die Idee gekommen, sondern sind schlicht einer riesigen Medienhysterie aufgesessen. Börsengurus, Anlegermagazine, Empfehlungssendungen auf sogenannten „Nachrichtensendern" bis hin zu Redaktionen in lokalen Tageszeitungen hatten einen „Geheimtipp" nach dem nächsten parat. Die menschliche Gier nach dem schnellen Reichtum hatten Hasardeuren und Betrügern die Türen geöffnet. Die Bankhäuser, die vollkommen überbewertete Unternehmen damals an die Börse brachten und im „Bookbuilding"-Verfahren die höchsten Emissionskurse für die eigenen Provisionen herausschlagen wollten, wussten Bescheid. Jedenfalls einige von ihnen. Denn ausgebildete Spezialisten können Bilanzen lesen und wissen, wann und warum Unternehmen so gut wie nichts wert sind.

Aber es ging nicht nur darum, einzelne Unternehmen an den Markt zu bringen. Viel lukrativer war dauerhaft das Geschäft mit Fonds. Fondshäuser und Geschäftsbanken hängen unternehmerisch auf die eine oder andere Art sehr eng zusammen. Die bedeutenden Fondshäuser sind in der Regel Teil einer Dachgesellschaft. Fonds erwiesen sich als sehr lukrativ.

Die Bank verdient

Zum einen konnte der Vertrieb über Banken hohe Ausgabeaufschläge erzeugen, die sich die Fondsgesellschaft und meist die Bank vor Ort brav teilten. Zum anderen kassierten die Banken von den Fondsgesellschaften hohe Bestandsprovisionen. Das ist auch heute noch so. Deshalb wird Ihnen kein Berater, der Geld verdienen möchte, raten, Fonds zu verkaufen. Deshalb haben viele private Anleger, die Rat suchend beim vermeintlichen Kundenbetreuer saßen, sich zum tapferen „Durchhalten" überreden lassen. Oft genug gingen sie aus einem Beratungsgespräch mit mehr Fonds wieder heraus als sie hereingingen. Der besseren Streuung wegen, so jedenfalls lautete das Verkaufsargument. Der Berater verdiente am zusätzlichen Vertrieb sowie an den Bestandsprovisionen.

Noch heute finden sich in zahlreichen privaten Depots Fondslisten, die in der Regel jeweils Fonds aus lediglich einem Haus enthalten. Da ist auf einen Blick klar, wessen Kunde der betreffende Investor ist. Das Geschäft mit dem Fondsverkauf läuft heute noch.

Ähnlich sind die Geschäfte im Verkauf von Lebensversicherungen gestrickt. Auch dort werden Sie im Zweifel bei der Bank vor Ort bedient. Oder vom örtlichen freien, gebundenen oder gar fest angestellten Vertrieb. Die Liste der provisionsgebundenen

Beratungen ließe sich fast beliebig fortsetzen. Geschlossene Fondsmodelle, Steuersparmodelle, Haus- oder Grundstücksruinen, stille Unternehmensbeteiligungen: fast nichts, was es nicht gibt. Diejenigen, die seit Jahren und mittlerweile schon seit mehr als einem Jahrzehnt Ihr Geld, den Euro, vernichten, die Politik, die Staatsbürokratie selbst sowie die Banken, spielen sich gleichzeitig immer wieder als Retter auf. Das wird nicht funktionieren.

Aktien am rentabelsten

Am Ende sind Sie bei den angebotenen Konstruktionen stets allein. Das Geld hat sich schlecht verzinst, ist teils oder vollständig vernichtet worden, in Gebühren geflossen, in den staatlichen Steuertopf – nur vermehrt es nicht ihr Vermögen. Sehen Sie sich an, welche Rendite sich langfristig mit verschiedenen Anlageformen ergeben hat.

Langfristige Rendite verschiedener Anlageformen

Aktien	6,20 %
Substanzaktien	8,20 %
Wachstumsaktien	5,20 %
Staatsanleihen 20 Jahre	2,60 %
Staatsanleihen 5 Jahre	2,30 %
Unternehmensanleihe. 5 Jahre	2,60 %
Gold	1,60 %
Immobilien	1–4 %

Diese Zahlen beruhen auf einer wissenschaftlichen Untersuchung zu den Entwicklungen in den USA. Bei uns ist es ähnlich. Auch hier sind Anleihen, Gold und andere Anlageformen insgesamt wenig erfolgreich gewesen. Immobilienpreise sind – vor allem nach Berücksichtigung der Inflationsrate – ebenfalls kaum gestiegen. 1 bis 1,5 % im langjährigen Mittel. Höher ist der Aufschlag bei den Immobilienpreisen nicht. **Hier lohnt es sich eher, eine Immobilie zu erwerben und dann selbst zu bewohnen. Die eingesparte Miete als Nettorendite verbessert die Erfolgsbilanz drastisch.**

Zahlen aus Deutschland präsentiere ich Ihnen hier nicht, weil die Daten ähnlich sind. Vielmehr komme ich zu einem zweiten Aspekt der Aktien-Anlage: Der Sicherheit. Nehmen wir erneut den bedeutendsten Index der Welt, den Dow Jones. Dies ist ein besonders guter Gradmesser, weil die Daten Jahrzehnte zurückreichen.

In der Grafik auf der gegenüberliegenden Seite sehen Sie ein 30 Jahre bewertendes Renditedreieck. Dieses bildet ab, wie sich die Aktienanlage entwickelt hätte, wenn Sie im Jahr A gekauft hätten (jeweils unten zu sehen) und im Jahr B verkauft hätten (jeweils an der Seite zu sehen. Damit können Sie sehr schnell ermessen, wie riskant der Risikounterschied zu verschiedenen Zeitpunkten gewesen wäre: sehr gering. Die mittelgrauen Felder markieren jeweils ein Plus, die helleren Flecken (um die Kombination „Kauf 2000, Verkauf 2000, 2001 oder 2002) herum eine Minuskombination.

Sie sehen auf den ersten Blick, dass fast jede Kombination zu einem Erfolg, also einem Plus geführt hätte. Mit anderen Worten: Das „Timing" ist nicht ganz so wichtig, wie es Experten oft beschreiben. Sie können eigentlich zu fast jedem Zeitpunkt in solche Aktien investieren. Nahezu immer liegen Sie im Plus. Dies war lange Jahre so und wird für lange Jahre so bleiben – weil die Unternehmen Gewinne erwirtschaften (müssen) und daher permanent Unternehmen am Markt überleben, die tatsächlich Gewinne erwirtschaften. Deshalb haben Aktien auch nahezu zu jedem Zeitpunkt eine höhere Rendite als Anleihen. Auch hier können wir kurz die längerfristige Entwicklung in den USA als Grundlage verwenden. Die Datenreihe ist kompletter als in Deutschland und damit aussagekräftiger.

In der folgenden Grafik aus Seite 100 wird dieser Zusammenhang noch einmal deutlich: Anleihen werfen eine geringere Rendite ab als Aktien und sind zudem nicht oder jedenfalls kaum weniger riskant. Hier hatte die Bank Julius Bär die Rendite aus dem S&P 500 mit der langjährigen Rendite von Anleihen vergleichen.

Aktien langfristig nicht unsicherer als Anleihen

Anders als sonst üblich unterstellt die Untersuchung hier einen Anlagezeitraum von fünf Jahren. Das heißt, einzelne schlechtere Jahre gleichen sich dadurch aus, dass es bessere Jahre gibt, sodass die Fünf-Jahres-Rendite (pro Jahr) weniger stark schwankt als die jährliche Rendite.

Langjähriges Renditedreieck für den Dow Jones

	2001	2002	2003	2004	2005	2006	2007	2008	2009	2010	2011	2012	2013	2014	2015
2002	-11,7														
2003	0,2	13,6													
2004	0,8	7,7	2,1												
2005	19,0	31,4	41,3	95,5											
2006	26,4	38,3	47,6	77,4	61,1										
2007	35,8	48,1	58,2	83,0	77,1	94,7									
2008	13,0	17,7	18,6	23,1	5,5	-14,6	-62,6								
2009	13,1	17,2	17,8	21,2	7,6	-5,9	-34,6	14,2							
2010	10,2	13,3	13,3	15,2	3,7	-7,2	-27,5	1,0	-10,7						
2011	7,2	9,5	9,0	10,0	-0,1	-9,2	-24,9	-5,3	-13,8	-16,8					
2012	7,2	9,2	8,8	9,6	0,9	-6,6	-19,4	-2,3	-7,3	-5,5	7,2				
2013	8,9	11,0	10,8	11,8	4,2	-2,1	-12,7	3,5	0,9	5,1	18,2	30,3			
2014	8,1	9,9	9,6	10,3	3,5	-2,0	-11,2	2,6	0,4	3,4	11,2	13,2	-1,6		
2015	9,9	11,8	11,7	12,6	6,5	1,7	-6,2	7,0	5,8	9,5	17,2	20,8	16,3	37,4	
2016	8,8	10,4	10,2	10,9	5,3	0,9	-6,2	5,2	4,0	6,7	12,1	13,4	8,3	13,6	-6,1
Ø	10,5	17,8	19,9	31,7	15,9	5,0	-22,8	3,2	-2,9	0,4	13,2	19,4	7,6	25,5	-6,1

Quelle: www.boerse.de

In den meisten Jahren liegen Sie bei Investitionen in den Dow Jones im Gewinn.

S&P 500 im Vergleich zu US-Anleihen

Quelle: www.fuw.ch

Die Rendite von Staatsanleihen (rechts) ist im Lauf der Jahre nach dieser Statistik stark gesunken.

Sie sehen in der Grafik den langjährigen Durchschnitt seit 1900 in der gestrichelten Linie. Dieser Durchschnitt bezieht sich auf die jeweilige jährliche Rendite über einen Zeitraum von fünf Jahren. Für den S&P 500 liegt diese Rendite bei 10 % (jährlich). Rechts daneben ist dieselbe Rendite für Anleihen abgebildet. Diese Rendite beträgt weniger als 5 %. Dabei ist die Schwankung zwischen knapp 2 % und bis zu 16 % relativ hoch. Bei Aktien ist die Spannweite zwischen fast -20% und +35 % zwar höher. Sie sehen allerdings auch, dass die Aktien fast immer zumindest an der Nullinie blieben. Nur im Vorfeld des Zweiten Weltkriegs zu Zeiten der großen Depression in den USA sank diese Rendite auf weniger als 0 %. Das Risiko ist also in den vergangenen mehr als 100 Jahren vergleichsweise überschaubar gewesen. Künftig erwarte ich ebenfalls Renditen von 8 % bis 10 %, wenn Sie den 5-Jahres-Zeitraum zugrunde legen.

Anleihen haben hingegen eine klare Tendenz Richtung 0-%-Linie, wie Sie sehen können. Zudem sind die Zinsen absichtlich herabgesetzt worden, um über eine steigende Geldmenge die kriselnde Volkswirtschaft zu stützen. Vor diesem Hintergrund können Sie über viele Jahre keine hohen Zinsen mehr erwarten.

Das Fazit: Aktien sind dann ähnlich sicher wie Anleihen, wenn Sie diese im Durchschnitt über einen längeren Zeitraum halten. Drei bis fünf Jahre bieten

sich – mindestens – an. Die Schwierigkeit für viele private Investoren besteht lediglich darin, dass sich die durchschnittliche Haltedauer immer weiter verkürzt. Damit, nur mit der kurzen Haltedauer, steigt das Risiko.

Bei langer Haltedauer sind Aktien die richtige Anlageform

Deshalb wählt der *Deutsche Wirtschaftsbrief* stets eine möglichst lange Haltedauer für Aktien aus. Aktien bilden einen wichtigen Kern der gesamten privaten Kapitalanlage. Daneben bietet sich die Anlage in Immobilien an, die Sie dann selbst nutzen sollten, um die Nettorendite zu erhöhen. Geldkonten hingegen bringen kaum Geld. Hier bietet es sich an, in Notreserven zu denken. Erfahrungsgemäß reicht der Bedarf von drei Monaten, um handlungsfähig zu bleiben. Gold bringt im Vergleich langjährig viel zu geringe Renditen, um einen hohen Anteil im Depot zu halten. Gold ist in erster Linie dem Vermögensschutz zuzuordnen und als mögliche Ersatzwährung für krisenhafte Zeiten geeignet.

Anleihen sind als Beimischung akzeptabel. Aus Renditesicht jedoch sind Anleihen in den kommenden Jahren gegenüber Aktien ein Verlustgeschäft, auch wenn zahlreiche Experten dies aus naheliegenden Gründen anders darstellen. Wenn Sie Anleihen kaufen, wählen Sie insbesondere Genussscheine oder Wandelanleihen.

Auf den folgenden Seiten geht es wie beschrieben um das Thema dieses Buches: „Entspannt Vermögen aufbauen“, und zwar weitgehend unabhängig von den staatlichen Vorgaben, von Bankempfehlungen und auch von Versicherungen oder sonstigen Beratern. Den Ausgangspunkt dieser Anlagestrategie für Sie als Privatperson wie gegebenenfalls als Unternehmer bildet eine Anlageform, die wir nahezu alle kennen. Kapitallebensversicherungen.

Ausgehend davon beziehungsweise davon, dass die Kapitallebensversicherungen sich für viele von Ihnen nicht lohnen, zeigt der *Deutsche Wirtschaftsbrief* Alternativen. Zunächst in dem folgenden Abschnitt, dann für Anleihen, Immobilien, sonstige Sachwerte und schließlich Aktien.

Im Anhang dieses Buches finden Sie schließlich konkrete Hilfen, auf die ich im Detail in diesem Abschnitt nicht mehr eingehen kann. Vor allem Immobilienfragen sowie Aktien- und Anlage-Rahmenbedingungen stehen dabei im Vordergrund.

2. Zum Umgang mit Lebensversicherungen

Kapitallebensversicherungen werden in den kommenden Jahren relativ wenig Rendite bringen. Aktuell halten noch viele Haushalte in Deutschland an den Verträgen fest. Der Bestand liegt bei ungefähr 90 Millionen Verträgen. Jährlich werden zahlreiche Verträge storniert, es kommen aber ebenso viele neue Verträge dazu. Der Vertrieb funktioniert, die Kapitalanlage nicht.

In den kommenden Jahren müssen Sie damit rechnen, dass einige Versicherungsunternehmen die versprochenen Zinsen nicht nur nicht mehr bezahlen können, sondern teilweise sogar Konkurs anmelden müssen. Der internationale Währungsfonds hatte in einer brisanten Warnung darauf hingewiesen, dass die niedrigen Zinsen die Lebensversicherungskonzerne unter Druck bringen werden. Konkret: Die Versicherungen müssen ihr Kapital überwiegend in sogenannte sichere Anlagen investieren, vornehmlich Anleihen von Staaten. Dabei gelten auch die Anleihen aus unsicheren Staaten als sicher, sofern sie der Euro-Zone angehören. Demgegenüber sind die Anleihen von guten Unternehmen nicht sicher genug, um den gesetzlichen Anforderungen zu genügen. In diesem Sinne fungieren die Versicherungskonzerne als Kapitalbeschaffer für Staaten, die unter Kapitalmangel leiden. Auch Deutschland profitiert davon.

Renditeproblem Nummer 1: Niedrige Zinsen auf Anleihen

Da aber die Zinsen in der Euro-Zone aller Voraussicht nach langfristig niedrig bleiben werden und teilweise gegen Null streben, können die Renditen für die Versicherer nur sinken. Während die „Gesamtverzinsung" für Versicherte vor zehn Jahren noch bei ungefähr 5 % lag, ist sie mittlerweile auf weniger als 3,7 % gesunken. Diese Gesamtverzinsung enthält sowohl die Garantiezinsen als auch die laufenden, jährlichen Überschussbeteiligungen sowie die Schlusszahlung. Sie müssen davon ausgehen, dass die Gesamtverzinsung sich weiter reduziert.

Denn: Die bisherige Statistik enthält auch Altverträge, die über viele Jahre von einer hohen Verzinsung profitiert haben. Je mehr der früheren Verträge allerdings auslaufen oder storniert werden, desto stärker wird auch die durchschnittliche Verzinsung sinken. Wer heute noch neue Verträge abschließt, muss mit einer Verzinsung von maximal 3 % rechnen. Die Aktienquote der Versicherungsunternehmen ist zu gering, um deutlich höhere Rendite zu erwirtschaften.

Der Garantiezins auf Lebensversicherungen bleibt in den kommenden Jahren zunächst auf niedrigem Niveau erhalten. Dies hilft jedoch nicht, wenn Sie bedenken, dass Sie in aller Regel eine sehr lange Laufzeit eingehen und viele Zeichner diese nicht durchhalten.

Renditeproblem Nummer 2: Lediglich der Sparanteil wird verzinst

Zudem berechnen die Versicherungen die Rendite lediglich für den Sparanteil Ihrer Einzahlungen. Der Sparanteil liegt bei 75 bis 80 % Ihrer Prämien. Der Rest fließt in die Todesfallversicherung, in den Vertrieb der Versicherungen sowie in deren Verwaltungen. Zudem finanzieren die Versicherungen von den Einzahlungen anfangs zunächst den Vertrieb, sodass Sie in den ersten Jahren der Laufzeit einer Versicherung sehr geringe Renditen auf das eingezahlte Kapital erzielen werden. Deshalb ist es gerade in den ersten Jahren der Laufzeit unwirtschaftlich, solche Verträge zu stornieren. Dabei wird die Verzinsung unattraktiver, wenn sich in den kommenden Jahren die Inflationsrate noch erhöht. Am Finanzmarkt werden die Zinsen steigen, Lebensversicherungen hingegen gelingt es allenfalls deutlich langsamer, das Zinsniveau dann ebenfalls anzuheben.

Dass die Inflationsrate steigt, liegt nahe. Der Staat erhöht sowohl direkt in Form höherer Steuern als auch indirekt in Form höherer Gebühren permanent die Belastung privater Haushalte. Beispiele gibt es zuhauf: So steigt die Grundsteuer seit Jahren. Auch 2018 erhöhen die Kommunen die Belastung erneut. Die Grunderwerbsteuer zieht ebenfalls seit langer Zeit allerorts an. Wer heute eine Immobilie erwirbt, muss schon damit rechnen, dass 5 % oder mehr vom Kaufpreis für die Grunderwersteuer fällig werden und den Preis somit deutlich in die Höhe treiben. Auch die Energie wird dank der staatlichen Steuererhöhungen stets teurer, Erbschaften oder auf längere Sicht auch die Kapitalanlage. Die vor der Bundestagswahl versprochene Entlastung auf dem Gebiet wird bis auf Weiteres verschoben.

Haftungsprobleme für Lebensversicherungen

Eines der größten Renditeprobleme für Lebensversicherungen dürfte jedoch die Haftung beim Ausfall von Staatsanleihen sein. In Europa haften die Versicherungen aufgrund einer fast unbekannten Rechtsnorm, der „Collective Action Clause", füreinander. Mehr 600 Milliarden € stecken in Anleihen. Eigentümer solcher (Staats-)anleihen könnten sogar rückwirkend in Haftung genommen werden.

Lebensversicherungen haben deshalb gerade in der aktuell weiter schwelenden Finanzkrise der Euro-Zone ein enormes Klumpenrisiko aufgebaut, das zu Ihren Lasten geht. In den kommenden Jahren droht neben Griechenland, das bereits 2013 faktisch Staatsbankrott anmelden musste, auch Portugal, Spanien, Italien, eventuell sogar Frankreich ein weiteres enormes Schuldenproblem. Die Wahrscheinlichkeit steigt mit jedem Tag, solange die Zinsen in der Euro-Zone signalisieren, dass die Europäische Zentralbank kein Mittel kennt, als die Geldmenge zu erhöhen.

So hoch ist die Staatsverschuldung in der Euro-Zone

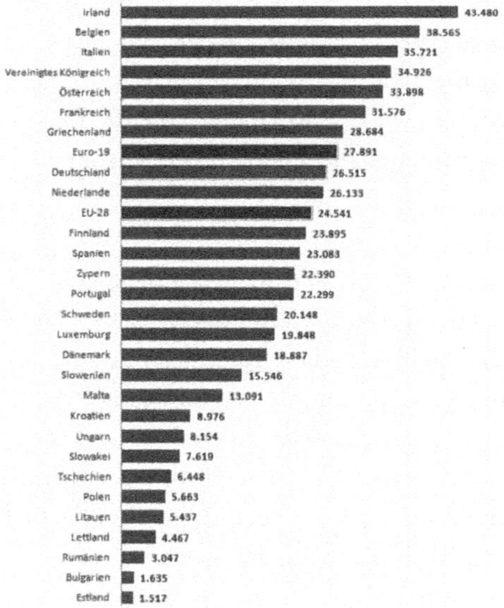

Quelle: www.haushaltssteuerung.de

Die Schulden sind in den vergangenen Jahren durchschnittlich weiter gestiegen. Staatspleiten dürften sich (erneut) in Griechenland sowie in Osteuropa ergeben können.

Die Schuldenspirale dreht sich faktisch unvermindert weiter. Sehen Sie sich die Ausgangsbasis für die nächsten Jahre an. Dieses Haftungsproblem dürfte die Rendite von Lebensversicherungen in den kommenden Jahren weiter senken. **Die Prognose: Wahrscheinlich werden neue Verträge nach Berücksichtigung der Inflationsrate Renditen von -1 bis -2 % erwirtschaften.**

Dies gilt allerdings auch nur dann, wenn Sie als Versicherungsnehmer den Vertrag bis zum Laufzeitende durchhalten würden. Dann werden Sie mit den dann gültigen Überschussbeträgen noch eine Abschlusszahlung erhalten, die das Ergebnis etwas aufpoliert. Die meisten Versicherten jedoch stornieren ihre Lebensversicherungsverträge, weil sie sich ursprünglich zu lange gebunden hatten oder mit der Rendite nicht mehr zufrieden sind. Dazu komme ich etwas weiter hinten. Allerdings beschränkt sich das Risiko der Versicherungsnehmer nicht nur auf die Mithaftung für Staatspleiten, indem vielleicht einige Anleihen ausfallen. Der Staat hat sich in Deutschland noch viel mehr einfallen lassen, um die Konzerne zu schützen.

Falle: § 89 Versicherungsaufsichtsgesetz: Das unerkannte Risiko

So kann eine Versicherung, die Gefahr läuft, Konkurs anmelden zu müssen, seine Auszahlung mindern und gegebenfalls vollständig einstellen. Wer hingegen Vertragsnehmer ist, also die Versicherungskunden, müssen weiterhin in eine Versicherung einzahlen, die nicht leistet. Wenn die Versicherung selbst nicht die Zahlung einstellen, kann der Staat eingreifen und die Auszahlung von Leistungen untersagen. Das heißt dann sogar, dass Sie als Kunde in einer solchen Situation noch nicht einmal mehr aus dem Vertrag aussteigen könnten. Stornos sin dann nicht möglich.

Über einen weiteren Paragraphen, hier aus dem sogenannten Versicherungsvertragsgesetz, können die Unternehmen zudem in die Vertragspflichten selbst eingreifen. Sie können ihre Leistungen einschränken und auf der anderen Seite die Prämienforderungen erhöhen (§ 163).

Aus juristischer Sicht sind die Verträge mit Lebensversicherungsgesellschaften daher bei weitem nicht so wasserdicht, wie es die großen Medien, wie es die „Experten“ von Vermögensberatungsgesellschaften oder wie es die Politik so gern darstellt.

Würden zudem die Versicherungsgesellschaften künftig insgesamt in Schwierigkeiten geraten, dann ist sogar die Auszahlung verschiedener Unternehmen in Gefahr.

Die Konzerne haben sich zum Schutz der Versicherten in einer sogenannten Schutzgemeinschaft zusammengeschlossen. Dies ist die „Protektor" AG. Immerhin konnte die Protektor in einem ersten Fall im Jahr 2003 die Ansprüche der Versicherten befriedigen. Betroffen war damals die Mannheimer Lebensversicherungs-AG. Doch wie weit reicht der Schutz, wenn mehrere Gesellschaften und deren Versicherte Ansprüche anmelden?

Das verfügbare Kapital der Protektor liegt bei weniger als 1 Milliarde €. Würden beispielsweise in den nächsten Wochen mehrere Versicherer in Schwierigkeiten geraten, würde die Protektor AG schon kaum noch leisten können. Es gibt eine Einzahlungspflicht der sonstigen Konzerne. Wie schnell allerdings Protektor auszahlen würde, ist offen.

Das Fazit zur Sicherheit der Lebensversicherungen lautet daher: Bislang ist in Deutschland alles weitgehend gut gegangen. Die Verträge wurden ausgezahlt. Dennoch steigt das Risiko durch die Haftung innerhalb der Euro-Zone für Staatsanleihen permanent an. Gleichzeitig sinkt die Attraktivität der Konzerne, weil die Zinsen dauerhaft niedrig sind. So steht zu befürchten, dass eines Tages ein oder mehrere Versicherungsunternehmen in die Insolvenz geraten. Die Absicherung durch die Branche selbst oder den Staat ist mangelhaft. Sie müssen als Kunde sogar damit rechnen, dass die Zahlungen durch die Versicherungswirtschaft oder den Staat selbst eingeschränkt werden. Das Risiko ist größer, als viele glauben.

Deshalb bietet es sich an, darüber nachzudenken, aus solchen Verträgen auszusteigen. Die Stornokosten sind teilweise zwar hoch, da Sie damit rechnen müssen, insgesamt ein Minus zu erwirtschaften. Dennoch kündigen viele Versicherungsnehmer vorzeitig und belegen damit, dass es auch für Neueinsteiger wirtschaftlich betrachtet sinnlos ist, neue Verträge abzuschließen.

Stornierung von Lebensversicherungen: Das ist die kaufmännische Wahrheit

Als Faustformel gilt, dass die Verträge umso weniger abwerfen, je früher Sie die Vereinbarung stornieren. Anfangs werden Vertriebs- und Verwaltungskosten Ihre gesamten Einzahlungen auffressen. Nach und nach können die jeweiligen Jahresüberschüsse dazu führen, dass die Beitragsrendite, also die Rendite auf das gesamte eingezahlte Kapital, vor Berücksichtigung der Inflationsrate positiv wird.

Sehen wir uns die Einzelfälle an:

Kurzlaufende Verträge mit einer Laufzeit von 12 Jahren

Viele Versicherungsnehmer bevorzugen solche kurzlaufenden Verträge, weil die Auszahlung nach wenigen Jahren lockt. Teils finanzieren Versicherungsnehmer mit diesen Verträgen auch die Zwischenfinanzierung von Immobilienkrediten, in dem diese teilweise abgelöst werden. Nach wenigen Jahren dann folgt das böse Erwachen.

Bereits im fünften Jahr der Vertragslaufzeit werden mehr als 10 % dieser Verträge storniert. Nach zehn Jahren nähert sich diese Stornoquote bereits der Marke von 30 % an. Schließlich sind bis zum Ende der Laufzeit immerhin 32 % aller Verträge vorzeitig storniert worden.

Mittelfristig laufende Verträge mit einer Laufzeit von 20 Jahren

Auch die 20 Jahre laufenden Verträge sind am Ende nicht mehr beliebt. Die Stornoquote steigt schneller an als bei den kurzlaufenden Verträgen. Nach fünf Jahren haben schon gut 20 % aller Versicherungsnehmer ihre Verträge aufgekündigt. Nach 15 Jahren wird die Grenze von 50 %(!) erreicht. Das Ende der Laufzeit sehen 55 % aller Vertragsnehmer nicht. Das heißt, mehr als die Hälfte aller Verträge sind letztlich ein Minusgeschäft. Hier kommt es auf den sogenannten Rückkaufwert der Verträge an. Der Rückkaufwert muss bei mindestens 50 % der Beiträge belaufen. Sie sehen, dass dies schnell zum Minusgeschäft wird.

Langlaufende Verträge: 30 Jahre Laufzeit

Versicherungen lieben naturgemäß die lang laufenden Verträge mit einer Laufzeit von 30 Jahren. Sie werden nicht überrascht sein, dass die Stornoquoten hier noch höher sind und schneller steigen als bei den kürzerlaufenden Verträgen. Wer anfangs erkennt, dass die Laufzeit viel zu lang ist, wird vergleichsweise schnell kündigen, um den Schaden zu minimieren. Dies jedenfalls ist die Hoffnung derjenigen, die stornieren.

Bereits nach fünf Jahren sind mehr als 30 % dieser langlaufenden Verträge storniert. Die Stornoquote steigt schneller und erreicht nach 15 Jahren schon einen Wert von mehr als 60 %. Nach 30 Jahren sind schließlich 76 % aller Verträge storniert. Nur 24 % der Versicherungsnehmer kommen überhaupt in den Genuss der regulären Auszahlung. Der Rest verliert relativ Geld, da die generell sehr hohen Vertriebskosten wie beschrieben anfangs abgezogen werden. Der Rückkaufwert ist vergleichsweise gering. Dennoch: Daraus sollten Sie nicht den Schluss ziehen, dass die Verträge nicht storniert werden sollten. Ein ungünstiges Geschäft wie der Abschluss der Lebensversicherung wird nicht dadurch besser, dass ein weiterhin teurer Fehler dazukommt. Lebensversicherungen werden künftig für längere Zeit keine hohen Renditen mehr liefern können. Es ist ein Luxus, die Verträge weiter laufen zu lassen.

Daher bietet es sich für viele von Ihnen an, die laufenden Verträge zu kündigen. Neue Verträge wird Ihnen die Branche zwar gern verkaufen wollen, aber in der Regel sollten Sie ablehnen. Auch, wenn Lebensversicherungen als Sicherheit etwa für Immobilienkredite oder für Unternehmenskredite bei Personengesellschaften gelten sollten. **Sie können Alternativen dafür schaffen, Vermögen aufzubauen. Dieses Vermögen steht Ihnen zudem jederzeit als Sicherheit zur Verfügung.**

Wie Sie aus Verträgen zur Lebensversicherung herauskommen

Erinnern Sie sich bitte kurz zurück: Mindestens 50 % der Prämien, die Sie eingezahlt haben, erhalten Sie aus den Verträgen zur Lebensversicherung auch wieder zurück. Das ist die herrschende Rechtsprechung. Dabei haben Sie mehrere Möglichkeiten, um das Vertragsverhältnis zu beenden oder gegebenenfalls zumindest zunächst nicht einzuzahlen.

Sie können Ihre Verträge „beitragsfrei" stellen. Dann müssen Sie zumindest keine weiteren Prämien für den Vertrag aufbringen. Das bis dahin eingezahlte Vermögen kann sich theoretisch weiterhin vermehren, da das Versicherungsunternehmen das Geld anlegen muss. Bei Kapitallebensversicherungen schließen Sie zugleich eine „Todesfallversicherung" ab. Diese läuft weiter – oder sollte weiter laufen –, wenn Sie die Kapitallebensversicherung beitragsfrei stellen. Eine Todesfallversicherung kann sinnvoll sein. Gerade, wenn Sie als Unternehmer eine Personengesellschaft betreiben und gegebenenfalls mit dem Privatvermögen haften. Die eingesparten Prämien verwenden Sie am besten, um mit Sparplänen auf Indizes oder durch Einzelinvestitionen höhere Renditen zu erwirtschaften.

Sie können auch kündigen. Damit sind die faktischen Stornokosten relativ hoch. Vertriebs- und Verwaltungsgebühren sind weg, heißt es in der Regel. Das stimmt, ist jedoch nur die halbe Wahrheit zum gesamten Problem. Die Vertriebs- und Verwaltungsgebühren sind ohnehin weg, also bezahlt. Ökonomen nennen dies „sunk costs": Sie können das Geld nicht mehr wiedergewinnen. An sich wäre es am besten, Sie legen die eingesparten Prämien grundsätzlich in Anlageformen an, die mehr Rendite bringen. Das Gesamtergebnis wird dann erfreulicher.

Dennoch: Wir Menschen rechnen oft anders und wollen zumindest den Anteil der Vertriebs- und Verwaltungskosten, die bereits nicht mehr zur Verfügung stehen, relativ gering halten. Dann müssen Sie damit rechnen, dass eine solche Versicherung zumindest 5 bis 7 Jahre bestehen sollte. Erst dann kann sich ein kleiner Gesamtüberschuss einstellen. Auf der anderen Seite sollten Sie auch in diesen Fällen die Verträge nicht unnötig lange laufen lassen. Die Rendite wird durch die niedrige Verzinsung hinter anderen Anlageformen stehen bleiben. **Prüfen Sie im Detail, wie hoch die Überschussbeteiligung für einen bestehenden Vertrag tatsächlich noch ist. Bei einer kurzen Laufzeit könnte es besser sein, am Vertrag festzuhalten und diesen gegebenenfalls beitragsfrei zu stellen. Hier kommt es auch auf die Höhe der Schlussbeteiligung an. Ihr Versicherungsunternehmen wird Ihnen eine Prognose geben. Diese basiert jedoch auf Annahmen.**

Als dritte Lösung bietet es sich an, die Verträge am Zweitmarkt an Aufkäufer abzugeben. Die Aufkäufer bieten in aller Regel einen etwas höheren Rückkaufwert als die Versicherungsgesellschaften. Sollten Sie ein Angebot erhalten, konfrontieren Sie wiederum das Versicherungsunternehmen damit. Eventuell wird das Angebot dort nachgebessert.

„Die“ beste Lösung gibt es nicht. Am sinnvollsten erscheint es uns jedoch, durchschnittlich noch länger laufende Verträge gegebenenfalls beitragsfrei zu stellen und die eingesparten Prämien anders zu verwenden. Dafür bieten sich Sparpläne auf Indizes an. Dieses Modell können Sie sowohl privat als auch für die Absicherung der eigenen Personengesellschaften übernehmen.

Die alternative Absicherung für Ihr Vermögen

Wenn Sie sich dazu entschließen, Ihr Vermögen auf andere Weise aufzubauen, wird Ihnen nahezu jeder Berater genau davon abraten. Warum? Das Modell, das Sie selbst aufstellen können, beteiligt die Berater nicht. Die verdienen Provisionen. Allein im Versicherungsgeschäft sollen dies jährlich 8 Milliarden € für Neuabschlüsse sein.

8 Milliarden €, die praktisch weitgehend entfallen, wenn Sie sich nicht mehr auf die Versicherungsgesellschaften einlassen. Versicherungsvertreter, freie Makler oder relativ festgebundene Vermittler gibt es zuhauf. 250.000 solcher Versicherungsverkäufer gibt es, genau gesagt. Das wären rechnerisch 32.000 € Prämien für die neu abgeschlossenen Verträge pro Kopf. Natürlich gibt es in dieser Branche besonders erfolgreiche Verkäufer. Das sind die, die sich wahrscheinlich am aggressivsten an Ihrer Haustür oder im Betrieb vorstellen. Denen entgeht womöglich ein sechsstelliger Betrag an Prämien. Pro Jahr.

Die Regierung wird sich ebenfalls dagegen wehren, wenn die Bürger aufhören würden, Staatsanleihen indirekt über die Kapitallebensversicherungen zu kaufen. Die Regierung aber besteht künftig nicht nur aus Frau Dr. Merkel und ihrem Kabinett (oder Nachfolgern), sondern aus ganzen Heerscharen von Bürokratien, die allesamt oder jedenfalls weit überwiegend versuchen werden, sich diese günstige Finanzierungsquelle zu sichern. Sie werden in Fernsehdebatten, in direkten oder indirekten Stellungnahmen über alle großen Medien und auch in staatlichen Beratungssitzungen hören, wie wichtig Lebensversicherungen oder private Rentenversicherungen sind. Der Staat verdient daran, wie Sie wissen. Dementsprechend haben sich auch die sogenannten Beratungsmedien positioniert. Angefangen von bekannten Testzeitschriften, in denen immer wieder vorgerechnet wird, wie wichtig die private Altersvorsorge ist. Richtig. Falsch ist die Aussage, dass dies vor allem über Lebensversicherungen oder private Rentenversicherungen geht. Dennoch werden Sie zahlreiche Testberichte finden. Auch scheinbar „freie“ Zeitungen oder Magazine berichten immer wieder davon. Teils, weil sie mit großen Kunden Anzeigen verlieren könnten. Teils, weil sie es einfach nicht besser wissen. Denn die staatlichen Stellen sowie etwas unverblümter die Versicherungsgesellschaften haben natürlich viel Material zusammengestellt.

Schließlich werden Sie auch von „privaten“ Vermittlern kritische Stimmen hören. So vermitteln viele Menschen im Kollegenkreis, bei Freunden oder sogar Verwandten Verträge oder entsprechende Beratungen. Möglicherweise werden Sie dies auch schon erlebt haben. Auch hier gibt es niemanden, der von diesen Verträgen abrät oder Sie darin unterstützen würde, andere Formen der Altersvorsorge anzugehen.

Auch bei der Bank wird sich kein Angestellter finden, der vergleichsweise objektiv über die Vorsorge sprechen könnte oder möchte. Sparpläne und Sparverträge, die man Ihnen dort anbieten wird, versorgen eher die Berater bei der Bank. Die haben konkrete Verkaufsziele, an denen sie gemessen werden. Zumindest müssen die Berater bei der Bank dafür sorgen, dass Sie Verträge nicht kündigen. Denn für diese Verträge gibt es auch Bestandsprovisionen. Diese Bestandsprovisionen gehören zu den Umsatzzielen eines jeden Beraters und seiner Filiale vor Ort.

Sie sind also zunächst einsam, wenn Sie Ihre Entscheidung für die Altersvorsorge neu ausrichten. Der *Deutsche Wirtschaftsbrief* allerdings steht an Ihrer Seite. Wichtig ist, dass keine Provisionen fließen und auch keine Werbeanzeigen das Ergebnis der Analysen beeinflussen können. Dann eröffnet sich ein ganz anderer Blick auf die Vorsorgemöglichkeiten.

Todesfallversicherung

Die Altersvorsorge hat, wie bereits dargestellt, mit der Todesfallversicherung nichts zu tun. Diese Verträge können Sie weiterführen. Auch dabei gibt es Unterschiede zwischen den verschiedenen Anbietern. Allerdings verbieten sich generelle Aussagen darüber, welcher Anbieter die besten Lösungen hat. Hier gibt es Internetportale, die über verschiedene Tarife jeweils Auskunft geben können.

Beachten Sie jedoch, dass auch Internetportale spezielle Interessen haben und einzelne Vergleichsdaten vielleicht verzerrt darstellen können oder ganze Angebote entfallen lassen. So verändern sich die Ergebnisse beispielsweise je nach den Altersangaben. Hier lohnt es sich, wenn Sie verschiedene Portale zum Vergleich heranziehen. Aber: Eine Todesfallversicherung können Sie abschließen.

Sparpläne

Darüberhinaus bieten sich Sparpläne an. Sparpläne auf Aktien, auf Aktienindizes oder auf Wunsch auch auf Anleihen. Letztgenannte fallen allerdings für die Jahre 2018 sowie 2019 kaum ins Gewicht, da die Zinsen zu niedrig sind. Es bleiben Aktien und Aktienindizes.

Die Ergebnisse eines langfristigen Sparplans jedenfalls sind verblüffend. Sparpläne leben davon, dass Sie monatlich oder in anderen Abständen jeweils einen bestimmten Betrag auf Ihr Konto oder Depot einzahlen. Dieser Betrag wird dann in der Regel direkt nach Ihren Vorgaben in eine bestimmte Anlageform investiert. Bewährt haben sich Sparpläne auf Indizes wie den DAX, den Dow Jones, den S&P 500 oder den sogenannten „MSCI World", also den Index, in dem die weltweit wichtigsten Aktien zusammengefasst sind.

Wie Sie einen Fondssparplan grundsätzlich einrichten, lesen Sie im Abschnitt „Fondssparpläne können eine gute Sache sein". Hier geht es um Sparpläne, die langfristig Ihr Vermögen aufbauen sollen sowie die konkreten Möglichkeiten. Aktienindizes und Aktien als Anlageklasse sowie ETFs, also börsengehandelte Fonds sowie Zertifikate stehen als Anlageform zur Verfügung.

Sparpläne selbst schließen Sie über Ihre Depotbank ab. Dort benötigen Sie lediglich ein Depot für die Geldanlage und richten per einfachem Formular auf die Anlageform Ihrer Wahl einen Sparplan ein. Solche Sparpläne sind nicht zu verwechseln mit Banksparplänen, die reine Geldanlagekonten sind. Banksparpläne dieser Art erkennen Sie an festen Zinsversprechen, die meist sogar steigende Zinsvergütungen im Laufe der Zeit garantieren sowie an den festen Laufzeiten.

Sparverträge über Depotbanken jedoch haben

- keine Laufzeit,
- sind ausgesprochen günstig,
- und sind jederzeit veränderbar.

Das heißt, Sie können solche Sparpläne oder -verträge jederzeit mit anderen Summen, in anderen zeitlichen Intervallen oder auf neue Anlageformen beziehungsweise Indizes oder Aktien verteilen. **Damit bieten sich Sparpläne sowohl privat als auch für die Absicherung des eigenen Unternehmens an. Das jeweils aufgelaufene Vermögen können Sie jederzeit als Sicherheit verwenden, ausgeben oder vererben.**

Das aufgelaufene Vermögen ist rechtlich sicher. Wenn also Ihre Bank Konkurs anmelden sollte, gehört das Vermögen an Wertpapieren dennoch Ihnen. Es fließt nicht in die Konkursmasse ein, sondern wird im praktischen Fall auf eine andere Depotbank übertragen, wo Sie die einzelnen Wertpapiere jederzeit verkaufen oder weiterhin mit neuen Sparraten mehren können. In dem Sinne sind solche Sparpläne also sicher. Die Wertentwicklung jedoch schwankt mit den Bewertungen am Markt. Das aber muss Sie nicht abschrecken. Langfristig sind Aktien oder Aktienindizes auch in der Wertentwicklung relativ sicher.

Aktien und Indizes in Sparplanform sind relativ sicher

Indizes wie der DAX gewinnen jährlich im langjährigen Mittel etwa 8 % hinzu. Dies zeige ich Ihnen etwas weiter hinten. Dieselbe Wertentwicklung findet sich in vielen großen Indizes. Warum ist dies so – und wie sicher ist das?

Aktien sowie Indizes, die aus Aktien verschiedener Unternehmen bestehen, verkörpern einen Anteil am Aktienkonzern. Der Anteil hat einen wirtschaftlichen Wert, der sich im Idealfall relativ fair an der Börse in Aktienkursen widerspiegelt. Die Kurse schwanken jedoch täglich und bewegen sich teils enorm nach oben oder unten. Insofern zeigen die Kurse nur ungefähr, wie wertvoll ein Unternehmensanteil tatsächlich ist.

Dennoch muss der Markt sich immer wieder um einen fairen Wert herum einpendeln. Denn jeder Investor muss langfristig davon ausgehen, dass ein Kurs nur dann dauerhaft steigen kann, wenn auch der Unternehmenswert wächst. Sonst würde sich kaum ein Käufer finden. Unternehmenswerte wachsen dann, wenn die Unternehmen profitabel arbeiten und zumindest einen Teil der Gewinne einbehalten, um daraus Investitionen zu finanzieren. Wenn umgekehrt Unternehmen dauerhaft Kapital vernichten, sinkt der Unternehmenswert. Auch dies müsste sich am Markt zeigen.

Übersicht über die Kosten von Sparplänen

flatex ONLINE BROKER	TESTURTEIL „hervorragend" ★★★★★	Gebühren ETF Sparplan	0,90€ pro Sparrate 528 ETFs als Sparplan verfügbar 329 kostenlose ETF Sparpläne	Mehr Infos	Kosten für 100€ ETF Sparplan	0,90€ 329 Aktions-Sparpläne ohne Ordergebühren
		Mindestsparrate	50€			
		Depotgebühr	kostenlos			
comdirect	TESTURTEIL „sehr gut" ★★★★☆	Gebühren ETF Sparplan	1,50% pro Sparrate 236 ETFs als Sparplan verfügbar 46 kostenlose ETF Sparpläne	Mehr Infos	Kosten für 100€ ETF Sparplan	1,50€ 46 Aktions-Sparpläne ohne Ordergebühren
		Mindestsparrate	25€			
		Depotgebühr	kostenlos			
		Top-Angebot	Comdirect Depot inklusive 12 Monate justETF Premium kostenlos			Jetzt Depot eröffnen
Consorsbank!	TESTURTEIL „sehr gut" ★★★★☆	Gebühren ETF Sparplan	1,50% pro Sparrate 282 ETFs als Sparplan verfügbar 130 kostenlose ETF Sparpläne	Mehr Infos	Kosten für 100€ ETF Sparplan	1,50€ 130 Aktions-Sparpläne ohne Ordergebühren
		Mindestsparrate	25€			
		Depotgebühr	kostenlos			
OnVista Bank	TESTURTEIL „gut" ★★★☆☆	Gebühren ETF Sparplan	0,00€ pro Sparrate 85 ETFs als Sparplan verfügbar 85 kostenlose ETF Sparpläne	Mehr Infos	Kosten für 100€ ETF Sparplan	0,00€ Alle 85 Sparpläne ohne Ordergebühren
		Mindestsparrate	50€			
		Depotgebühr	kostenlos			
S broker. Einfach handeln	TESTURTEIL „gut" ★★★☆☆	Gebühren ETF Sparplan	2,50% pro Sparrate 525 ETFs als Sparplan verfügbar 136 kostenlose ETF Sparpläne Aktion bis 200€ Sparrate	Mehr Infos	Kosten für 100€ ETF Sparplan	2,50€ 136 Aktions-Sparpläne ohne Ordergebühren
		Mindestsparrate	50€			
		Depotgebühr	kostenlos			
maxblue	TESTURTEIL „gut" ★★★☆☆	Gebühren ETF Sparplan	2,50€ + 0,40% pro Sparrate 125 ETFs als Sparplan verfügbar 103 kostenlose ETF Sparpläne	Mehr Infos	Kosten für 100€ ETF Sparplan	2,90€ 103 Aktions-Sparpläne ohne Ordergebühren
		Mindestsparrate	50€			
		Depotgebühr	kostenlos			
ING DiBa	TESTURTEIL „befriedigend" ★★☆☆☆	Gebühren ETF Sparplan	1,75% pro Sparrate 55 ETFs als Sparplan verfügbar	Mehr Infos	Kosten für 100€ ETF Sparplan	1,75€
		Mindestsparrate	50€			
		Depotgebühr	kostenlos			
1822direkt	TESTURTEIL „befriedigend" ★★☆☆☆	Gebühren ETF Sparplan	2,95€ pro Sparrate 100 ETFs als Sparplan verfügbar 34 kostenlose ETF Sparpläne Aktion gültig für die ersten 24 Sparraten	Mehr Infos	Kosten für 100€ ETF Sparplan	2,95€ 34 Aktions-Sparpläne ohne Ordergebühren
		Mindestsparrate	50€			
		Depotgebühr	kostenlos			

Quelle: www.justetf.com

Hier sehen Sie beispielhaft die Angebote verschiedener Depotbanken, wie sie mittelfristig typisch sind.

Solange wir eine relativ gut funktionierende Marktwirtschaft betreiben, werden langfristig also genau jene Unternehmen an den Aktienbörsen verbleiben, deren Unternehmenswert durch Gewinne wächst. Alle anderen Unternehmen werden verdrängt. Deshalb wird die Börse letztlich Kursgewinne und Dividenden abwerfen. Dies hat mit kurzfristigen Kursschwankungen nichts zu tun.

Dies ist auch der Vorteil von Sparplänen. Sparpläne sorgen dafür, dass Sie unabhängig von kurzfristigen Chancen kaufen. Wenn sich die Entwicklung an den Börsen wie erwartet über mehrere Jahre positiv zeigt, werden Sie ohnehin gewinnen. Wichtig ist dann, dass die Sparpläne selbst keine hohen Gebühren verschlingen.

Die Angebote können sich im Laufe der Zeit ändern. Grundsätzlich aber ist das Angebot für die wichtigsten Indizes wie den DAX, Dow Jones oder S&P 500 relativ günstig. Meist können Sie Sparpläne bereits ab 50 € monatlich abschließen. Bei der Auswahl kommt es zum jeweiligen Zeitpunkt dann darauf an, dass die Fixkosten nicht zu hoch sind. Als Kunde teurer Banken würde es sich anbieten, entweder den Betrag der jeweiligen Sparraten deutlich zu erhöhen oder ein größeres Zeitintervall zu wählen. Dann wäre es besser, beispielsweise quartalsweise einzuzahlen und dadurch höhere Sparraten einzustellen.

Wie Sie ebenfalls sehen können, ist, dass das Angebot an ETFs, mit denen Sie Sparraten auf Indizes ermöglichen, relativ groß ist. Dabei kommt es auf die Auswahl an. Hier empfiehlt der *Deutsche Wirtschaftsbrief*, es besonders einfach zu machen.

Indizes wie der DAX, Dow Jones oder S&P 500 können Sie jederzeit über die Medien oder im *Deutschen Wirtschaftsbrief* beobachten lassen. Dagegen gibt es zahlreiche ETFs auf Indizes, die sich bei näherem Hinsehen als Spezialform entpuppen. Entweder orientiert sich die Zusammenstellung lediglich an den großen Indizes und ist vergleichsweise willkürlich. Oder die Zusammenstellung ist frei und wird mit markigen Worten beworben („Best of" und so fort).

Die klassischen Indizes haben zudem eine Geschichte, die über mehrere Jahrzehnte reicht. Damit können Sie besser beurteilen, ob sich das Risiko lohnt. Die willkürlicher zusammengestellten Indizes hingegen sind meist nur in der Theorie gut.

Wie Sie in der Praxis vorgehen können

Vergessen wir nicht, dass die Index-Sparpläne mit ETFs dem Ziel des Vermögensaufbaus dienen. Das heißt, Sie sollten diszipliniert einzahlen und sich vollkommen unabhängig von einzelnen Marktphasen machen.

- Richten Sie ein Depotkonto ein.
- Wählen Sie möglichst 2 bis 3 Indizes aus, auf die Sie sparen möchten.
- Wählen Sie dann die passenden ETFs aus. Die Auswahl sollte sich an den Kosten Ihres jeweiligen Depotbank-Anbieters orientieren. So kann es sein, dass ein Anbieter aus der Gruppe der Deutschen Bank, maxblue, andere ETFs günstiger herausgibt als etwa der Anbieter der Sparkassen-Gruppe 1822direkt. Sie haben zudem die Wahl zwischen ausschüttenden und thesaurierenden Fonds, also Fonds, die Dividenden einbehalten. Der *Deutschen Wirtschaftsbrief* empfiehlt, dass die Dividenden einbehalten werden sollten. Dieses Verfahren sorgt dafür, dass auch diese kleineren Beträge jeweils wieder reinvestiert werden.
- Zahlen Sie, wenn möglich, monatlich ein. Dies erhöht die Disziplin.
- Prüfen Sie einmal jährlich die Auswahl anhand der wirtschaftlichen Entwicklung im betreffenden Land. Wenn zum Beispiel der DAX in einer Konjunkturkrise in Deutschland deutlich schwächere Ergebnisse bringt als andere europäische Indizes, könnten Sie zeitweise auf den Euro Stoxx 50 umstellen.

Wenn das Vermögensziel erreicht ist, könn(t)en Sie theoretisch das gesamte Vermögen freistellen, indem Sie es auszahlen lassen. Besser ist es dann jedoch, einen sogenannten Auszahlplan aufzustellen. So gibt es bei denselben Depotbanken ETFs auf Indizes, mit denen Sie auch regelmäßige Auszahlungen einrichten können. Ihr Vermögen wird dann in einzelnen Raten zurückbezahlt. Der große Rest ist dann jeweils weiterhin über ETFs in den Indizes investiert. Sie können dann bei entsprechenden Summen die Auszahlungen sogar so einrichten, dass die Auszahlrate das verbleibende Vermögen bestehen lässt.

Dazu ein Rechenbeispiel: Wenn Sie 200.000 € angesammelt hätten und der Index 8 % Rendite jährlich erwirtschaftet, wären dies rechnerisch 16.000 € Gewinn. Das heißt, wenn Sie sich monatlich 1.200 € auszahlen ließen, jährlich also 14.400 €, bliebe das Vermögen langfristig rechnerisch erhalten. Beachten Sie bei dieser Konstruktion allerdings, dass die jährliche Inflationsrate langfristig bei mehr als 2 % liegt.

Deshalb wäre es gut, wenn die Auszahlungen dann etwas unter dem jährlichen Gewinn blieben. So schaffen Sie einen Inflationsausgleich.

Für die Praxis: Solange Sie in der Aufbauphase sind, müssen Sie noch nicht über Auszahlpläne nachdenken. Das heißt, Sie müssen noch keine ETFs aussuchen, die Auszahlpläne ermöglichen. In den Jahren des Entsparens könn(t)en Sie sogar die Depotbank wechseln, falls Sie dann geeignetere ETFs finden. Dann allerdings würden auf Ihr Vermögen durch den zwischenzeitlichen Verkauf sofort Steuern fällig. Deshalb ist es immer dann, wenn Sie mit Auszahlplänen arbeiten wollen, ratsam, dass Sie von vornherein eine Depotbank mit größerem Angebot wählen.

Sparpläne mit Zertifikaten

Dasselbe Prinzip beim Vermögensaufbau sowie beim späteren Entsparen können Sie auch mit Indexzertifikaten realisieren.

Indexzertifikate lauten auf einen bestimmten Index und bilden dessen Wert ab. Zertifikate sind Schuldverschreibungen, also Anleihen, die – in diesem Fall – Banken emittiert haben. Die Zertifikate tauchen unter verschiedenen Namen auf, wobei hier lediglich die Papiere in Betracht kommen, die tatsächlich Indizes einfach, ohne jeden Hebel abbilden.

Viele Indexzertifikate haben rechtlich betrachtet eine unendliche Laufzeit. Die Laufzeit ist tatsächlich aber nicht unendlich. In den Ausgabebedingungen würden Sie einen Passus finden, in dem die ausgebende Bank sich jeweils selbst das Recht einräumt, die Zertifikate zu einem bestimmten Zeitpunkt, gegebenfalls unter bestimmten Bedingungen zu kündigen.

Unendliche Laufzeiten bei Indexzertifikaten bedeuten nur, dass die Laufzeit nicht festgelegt ist. Das ist allerdings kein bedeutender Nachteil gegenüber ETFs. Die ETFs sind zwar Fonds und daher schon per Definition in aller Regel ohne Laufzeit, können allerdings auf Wunsch der Fondsgesellschaft ebenfalls aufgelöst werden.

Sparpläne allgemein beziehen sich daher sowohl bei ETFs als auch bei Indexzertifikaten jeweils auf Wertpapierpositionen, die Sie gegebenfalls nach einer Kündigung oder Auflösung austauschen müssen.

Indexzertifikate, auf die Sie Sparpläne abschließen können, sind oft sogar noch günstiger als ETFs. Denn die Zertifikate sind rechtlich aus Sicht der Emissionsbanken einfacher zu konstruieren und verursachen weniger Kosten. Deshalb emittieren die Banken an jedem Handelstag tausende neuer Zertifikate. Es kostet sie kaum etwas. Unter Kostengesichtspunkten muss ich daher Indexzertifikate empfehlen.

Anders liegt der Fall unter dem Gesichtspunkt der Sicherheit. Zertifikate würden im Konkursfall keine besondere Sicherheit für Sie darstellen. Sie gehen in der Konkursmasse unter. Es gibt auch keine Einlagensicherung oder eine ähnliche staatlich vorgeschriebene Sicherungseinrichtung, die Ihr Vermögen sichern würde. Sobald eine der ausgebenden Banken also Konkurs anmeldet, müssten Sie mit erheblichen Verlusten rechnen. Aus rechtlicher Sicht sind Indexzertifikate daher deutlich riskanter als ETFs.

Allerdings ist dies ein theoretischer Fall. Faktisch können Sie das Risiko durch zwei Maßnahmen deutlich einschränken. Zum Einen können Sie die ausgebenden Banken hinsichtlich der Rückzahlungswahrscheinlichkeiten relativ gut kontrollieren. Der Deutsche Derivate Verband hat dafür ein Ranking erstellt, das zeigt, wie hoch die Versicherungskosten am realen Markt für die einzelnen Geschäftsbanken sind. Dieses Ranking zeigt den sogenannten „Credit Spread“, die ein institutioneller Investor jeweils zahlt, wenn er sich gegen einen Ausfall der Schuldverschreibungen dieser Banken am Markt versichern möchte. Wenn Sie selbst prüfen möchten, können Sie auf dieser Seite nachschlagen:

http://www.derivateverband.de/DEU/Transparenz/CreditSpreads

Die entsprechende Tabelle umfasst die wichtigsten Schuldner.

Versicherungsprämie am Markt für verschiedene Schuldner

Credit Default Swaps (CDS)

Unternehmen	Credit Default Swaps
Banco Santander	44,74
Bank of America	49,52
BARCLAYS Bank	42,81
Bayerische Landesbank	---
BHF-Bank[1)]	---
BNP Paribas	33,42
Bundesrepublik Deutschland	13,71
Citigroup[2)]	50,32
Commerzbank	67,57
Crédit Agricole	31,44
Credit Suisse	65,79
Deka	---
Deutsche Bank	79,91
DZ BANK[7)]	---
EFG International AG	---
Erste Group Bank	78,23
Eurobank Ergasias S.A.	1.260,30
Goldman Sachs	65,12

Quelle: www.derivateverband.de

Sie sehen hier lediglich einen beispielhaften Ausschnitt der tatsächlichen Tabelle. Je niedriger der sogenannte Credit Spread tatsächlich ist, desto höher wird die Bonität am Markt eingeschätzt.

Zudem können Sie sich durch eine zweite Maßnahme absichern: Sollten Sie in verschiedene Indizes investieren wollen, wählen Sie dabei unterschiedliche Emissionsbanken. Dies bewahrt Sie zumindest davor, dass eine einzelne Bank wie „Lehman Brothers“ in den USA Ihr gesamtes Vermögen mit in den Konkurs nehmen kann.

Zurzeit ist die Wahrscheinlichkeit, dass solche Indexzertifikate ausfallen, insgesamt vergleichsweise gering. Dennoch: Das Risiko ist etwas größer als bei ETFs. Unter diesem Gesichtspunkt fiele die Wahl eindeutig auf die Fonds. Indexzertifikate bieten allerdings einen ganz wesentlichen Vorteil gegenüber den Fonds.

Steuerlich sind Indexzertifikate auf Indizes, bei denen Dividenden den Wert erhöhen, besser als ETFs. Der DAX etwa wird auf Basis der Kursentwicklung und der Dividendenzahlungen berechnet. Ausgeschüttete Dividenden erhöhen den Wert des Index. Bei ETFs müssen Sie auf die ausgeschütteten Dividenden allerdings Steuern zahlen. Solange Sie ein Indexzertifikat auf den DAX halten, sind die Dividenden indes im Index selbst enthalten und unterliegen damit noch nicht der Steuer. Erst, wenn Sie die Vermögensanteile verkaufen, veräußern Sie somit automatisch auch die einberechneten Dividenden und zahlen Steuern.

Dieser Steuervorteil kann sich langfristig bemerkbar machen. Denn der Zins- und Zinseszinseffekt greift auch hier.

Indizes oder Aktien

Am einfachsten sind Sparpläne auf Indizes. Diese Sparpläne sollten im Laufe der Jahre Renditen von etwa 8 % bringen. Dabei können Sie ETFs wie auch Zertifikate verwenden. Sollten Sie den Kauf von Zertifikaten in Erwägung ziehen, bieten sich auch Sparpläne auf Aktien an. Zertifikate bilden die Kursentwicklung von Aktien ab, sodass Sie darauf auch entsprechende Teilzahlungen, also Sparpläne einrichten können.

Allerdings können Sie auch die Aktien selbst in Sparplan-Form kaufen. Dies bietet sich an, da das Ausfallrisiko für Sie dann noch geringer wird. Aktien beteiligen Sie immerhin direkt am Unternehmen.

So gehen Sie vor:

- Anbieter wie die ING-Diba bieten solche Sparpläne auf Aktien an. Dazu zählen auch alle 30 Aktien aus dem DAX.

- Sie müssen ein Depotkonto bei der ING-Diba einrichten. Dann legen Sie die monatlichen Sparsummen fest, 50 € gelten als Mindestbetrag. Wegen der Kostenentwicklung empfehle ich Sparpläne ab 100 € Ratenbeträgen. Sollten Sie mehr Kapital zur Verfügung haben, kaufen Sie einfach die Aktien mehrerer Unternehmen per Sparplan.

Diese Aktien-Sparpläne können Sie dann hinsichtlich der erworbenen Aktien oder hinsichtlich der investierten Summe jederzeit ändern.

Mehr Informationen erhalten Sie unter

https://www.ing-diba.de/wertpapiere/wertpapier-sparen/aktien/

Fazit: Lebensversicherungen können Sie als Format für den Vermögensaufbau sehr einfach ersetzen. Schließen Sie eine Todesfallversicherung ab und investieren Sie die sonst eingesparten Prämien in einen Aktien-Sparplan oder in einen Index-Sparplan.

Bestehende Verträge zu Kapitallebensversicherungen sollten im Zweifel beitragsfrei gestellt werden. Eine Kündigung ist mit Stornogebühren verbunden. Kalkulieren Sie im Einzelfall, ob Sie das bislang angesparte Kapital mit höheren Renditen bei Indizes oder Aktien „freikaufen" sollten.

3. Sonderthema Abgeltungsteuer: Unter der neuen Regierung wird es wahrscheinlich teurer

Zur Ausgangssituation Ihrer Überlegungen wird nicht nur die fast überall vorhandene Lebensversicherung zählen. Auch Steuern und die Auswirkung der aktuellen Entscheidungen für Ihr Vermögen zum jetzigen Zeitpunkt sollten Sie in die Kalkulation einbeziehen. Ein wichtiges Thema ist die Abgeltungsteuer.

Wenn Sie Ihr Geld anlegen, zahlen Sie für die Erträge der meisten Anlagearten eine Abgeltungsteuer in Höhe von 25 %. Diese Abgeltungsteuer löste vor Jahren die frühere Berechnung nach der Einkommensteuer ab, bei der es auf die Haltedauer der Kapitalanlage ankam. Wer innerhalb eines Jahres nach Erwerb Aktien verkaufte, musste den Gewinn in Höhe seiner persönlichen Einkommensteuersätze versteuern. Nach Ablauf der Spekulationsfrist waren die Verkaufsgewinne indes steuerfrei.

Jetzt möchte die Regierung im Namen einer einheitlichen Regelung innerhalb Europas wiederum die Abgeltungsteuer abschaffen und durch die Einkommensteuer ersetzen oder die Abgeltungsteuer auch auf ältere Aktienbestände ausdehnen, wie ich vorn beschrieben hatte. Noch liegen die Pläne in der Schublade oder werden der Öffentlichkeit nur vorsichtig präsentiert. Im Laufe der nächsten Zeit jedoch sollte das Vorhaben offiziell werden – wobei dies auch von den Aktivitäten der Regierung abhängt.

Das heißt dann im Klartext, dass Sie entweder höhere Abgeltungsteuer zahlen müssen oder dass die Erträge der Kapitalanlage nach Höhe Ihrer Einkommensteuersätze versteuert würden. Dies wird in vielen Fällen eine Mehrbelastung darstellen. Ein Beispiel dazu: Maßgeblich ist der sogenannte Grenzsteuersatz. Der Grenzsteuersatz gibt an, wie hoch die Steuerbelastung für Sie ist, wenn Sie einen Euro mehr verdienen. Der Grenzsteuersatz kann bei höheren Einkommen schnell auf mehr als 30 % steigen. Gehören Sie ohnehin zu den Spitzenverdienern, müssen Sie mit einer Belastung von mehr als 40 % auf die Erträge der Kapitalanlage rechnen.

Eine weitere Konsequenz diskutiert die Öffentlichkeit bislang noch nicht: Auch Erträge bei Gold-Investitionen werden Sie nach dem persönlichen Einkommensteuersatz versteuern müssen. Bislang wird Gold bereits nach der Einkommensteuer versteuert, allerdings gilt hier die einjährige Spekulationsfrist. Wenn die Spekulationsfrist für alle Anlagearten entfällt, dann wird dies auch bei Gold-Investitionen passieren.

Deshalb stellen Sie sich am besten heute schon darauf ein, dass Sie Erträge nach Höhe der Einkommensteuersätze versteuern müssen. Dies ist nach dem heutigen Wissenstand noch Spekulation, dennoch können Sie die Belastung durch mehrere Maßnahmen wahrscheinlich verringern.

Immobilien: Ziehen Sie Investitionen im Zweifel vor

Wahrscheinlich werden die neuen Regeln nur für künftige Käufe wirksam. Sonst würde die Regierung den bisherigen Investoren Klagechancen bieten. Wer nach altem Recht investierte, könnte von unzulässigen Eingriffen profitieren. Das wird sich vor allem bei Immobilien auswirken. Wenn Sie noch in Immobilien investieren wollen, sollten Sie frühzeitig Fakten schaffen. Bislang zahlen Sie als Immobilienbesitzer mit einer Spekulationsfrist von zehn Jahren, sofern Sie die Immobilie nicht selbst genutzt haben. Falls Sie hingegen selbst die Immobilie bewohnt haben, müssen Sie mögliche Gewinne auch bei Verkäufen innerhalb dieser Frist nicht versteuern.

Beachten Sie diesen Steuertipp

Steuertipp beim noch aktuellen Recht: Sollten Sie eine Immobilie während der Verkaufs zur „Not“ verkaufen müssen und dafür Ihre Kredite kündigen, wird in der Regel eine Vorfälligkeitsentschädigung erhoben. Diese Gebühr der Banken können Sie steuermildernd geltend machen, um die Belastung durch die Spekulationssteuer zu mindern.

Gewerbliche „Personen“ hingegen müssen die Verkaufsgewinne auf jeden Fall versteuern. Als gewerblich würden Sie dann eingestuft, wenn Sie zumindest drei Immobilien pro Jahr verkaufen. Hier helfen aktuell auch keine Tricks. Wer zum Beispiel die Verkäufe über mehrere Jahre verteilt, um die Einstufung als gewerbliche Person zu umgehen, kann dennoch belangt werden. Entscheidend ist die Einschätzung des Finanzamts.

Nach dem zu erwartenden neuen Recht kann es sogar passieren, dass die Spekulationsfrist insgesamt keine Rolle mehr spielt. In der Folge müssten auch private Personen Gewinne, die durch den Hausverkauf entstehen, nach dem Einkommensteuersatz versteuern. Dies können Sie mit einiger Wahrscheinlichkeit umgehen, wenn Sie rechtzeitig, also noch vor der neuen Steuergesetzgebung investieren. Dann sollte die Spekulationsfrist von zehn Jahren für Sie gelten.

Geldanlagen: Rechtzeitig investieren

Dasselbe Modell dürfte sich auch in anderen Formen der Geldanlage lohnen. Aktiengewinne beispielsweise könnten nach dem zu erwartenden Steuermodell netto belastet werden. Deshalb investieren Sie möglichst frühzeitig und halten diese Aktien dann. Dann gilt auch hier wahrscheinlich die Altfallregelung, das heißt die steuerliche Regelung zu dem Zeitpunkt, zu dem Sie die Aktien tatsächlich gekauft haben. 25 % Abgeltungsteuer plus Kirchensteuer und Solidaritätszuschlag dürften in vielen Fällen günstiger sein als die mögliche Besteuerung nach dem individuellen Einkommensteuersatz. Dafür sollten Sie Aktien wählen, die langfristig möglichst hohe Sicherheit versprechen. Achten Sie deshalb auf die Substanz von Aktien. Entsprechende langfristige Strategien finden Sie im Abschnitt zu „langfristigen Gewinnen mit Aktien".

Hier vorab einige Hinweise dazu. Es stellt sich aus steuerlicher Sicht dann ein Vorteil für Sie ein, wenn Sie lediglich die Dividenden versteuern müssen. Dies können Sie nicht verhindern, selbst wenn die Dividenden sofort reinvestiert werden. Auch über Aktienfonds sind Dividenden zu versteuern, unabhängig davon, ob die Dividenden ausgeschüttet werden oder ob das Fondsmanagement die Aktien im Depot hält.

Auch bei Dividenden stehen Ihnen Freibeträge zur Verfügung (vgl. auch unten zu ETFs). 25 % plus Kirchensteuer plus Solidaritätszuschlag werden fast ein Drittel der Auszahlungen oberhalb von 1.602 € für Verheiratete kosten. Dennoch werden Sie faktisch mit Dividenden höhere Zinsen nach und vor Steuern als mit Festgeldanlagen erzielen. Dabei lohnt es sich, wenn Sie Aktien von Unternehmen halten, die 30 % bis 50 % der Gewinne ausschütten. Diese Unternehmen verwenden den Rest der Gewinne und investieren diese bestenfalls in Ihrem Sinne. Weitere Gewinne könnten Kurssteigerungen nach sich ziehen.

Ihr Vorteil auch in Krisenzeiten: Unternehmen überleben Krisen langfristig relativ gut, wie Beispiele von Weltkonzernen zeigen, die etwa seit Jahrzehnten weitgehend unabhängig von sonstigen wirtschaftlichen Einflüssen Dividenden zahlen und in der Regel erhöhen. Deshalb empfehlen sich vor allem Unternehmen, die langfristig hohe Dividenden auszahlen. Die entsprechenden Strategien nenne ich Ihnen im Abschnitt zu Aktienstrategien.

Goldanlagen: Langfristig investieren – auch, um Steuern zu sparen

Für Gold gilt dasselbe: Wenn Sie in Gold investieren, kaufen Sie möglichst vor der nächsten Steuergesetzgebung, sofern Sie die Steuerbelastung optimieren möchten. Aktuell gilt die einjährige Spekulationsfrist. Sofern diese Frist abgeschafft wird, würde jeder Gewinn, den Sie mit Gold erzielen, nach Höhe der Einkommensteuersätze versteuert.

Wenn Sie Gold rechtzeitig kaufen, kommt es auf die Form an:

- Sogenanntes „Xetra Gold" ist derzeit wie Gold selbst nach einem Jahr Spekulationsfrist von der Steuer befreit. Diese Regelung für Goldfonds jedoch kann sich jederzeit ändern bzw. neu interpretiert werden. Sollten Sie einen Goldfonds halten oder kaufen wollen, achten Sie auf die laufende Änderung des Rechts. Gerade im Zuge der weitergehenden Euro-Krise könnten die europäischen Staaten hier neue Vorschriften erlassen. Der *Deutsche Wirtschaftsbrief* informiert Sie dazu.
- Wertpapiere wie Zertifikate oder Optionsscheine unterliegen der bisherigen Regelung der Abgeltungsteuer. Sollten Sie langfristige Derivate dieser Art im Depot haben, würden Sie zumindest aus steuerlicher Sicht besser damit fahren, diese zu halten, statt in späteren Jahren neue Papiere zu kaufen.

Achtung: Die Papiere haben in der Regel eine Laufzeit, sodass diese Aussage lediglich für langlaufende Derivate dieser Art gilt. Zudem ist das Risiko solcher Derivate vergleichsweise hoch. Die Preise orientieren sich am Goldwert und werden teilweise gehebelt. Ein Goldpreisverlust von 2 % würde bei einem Hebel von 3 zu einem rechnerischen Verlust von 6 % führen. Zudem sind diese Papiere nicht goldgesichert. Falls der Emittent oder Herausgeber solcher Papiere Konkurs anmelden muss, ist ein Totalverlust für Sie möglich. **Deshalb rate ich davon ab,**

Derivate auf den Goldpreis zu kaufen, wenn Sie mit der Funktionsweise eines solchen Papiers nicht vollständig vertraut sind.

- Aktien auf Goldminen unterliegen den sonst üblichen Steuerregelungen. Die Goldminen-Unternehmen werden in den kommenden Jahren unter Druck stehen. Viele Unternehmen produzieren zu teuer. Deshalb lohnt es sich aus steuerlicher Sicht, solche Aktien lange zu halten. Wirtschaftlich würden Sie ein hohes Risiko eingehen. Davon rät der *Deutsche Wirtschaftsbrief* aus aktueller Sicht ab. Erst, wenn der Goldpreis auf mehr als 1.400 Dollar/Unze steigt, bietet es sich möglicherweise je nach Einzelfall an, wieder in Goldminenaktien zu investieren. Der *Deutsche Wirtschaftsbrief* wird Sie dazu auf dem Laufenden halten.

- Schließlich können oder sollten Sie Gold in Form von physischen Stücken halten. Dies sind Münzen oder Barren. Wenn Sie physisches Gold rechtzeitig kaufen oder gekauft haben, profitieren Sie von der Altfallregelung wahrscheinlich. Dann sollte sich eine Haltedauer von mehr als einem Jahr dahingehend lohnen, dass Sie die Gewinne steuerfrei vereinnahmen können. Wo Sie das Gold lagern, ist aus steuerrechtlicher Sicht zunächst unerheblich. Die möglichen Gewinne müssen Sie dem deutschen Finanzamt ohnehin melden. Gehen Sie davon aus, dass auch Gewinne beim Goldverkauf in den kommenden Jahren im Zuge des internationalen Datenaustauschs ohnehin gemeldet werden.

  Mehr dazu lesen Sie im Abschnitt „Investieren in Gold“.

Anleihen hingegen sollten Sie nicht kaufen, um damit dann Steuern zu sparen. Die Rendite von Anleihen hängt einzig an den Zinszahlungen, sofern die Schuldner ihre Verbindlichkeiten tatsächlich zu 100 % zurückzahlen. Die Zinszahlungen hingegen sind ohnehin jährlich zu versteuern. Insofern spielt die Spekulationssteuer bei Anleihen keine Rolle. Ohnehin gilt bei Anleihen derzeit Vorsicht:

Die Rendite vieler Schuldpapiere ist weiterhin viel zu gering, um neue Anleihen zu zeichnen. Je länger die Anleihen laufen, desto sensibler reagiert deren Kursentwicklung auf Änderungen an den Zinsmärkten. Wenn die Zinsen mittel- bis langfristig steigen, werden diese Anleihen während der Laufzeit im Kurs sinken. Anleihen sind daher kein sicheres Geschäft für Sie.

Auch bei Geldanlagen auf Konten spielt die mögliche Änderung der Besteuerung keine Rolle. Hier zählt wie bei Anleihen die jährliche Zinszahlung, sodass die Spekulationsfrist für Sie nicht entscheidend ist. Hier gilt wie bei Anleihen Vorsicht: Wenn Sie jetzt Festgeldverträge unterzeichnen, verpassen Sie wahrscheinlich mittel- bis langfristig steigende höhere Zinsen. Die Zinssätze sind je nach Laufzeit in den nächsten Jahren wahrscheinlich weit unterhalb der tatsächlichen Inflationsrate angesiedelt, sodass Sie Geld verlieren würden.

Festgeldzinsen in den vergangenen 84 Monaten belegen: Zinsniveau ist auf Tiefstand

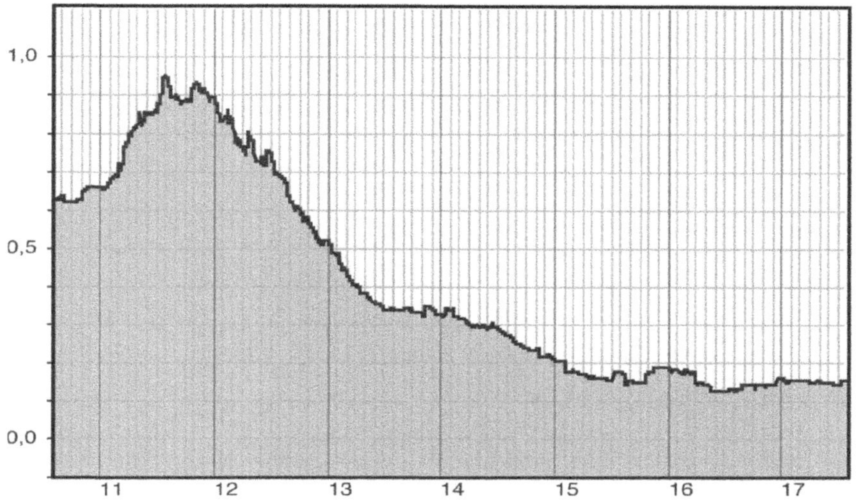

Quelle: www.biallo.de

Das Zinsniveau ist bis in das Jahr 2018 hinein nicht mehr verändert – im zweiten Halbjahr kann es leicht bergauf gehen.

Fonds: Langfristige Investitionen teils riskant

Schließlich sind auch Investmentfonds unter steuerlichen Gesichtspunkten interessant. Hier kommt es zunächst nicht an, ob Sie einen ausschüttenden oder thesaurierenden Fonds halten. Thesaurierende Fonds behalten die Auszahlungen wie Zinsen oder Dividenden ein und investieren diese weiter. Dennoch weisen die Fondsgesellschaften die Zinsen und Dividenden aus, sodass Sie jährlich steuerpflichtig sind.

Sämtliche Fonds leben davon, dass Sie jährliche Auszahlungen erhalten. Immobilienfonds leben beispielsweise von Mieteinnahmen, Aktienfonds von den Dividenden und Rentenfonds von den Zinsen der enthaltenen Anleihen. Geschlossene Fonds, die sich auf ein einzelnes Objekt wie Immobilien, Schiffe oder ähnliche Wertgegenstände beziehen, klammere ich hier aus. Dort versucht der Fonds, über möglichst hohe Anfangsverluste Steuern zu sparen.

Laufende Auszahlungen oder einbehaltene Auszahlungen unterliegen auch nach der bisherigen Steuerregelung bereits der Abgeltungsteuer. Wenn die Steuerberechnung umgestellt wird und die Einkommensteuersätze wichtig werden, ändert sich die Höhe Ihrer Steuerpflicht unabhängig davon, wann Sie die Fondsanteile gekauft haben.

Auch Kursgewinne bei Fonds wichtig

Allerdings leben Fondsinvestitionen auch davon, dass Sie Kursgewinne erzielen. Die Kursgewinne könnten nach bisherigem Steuerrecht für Sie günstiger sein, sodass sich eine rechtzeitige Investition lohnen würde. Dies hängt davon ab, in welcher Anlageart Sie investieren.

- Offene Immobilienfonds erzielen in der Regel so geringe Kursgewinne, dass die Änderung der Steuerregelungen für Sie keine Rolle spielen dürfte. Deshalb müssen Sie bei Ihren künftigen Investitionsentscheidungen auf die Änderung der Steuersystematik keine Rücksicht nehmen.

- Rentenfonds erzielen gleichfalls meist kaum nennenswerte Renditen. Dies dürfte sich in den kommenden Jahren schon deshalb nicht ändern, weil die erzielbaren Zinsen auch für Rentenfonds vergleichsweise gering sind. Dies senkt die Kursrenditen ähnlich wie für einzelne Anleihen. Entscheidungen über Investitionen in Rentenfonds müssen Sie daher nicht davon abhängig machen, dass die Steuersystematik sich ändern wird.

- Mischfonds leben stärker als Rentenfonds von möglichen Kursgewinnen. Aus steuerrechtlicher Sicht könnte es interessant werden, hier rechtzeitig zu investieren, um die Kursgewinne mit lediglich 25 % versteuern zu lassen. So weit zur steuerlichen Sicht. Kaufmännisch betrachtet jedoch wird sich die Investition in Mischfonds kaum lohnen. Die Ergebnisse in den vergangenen Jahren waren insgesamt zu wenig kalkulierbar, um in den kommenden Jahren bis zur Steueränderung hohe Gewinne zu erwarten. Wenn Sie zum Beispiel die Anlageklasse „Euroland flexibel" gewählt hätten, die klassischerweise zwischen Aktien und Anleihen vernünftig mischen kann, dann würde das Ergebnis dann würde das Ergebnis verheerend sein. Nur eine handvoll Fonds erwirtschaft(ete) Gewinne. Mischfonds sind gerade bei niedrigen Zinsen riskant. Deshalb sollten Sie hier die steuerrechtlichen Überlegungen hinten anstellen und so wenig wie möglich investieren.

- Aktienfonds hingegen könnten könnten sich auch aus steuerrechtlicher Sicht als langfristige Geldanlage lohnen. Für die Ausschüttungen spielt diese Überlegung wie gezeigt keine Rolle. Sie müssten bei höheren Steuern ab 2018 auch mehr von Ihren Dividenden mit dem Fiskus teilen. Die Kursentwicklung hingegen wäre bei einer frühzeitigen Investition steuerlich günstiger. Hier kommt es dann darauf an, dass Sie die richtigen Fonds wählen. Sehen Sie sich dazu bitte den Abschnitt „Hinweise zur Auswahl von Aktienfonds" an.

Hinweise zur Auswahl von Aktienfonds

Sie haben bereits erfahren, dass Exchange Traded Funds in vielerlei Hinsicht die bessere Alternative für Investitionen sind. Die Gebühren sind in der Regel geringer, die Kurse sind über die Börsenveröffentlichungen transparenter und Sie können zudem besser einschätzen, wie teuer und gut Ihr Fonds im Vergleich zu ähnlichen Fonds ist. Dafür müssen Sie allerdings geeignete Vergleichsfonds finden.

Bei der Auswahl von Fonds helfen Ihnen beispielsweise Seiten von Vergleichsanbietern im Internet. Ein Beispiel ist „Fondsweb.de".

Wie Sie einen Fonds bei Fondsweb.de finden

1. Geben Sie die Adresse: http://www.fondsweb.de/erweiterte-fondssuche ein.

2. Dort finden Sie eine Suchmaske, die eine gute Suchstruktur bietet. Dazu sehen Sie sich das folgende Schaubild an. Die Bewertung durch „fundstars" ist nicht entscheidend. Vielmehr kommt es für Sie bei der Auswahl auf folgende Felder an: Den „Anlageschwerpunkt", die „Schwerpunktwährung", die „Schwerpunktregion", eventuell den „Index", den „Ausgabeaufschlag" (wenn es sich um einen nicht-börsengehandelten Fonds handelt), den „ETF", wenn es sich um einen börsengehandelten Fonds handeln soll, das „Fondsvolumen", das „Alter", die „Volatilität", also Schwankungsbreite und das „Sharpe Ratio" für das Risiko-Renditeprofil, wobei ein hoher Wert besser als eine niedriger Wert ist. Natürlich ist es schwierig, richtige Angaben zu machen. Der *Deutsche Wirtschaftsbrief* empfiehlt, dass Sie auf ETFs setzen sollten, eine möglichst niedrige Volatilität eingeben, als Schwerpunktwährung und -region vor allem die Euro-Zone wählen und im Idealfall sogar angeben, dass Sie einen Index abbilden wollen.

Indizes haben den Vorteil, dass Sie in Zeitungen sowie auf Webportalen zur Börse direkt nachvollziehen können, wie es um Ihre Geldanlage bestellt sein müsste. Zudem neigen Indizes dazu, im Laufe der Jahre hohe Gewinne zu erzielen. Sogenannte Buy-and-hold-Investoren, die einmal investieren und dann die jeweilige Anlage über Jahre halten, können auf eine hohe Performance mit Indizes zurückblicken.

Langfristig mit Indizes gewinnen: Beispiel DAX von 1959 bis Jahresende 2017

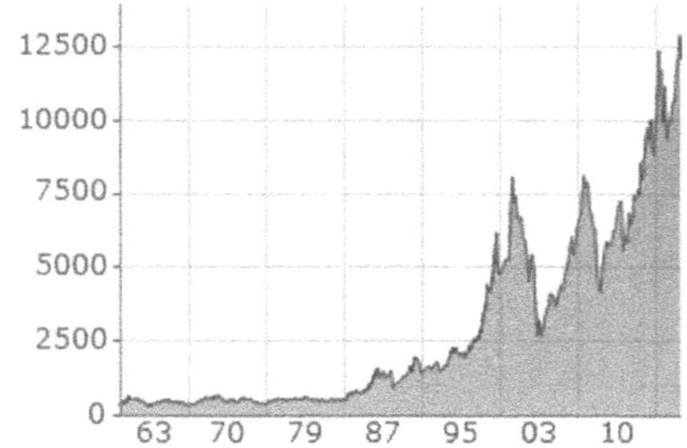

Quelle: www.finanzen.net

Hier sehen Sie, dass der DAX zurückgerechnet seit 1959 etwa 3.000 % gewonnen hätte. Dies entspricht einer rechnerischen Rendite von ungefähr 6,3 % jährlich. Immerhin.

In den USA stellt sich das Bild ähnlich dar. Der größte bedeutende Index ist der S&P 500. Dieser Index enthält die bedeutendsten 500 Unternehmen aus den USA und gilt als noch besserer Gradmesser als der Dow Jones. Der Dow Jones bildet im Gegensatz zum DAX oder S&P 500 zudem die ausgezahlten Dividenden nicht ab. Dies mindert die Wertentwicklung des Index. Dividenden in Höhe von jährlich etwa 2,5 % bis 3 % sind die entscheidende Grundlage für die Überlegenheit von Aktien.

Langfristig mit Indizes gewinnen:
Beispiel S&P 500 von 1928 bis Jahresende 2017

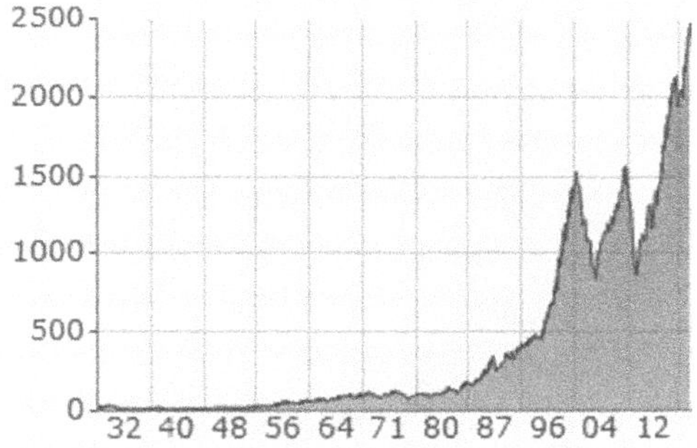

Quelle: www.finanzen.net

Hier sehen Sie, dass der S&P 500 zurückgerechnet seit 1928 etwa 11.500 % gewonnen hätte. Dies entspricht einer rechnerischen Rendite von ungefähr gut 5,5 % jährlich. Bedenken Sie, dass diese Rendite auch einige Krisenzeiten wie die große Depression, den Zweiten Weltkrieg, die sogenannte Kuba-Krise, die Russland-Krise, die Internetblase und zuletzt die Finanzkrise umfasst.

Wie hoch die Rendite jeweils genau ausfällt, hängt natürlich davon ab, welchen Zeitraum Sie für die Analyse genau auswählen. In den vergangenen Jahren waren die Renditen in vielen Fällen höher als im langjährigen Durchschnitt. Dabei waren allerdings auch die Zinsen niedriger, sodass es kaum Alternativen zu Aktien gab. Dieser Trend kann sich wieder umkehren.

Dennoch gilt, dass Sie langfristig mit Indizes vergleichsweise sicher investieren und höhere Renditen als mit jeder anderen nicht-gehebelten Anlageklasse erwirtschaften können. Deshalb sind ETFs, also börsengehandelte Fonds, auf Indizes nahezu ideal.

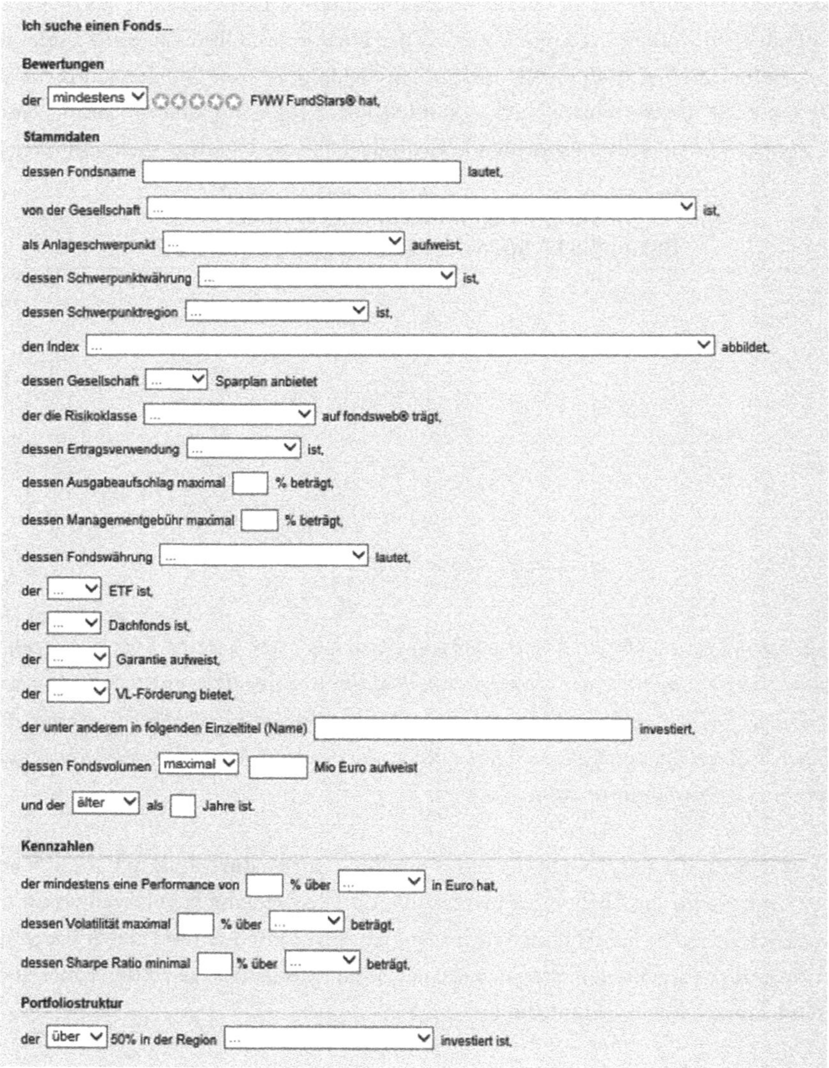
Ich suche einen Fonds...

Bewertungen

der [mindestens] ☆☆☆☆☆ FWW FundStars® hat,

Stammdaten

dessen Fondsname [ ] lautet,

von der Gesellschaft [...] ist,

als Anlageschwerpunkt [...] aufweist,

dessen Schwerpunktwährung [...] ist,

dessen Schwerpunktregion [...] ist,

den Index [...] abbildet,

dessen Gesellschaft [...] Sparplan anbietet

der die Risikoklasse [...] auf fondsweb® trägt,

dessen Ertragsverwendung [...] ist,

dessen Ausgabeaufschlag maximal [ ] % beträgt,

dessen Managementgebühr maximal [ ] % beträgt,

dessen Fondswährung [...] lautet,

der [...] ETF ist,

der [...] Dachfonds ist,

der [...] Garantie aufweist,

der [...] VL-Förderung bietet,

der unter anderem in folgenden Einzeltitel (Name) [ ] investiert,

dessen Fondsvolumen [maximal] [ ] Mio Euro aufweist

und der [älter] als [ ] Jahre ist.

Kennzahlen

der mindestens eine Performance von [ ] % über [...] in Euro hat,

dessen Volatilität maximal [ ] % über [...] beträgt,

dessen Sharpe Ratio minimal [ ] % über [...] beträgt,

Portfoliostruktur

der [über] 50% in der Region [...] investiert ist.

Quelle: www.fondsweb.de

In der vorhergehenden Grafik sehen Sie die Eingabemaske für die Suche nach Aktienfonds, wie www.fondsweb.de sie Ihnen vorgibt. Basierend auf dieser Eingabe-

und Suchmaske finden Sie Fonds, die Sie aufgrund der Ergebnisse langfristig halten könnten.

Wenn Sie die idealen Aktienfonds gefunden haben – Der *Deutsche Wirtschaftsbrief* empfiehlt ETFs auf Indizes –, können Sie diese steueroptimierend für viele Jahre investieren. Damit umgehen Sie bei rechtzeitigem Kauf die vermutlich spätestens ab 2019 höhere Einkommensteuer-Regelung (bzw. die erneuerte Abgeltungsteuer) mit einiger Sicherheit relativ elegant. Da Sie bei diesen Fonds lediglich die Dividenden versteuern müssten, ist die Steuerlast langfristig im Verlauf der Haltezeit sogar nahezu 0 %. Die Dividende macht typischerweise ungefähr 3 % oder etwas mehr vom verwalteten Vermögen aus. Sollten Sie also beispielsweise 100.000 € in Aktienfonds investiert haben, entspräche dies einer Ausschüttung von 3.000 €. Die Freibeträge liegen für Ledige bei 801 € bzw. für Verheiratete bei 1.602 € jährlich. Wären Sie im Beispielfall verheiratet, wären also nur 1.398 € zu versteuern. Hierauf zahlen Sie dann inklusive Kirchensteuer sowie dem Solidaritätszuschlag fast 30 %. Dies entspricht einer Steuerlast von etwa 400 €. Bezogen auf das gesamte angelegte Vermögen von 100.000 € wiederum wären das zunächst 0,4 %.

Steuerlast durch Langfriststrategie verringern

Je länger Sie dann das Vermögen in einem solchen Fonds investiert lassen, desto höher wird die jeweilige Steuersparnis sein. Hier kommt es auch auf den Zins- und Zinseszinseffekt an. Bei einer Entwicklung von 8 % jährlich, wie sie für viele Indizes in den vergangenen Jahrzehnten üblich war, sparen Sie durch die „Buy-and-hold"-Strategie jeweils die jährliche Steuerbelastung. Wenn Sie das Kapital nicht langfristig investieren würden, sondern den Fonds jährlich verkaufen, dann verlören Sie schon bei der bisherigen Steuerregelungen durch den Zins- und Zinseszinseffekt viel Kapital.

Wenn Sie also 100.000 € bei einer jährlichen Rendite von 8 % anlegen und halten, dann beträgt das Gesamtvermögen nach 20 Jahren 359.927,96 €. Demgegenüber würde die Rendite sinken, wenn Sie das Fondsvermögen in jedem Jahr verkaufen, versteuern und dann wieder neu investieren würden: 297.357,14 € blieben bei derselben Rendite übrig.

Der Unterschied beträgt satte 62.570,82 €. Das entspricht einer jährlichen Mehrrendite von 2,47 % nach Steuern.

Beispielrechnung: „Buy-and-hold" bei Indizes ist durch Steuerersparnis deutlich besser

	8 %	8 %
Jahr	**Anlage**	**jährliche Steuer**
0	100.000,00	100.000,00
1	108.000,00	105.600,00
2	116.640,00	111.513,60
3	125.971,20	117.758,36
4	136.048,90	124.352,83
5	146.932,81	131.316,59
6	158.687,43	138.670,32
7	171.382,43	146.435,86
8	185.093,02	154.636,26
9	199.900,46	163.295,89
10	215.892,50	172.440,46
11	233.163,90	182.097,13
12	251.817,01	192.294,57
13	271.962,37	203.063,06
14	293.719,36	214.434,60
15	317.216,91	226.442,93
16	342.594,26	239.123,74
17	370.001,81	252.514,67
18	399.601,95	266.655,49
19	431.570,11	281.588,20
20	466.095,71	297.357,14
nach Steuern	**359.927,96**	**297.357,14**

Quelle: Eigene Berechnungen

In der Tabelle sehen Sie die Entwicklung der Anlage mit Langfriststrategie (links) und jährlichen Entnahmen (rechts).

Die Zahlen werden sich in anderen Fällen anders darstellen, allerdings bleibt die grundsätzliche Erkenntnis: Je länger Sie Vermögen durch „Buy-and-hold"-Strategien im Depot stehen lassen, desto größer wird tendenziell unter ansonsten gleichen Bedingungen die Nettorendite ausfallen. Investieren Sie nach „Buy-and-hold“-Prinzipien, hilft das Finanzamt mit. Deshalb können Sie heute schon langfristig in ETF-Aktienfonds auf Indizes investieren, wenn Sie die „Buy-and-hold“-Strategie ohnehin anwenden wollen. Das Finanzamt vergrößert Ihren Steuervorteil gegenüber der jährlichen An- und Verkaufsstrategie noch, wenn ab spätestens 2019 die Berechnung nach der Höhe des individuellen Einkommensteuersatzes folgt oder die Abgeltungsteuer höher wird.

Sonstige Anlagen vor dem Hintergrund der Steueränderung

Selbst Gewinne mit anderen Sachwerten wie Kunstgegenstände oder Oldtimer unterliegen in Deutschland der Spekulationssteuer. Hier können Sie die Gewinne nach einem Jahr Haltedauer steuerfrei vereinnahmen. Sollten Sie also beabsichtigen, solche Geldanlagen vorzunehmen, dann sollten Sie aus steuerrechtlicher Sicht der späteren Steueränderung vorbeugen und rechtzeitig kaufen.

Nur: Viele Investoren werden mit solchen Anlagen kaum Geld verdienen. Sie sind unkalkulierbar, wenn Sie nicht gerade vom Fach sind. Auch vor Investitionen in Diamanten oder andere Edelsteine beziehungsweise sogar in Holzflächen rate ich ab. Meistens werben geschlossene Fonds damit, in Holz zu investieren. Dies mag in einzelnen Fällen, in bestimmten Regionen und zu bestimmten Phasen mal interessant sein. Insgesamt dürfte es sich als sehr schwierig erweisen, die genauen Renditechancen permanent zu kontrollieren. Zudem sind solche Spekulationen durch die meist lange Laufzeit sehr riskant.

Edelsteine, Kunst oder Oldtimer, die ebenfalls häufig als Alternative gelten, sind nur für Spezialisten geeignet. Sie können sich in aller Regel noch nicht einmal auf Wertgutachten verlassen, die Dritte anfertigen. Gutachten leben davon, dass die Gutachter selbst Experten auf ihrem Gebiet sind und unabhängig urteilen. Dies kann niemand abschätzen, der den Markt nicht kennt.

Selbst Weinlager sind für die meisten privaten Investoren zu riskant. Fast niemand kennt den Wert einzelner Jahrgänge, Sorten und Produktionsbedingungen. Wie auf jedem Markt ist der spätere Preis von der jeweiligen Nachfrage abhängig. Die Nachfrage schwankt und lebt ihrerseits davon, welche Trends für private Großinvestoren vorherrschen. Wenn Sie auf diesem Markt seriös, kalkulierbar und langfristig Geld verdienen wollten, bräuchten Sie Kontakt zu günstigen, vollkommen verlässlichen und zudem jeweils bestens informierten Gutachtern und zu dem Markt, an dem der Wein tatsächlich gekauft wird. Dies dürfte in der Regel nicht der Fall sein.

Fazit: Wer auf Sachwerte in exotischeren Märkten setzt, muss damit rechnen, Geld zu verlieren. In Einzelfällen dürfte es zudem schwierig werden, die von vornherein benötigte Gewinnerzielungsabsicht zu beweisen. Dann droht sogar ein Verlust der steuerlichen Anerkennung. Zudem erinnere ich Sie daran, dass die Steueränderungen hinsichtlich der Abgeltungsteuer selbst mögliche Gewinne in späteren Jahren reduzieren würden. Deshalb sind solche Investments zu riskant.

4. Investieren in Immobilien

Immobilien sind ein Sachwert und damit zunächst ein wichtiger und oft wirksamer Schutz gegen die Geldentwertung, deren Zeugen wir in diesen Jahren werden. Dennoch: Auch Immobilien-Investitionen sind viel riskanter, als die Massenmedien in der Regel einräumen wollen. Deshalb nehme ich diese Anlageklasse genau unter die Lupe.

Immobilien: Keine Spekulation auf steigende Preise

Zunächst einmal halten wir objektiv fest: Immobilien werden in diesen Jahren in Deutschland tatsächlich stets teurer. Bezogen auf das Jahr 2005 sind die Preise für Immobilien binnen zehn Jahren um teils mehr als 30 % gestiegen. Insgesamt konnten die Immobilienpreise um gut 21 % klettern. Dies entspricht einer jährlichen Rendite von etwa 1,8 %. Das heißt, die Rendite hat in etwa die Höhe der Inflationsrate erreicht. Nach Abzug der Inflationsrate ist die Immobilienrendite trotz sehr niedriger Zinsen und dem Anreiz, Immobilien zu kaufen, immer noch bei etwa 0 %. Dies ist im langfristigen Vergleich nicht anders.

Mit Immobilien lässt sich in den meisten Jahren das Vermögen nicht über einen Anstieg der Preise steigern. Alle anderen Behauptungen sind mittel- und langfristig falsch.

Setzen wir die Bestandsaufnahme kurz fort, um dem vorherrschenden Eindruck pro Immobilien Fakten entgegenzuhalten: Der Anteil des Immobilienvermögens am privaten Gesamtvermögen ist in Deutschland in den vergangenen mehr als 20 Jahren sogar gesunken. Seit 1993 ging der Anteil laut Zahlen des Forschungsinstituts Empirica und LBS Research sogar um bis zu 5 % zurück. 1993 betrug der Anteil des Immobilienvermögens am gesamten Vermögen privater Haushalte beinahe 70 % und in den fünf neuen Ländern immerhin 60 %.

Die Haushalte im Westen der Republik besitzen derzeit etwa 140.000 € Nettovermögen. Das Gesamtvermögen beträgt etwa 170.000 €. Die Differenz von 30.000 € ergibt sich aus Krediten, die weitgehend Immobilienverbindlichkeiten entsprechen. Zehn Jahre zuvor besaßen die Haushalte im Westen der alten Bundesrepublik noch 144.000 € Nettovermögen.

Preisanstieg von 2005 bis – beispielhaft – 2015

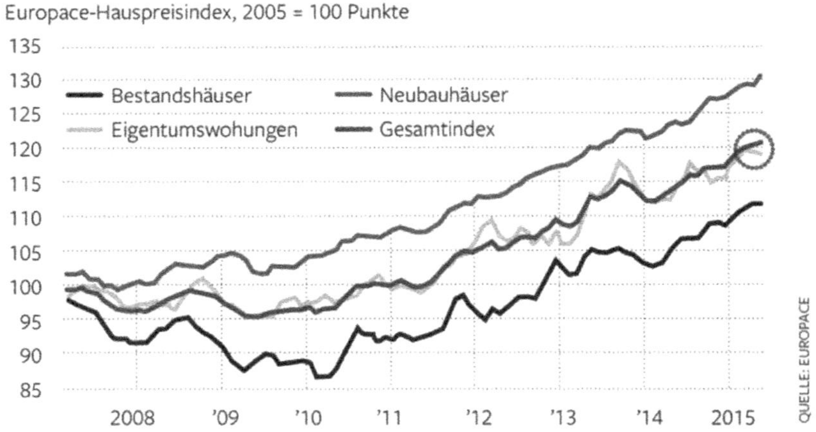

Quelle: www.welt.de

Bestandshäuser sind nicht so schnell teurer geworden wie Eigentumswohnungen oder Neubauhäuser. Die Entwicklung hielt so in etwa bis Ende 2017 an.

Dieser Rückgang ist in den vergangenen Jahren zwar das Ergebnis der niedrigen Zinsen gewesen, die das Geldvermögen haben schrumpfen lassen. Dennoch wird sich diese Entwicklung langfristig wahrscheinlich sogar negativ auf den Anteil von Immobilien am Privatvermögen niederschlagen. Die Immobilienpreise steigen inzwischen in vielen Gebieten, wenn auch moderat. Für private Haushalte wird es deshalb mittelfristig bei wieder steigenden Zinsen schwieriger, Immobilien zu erwerben. Deshalb wird der Anteil von Immobilien in den privaten Vermögen insgesamt nicht sonderlich steigen.

Kürzerfristige Prognose: Preise steigen

Die kürzerfristigen Prognosen sehen indes besser aus: Da die niedrigen Zinsen die Nachfrage nach Krediten erhöhen, soll der Immobilienboom sich fortsetzen. So berichteten es verschiedene Gutachterausschüsse, die für die Jahre 2009 bis 2014 sogar ein Wachstum von 3,3 % bei den Immobilienpreisen beobachteten. In den Großstädten sollen die Immobilienpreise sogar um 10 % jährlich gestiegen sein. Eigentumswohnungen verzeichneten von 2009 bis 2014 einen jährlichen Preisanstieg um immerhin 2,7 %. Auch in den Jahren 2015 bis 2017 kletterten die Preise der meisten Immobilienarten.

Auf den ersten Blick also ist der Trend eindeutig, die Preise steigen. Allerdings ist die Situation auf den zweiten Blick ernüchternder.

Mittelfristig langsamere Steigung

Künftige Käufer sind die Opfer dieser Entwicklung und werden nicht mehr so hohe kurzfristige Renditen genießen können. Die Preise in den Toplagen sind bereits so hoch, dass die relative Preisdynamik dort schwächer wird, heißt es aus Beobachterkreisen. Das heißt übersetzt, dass die tatsächlichen Renditen sinken. Zudem kaufen Käufern in diesen Jahren die Objekte auf hohem Niveau ein. Das Angebot wird geringer, die Nachfrage steigt. Deshalb sind die Einstiegspreise hoch. Mittelfristig wird die demographische Entwicklung die Renditen bremsen.

Die Bevölkerung schrumpft. Die Zuwanderung wird nicht grundsätzlich in der Lage sein, diesen Trend aufzuhalten. Da aufgrund der zuletzt höheren Renditen die Bautätigkeit enorm zugenommen hat, wird das Verhältnis von Angebot und Nachfrage sich in vielen Gegenden wieder verschlechtern. Kurzfristig werden Sie von all diesen Entwicklungen wenig lesen. Das Institut für Wirtschaft geht immer noch davon aus, dass bis zum Jahr 2020 430.000 Neubauwohnungen gebraucht werden – jährlich. Demgegenüber hatten die Experten bislang mit einer benötigten Bauleistung von 300.000 Wohnungen jährlich gerechnet. Da dies nicht passiert, dürften die Preise relativ weit oben bleiben.

Dennoch: Mittelfristig greift genau deshalb auch der Staat wieder ein und verdrängt die relativ hohe Nachfrage für den privaten Wohnungsbestand wieder. Staatliche Neubauten und Käufe haben den Markt noch immer unattraktiver werden lassen. Mehr als einen Inflationsausgleich oder Renditen knapp oberhalb der jährlichen Inflationsrate erwarte ich bezogen auf die Immobilienpreise in den kommenden Jahren trotz des aktuellen Booms nicht. Auch der Effekt aus der sogenannten Flüchtlingskrise dürfte nicht ausreichen, um diese Entwicklung umzukehren.

Für Sie bedeutet dies, dass Immobilien-Investments schnell zur Spekulation werden können, wenn Sie mit dem Argument steigender Immobilienpreise in die Investition gelockt werden.

Sollten Sie auf steigende Preise setzen, dürfen Sie zudem die erhebliche Belastung durch den Staat nicht außer Acht lassen.

Steuern reduzieren die Immobiliengewinne drastisch

Der Staat kann jederzeit über sein Steuerrecht die Rendite von Immobilienbesitzern regulieren. Die Instrumente sind vielfältig:

- Grunderwerbsteuer
- Grundsteuer
- Energiesteuern
- Versicherungssteuern
- sowie diverse Vorschriften, die sich bei Ihnen in steigenden Kosten bemerkbar machen. Der Staat wird zu diesem Mittel greifen. Allein durch die Grund- und Grunderwerbsteuer ist die Steuerbelastung für private Immobilieneigentümer in den vergangenen Jahren um mehr als 20 % angestiegen.

Die Mehrbelastung wird an allen Ecken und Enden deutlich. Allein die sogenannten Kauf-Nebenkosten sind in Nordrhein-Westfalen beinahe auf 15 % angestiegen. Wenn Sie also 100.000 € in den Kauf einer Immobilie investieren wollen, müssen Sie beinahe 15.000 € drauflegen, bis die Immobilie tatsächlich Ihnen gehört. Vorausgesetzt, Sie müssen keine Zinsen für Immobilienkredite zahlen. Die kämen natürlich oben drauf.

Grundlage ist die Reform der Grunderwerbsteuer aus dem Jahr 2006. Bis dahin war die Grunderwerbsteuer bundesweit auf 3,5 % vom Kauf gedeckelt. Seither ist die Grunderwerbsteuer Ländersache. Sie steigt permanent, wie ein Blick auf diese Auswertung aus dem Jahr 2016 zeigt.

Die Steuersätze für den Grunderwerb sind ein wesentlicher Anteil der Kosten. Weitere Positionen beim Erwerb sind die Notarkosten sowie die Maklerprovision. Die Maklerprovision soll sich nach der Reform der Provisionsverordnungen zwar auf Käufer und Verkäufer verteilen. Dennoch müssen Sie damit rechnen, dass Makler die Kosten dann auf das Angebot der Verkäufer aufschlagen werden, um so die bisherigen Provisionsansprüche zu verteidigen. Dies kann etwa geschehen, indem die

Makler Käufern ein scheinbar „geringeres" Kaufangebot unterbreiten mit dem Verweis, dafür die Maklerprovision zahlen zu müssen.

Grunderwerbsteuer: Wichtiger Posten beim Abkassieren

Grunderwerbsteuer der Bundesländer		
Bundesland	**Grunderwerbsteuersatz**	**Gültig seit**
Baden-Württemberg	5,0 %	05.11.2011
Bayern	3,5 %	1998
Berlin	6,0 %	01.01.2014
Brandenburg	6,5 %	01.07.2015
Bremen	5,0 %	01.01.2014
Hamburg	4,5 %	01.01.2009
Hessen	6,0 %	01.08.2014
Mecklenburg-Vorpommern	5,0 %	01.07.2012
Niedersachsen	5,0 %	01.01.2014
Nordrhein-Westfalen	6,5 %	01.01.2015
Rheinland-Pfalz	5,0 %	01.03.2012
Saarland	6,5 %	01.01.2015
Sachsen	3,5 %	1998
Sachsen-Anhalt	5,0 %	01.03.2012
Schleswig-Holstein	6,5 %	01.01.2014
Thüringen	6,5 %	01.01.2017

Quelle: www.zinsen-berechnen.de

Die Grunderwerbsteuer in Deutschland steigt in den einzelnen Ländern. Dies dürfte sich in den kommenden Monaten nicht ändern.

Auch die Grundsteuer in Deutschland wird noch massiv steigen. Dies ist den Kommunen geschuldet. Einer der Gründe ist darüber hinaus nicht nur die Finanznot der Kommunen, sondern auch das deutsche Steuerrecht. So bestraft der kommunale Finanzausgleich ausgerechnet jene Kommunen mit höheren Abgabepflichten, die niedrige Hebesätze vorsehen. So muss die Kommune vor Ort schon aus Haushaltsgründen die Grundsteuer eigentlich erhöhen.

Faktisch sind den Kommunen für die Grundsteuer zunächst keine politischen Grenzen gesetzt. Die Belastung kann in den kommenden Jahren weiterhin steigen. Kein gutes Omen für Immobilien-Investoren. Je höher der Anteil der zur Verfügung stehenden Kaufkraft für Steuern und sonstige Gebühren ist, desto geringer ist die Chance auf wachsende Immobilienpreise.

Neben all den Gebühren verteuern auch die Anforderungen des Staates an die Ausstattung von Immobilien den Bau, die Anschaffung sowie den Betrieb von Immobilien, wie diese Grafik aus dem Jahr 2015 bereits anschaulich belegt.

Bauwerkskosten in Deutschland steigen weiter – beispielhafte Betrachtung

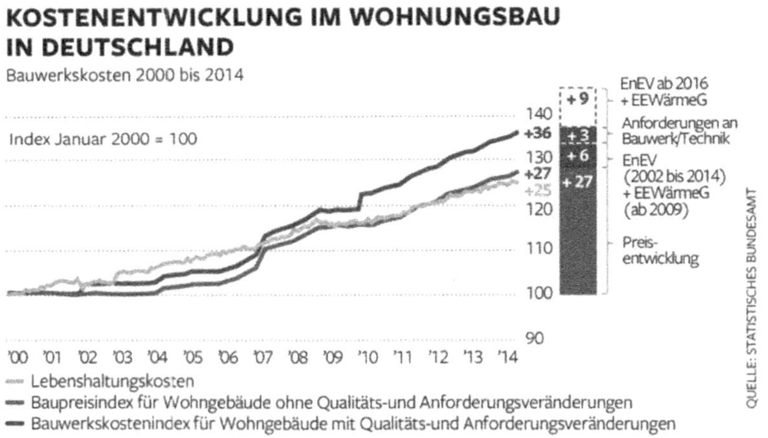

Quelle: www.welt.de

Die Kosten für den Wohnungsbau sind stärker gestiegen als die Lebenshaltungskosten.

Hier sehen Sie die neuen Belastungen durch die Energieeinsparverordnung, die noch einmal die Kosten erhöht. Die Daten im Vergleich: Seit 2000 sind die Lebenshaltungskosten nach Angaben des statistischen Bundesamtes um gut 25 % gestiegen. Der Baupreisindex für Wohngebäude ohne Qualitäts- und Anforderungsveränderungen wuchs um etwa 27 %. Dieser Bauwerkskostenindex für Wohngebäude inklusive der – staatlichen – Qualitäts- und Anforderungsveränderungen ist indes gegenüber 2000 um 36 % angestiegen und wird nunmehr noch einmal um 9 %-Punkte nach oben klettern.

Das heißt, dass die Herstellung und Bewirtschaftung von Immobilien gegenüber den Lebenshaltungskosten um das Doppelte steigt. **Dies kann dauerhaft Immobilien-Investitionen nur belasten. Deshalb ist die allgemeine Aussage, dass Immobilien-Investitionen gegen die Inflation schützen und Ihr Vermögen sichern, schlicht falsch. Der Staat, seine Steuer- sowie seine Geldpolitik kann Ihre Renditekalkulation jederzeit zerstören.**

Diese Einschätzung gilt dann, wenn Sie nicht zu den unternehmerisch denkenden und agierenden Immobilien-Investoren gehören, die in verschiedensten Anlageklassen mit Immobilien Geld verdienen können. Als normaler Privathaushalt gibt es in der Regel nur eine Immobilien-Anlage, mit der Sie Geld verdienen: Die private Immobilie.

Privat genutzte Immobilien sind eine rentable Anlage

Zunächst gilt, dass sämtliche Argumente gegen Immobilien-Investitionen sich natürlich auch gegen privat genutzte Immobilien richtet. Der Staat kann durch seine Steuer-, Geld- und letztlich auch Eigentumspolitik jederzeit den Wert Ihrer privaten Immobilie beeinflussen. Dennoch kann ich Ihnen zeigen, dass Sie unter dem Strich profitieren.

Die Risiken einer privat genutzten Immobilie

Dennoch kann der Staat Ihr Eigentum einfacher angreifen als bei vielen anderen Anlageformen. Dies ist unbestritten.

- Gebühren und Steuern kennen kaum eine rechtliche Schranke.
- Vorschriften wie zu nutzende Energieformen oder der Anschluss an bestimmte Abwassernetze lassen sich nicht umgehen.
- Kosten für die Straßenmodernisierung können Sie in der Regel kaum beeinflussen.
- Erbschaftsteuerreformen könnten auch Immobilienbesitzer betreffen.
- Kommunale Vorschriften etwa zur Fassadengestaltung können wechseln.
- Schließlich drohen sogar faktische Enteignungen, wenn der Staat wie nach dem zweiten Weltkrieg Vermögensabgaben erhebt, denen Sie als Eigentümer wegen der Grundbucheintragungen kaum entgehen können.

All dies ist richtig. Dies macht Immobilien im wahrsten Sinne des Wortes zu unmobilen Vermögenswerten, da Sie staatlichen Eingriffen kaum entgehen können. Zudem drohen auch massive finanzielle Schäden, die sich durch sonstige staatliche Aktivitäten ergeben:

- Standortnachteile durch fehlende Investitionen
- Wertverluste durch staatlichen oder staatlich geförderten Neubau
- Streichung von Subventionen an potenzielle Käufer, beispielsweise Familienförderungen
- Steuererhöhungen, deretwegen die Kaufkraft sinkt
- Massive Beeinträchtigungen der Wohn- und Lebensqualität durch Infrastrukturmaßnahmen wie den Bau von Windkraftanlagen, zusätzlichen Straßen etc.

All dies ist für Sie kaum kalkulierbar. Deshalb müssen Sie mit möglichen Wertverlusten für Ihre Immobilien rechnen. Daher gilt, dass Immobilien deutlich höhere Risiken mit sich bringen, als die kreditvergebenden Banken und als staatlich geförderte Beratungsstellen dies weismachen wollen. Dennoch bleibt für Sie als Immobilieneigentümer und -nutzer: Viele dieser negativen Faktoren könnten Sie genauso gut treffen, wenn Sie Mieter sind. Höhere Steuern und Gebühren werden oftmals über den Mietpreis umgelegt, jedenfalls dann, wenn Sie einen gut kalkulierenden Vermieter hätten.

Die Kosten für Modernisierungen und Sanierungen, die von Staats wegen vorgeschrieben sind, würden sich ebenfalls in Mietpreisen niederschlagen. Kommnale Vorschriften zur Gestaltung von Gärten oder Fassaden müssten Sie gegebenenfalls mittragen. Die Nachteile fehlender Investitionen in die örtliche Infrastruktur oder Investitionen in Projekte, die Lebensqualität kosten, gingen ebenfalls zu Ihren Lasten. Selbstverständlich können Sie als Mieter den Wohnort wechseln. Die Aufwendungen dafür sind jedoch, wie Sie aus eigener Lebenserfahrung wissen, jeweils erheblich. Die Kosten also bleiben letztlich bei Ihnen.

Letztlich kann vor allem der Staat dafür sorgen, dass das Wohnen insgesamt teurer wird. Die Belastung müssen Sie auf die eine oder andere Weise dennoch tragen, zumindest teilweise. Deshalb kann es sich lohnen, wenn Sie einen Immobilie erwerben und dann selbst nutzen.

Zwei Gründe für den Erwerb und die Selbstnutzung von Immobilien

Auf der einen Seite haben Sie als Eigentümer im Rahmen der gesetzlichen Vorschriften die Möglichkeit, die Immobilie so zu gestalten, wie Sie es möchten. Dies ist als Mieter in aller Regel nicht möglich. Diese Option ist viel Geld wert. Nicht für jeden von uns, aber für viele. Zum Zweiten ergibt sich bei näherer Betrachtung durch die Selbstnutzung von Immobilien eine beträchtliche Renditechance. Laut dem Internetportal „Immowelt" betrug die durchschnittliche Mietpreisbelastung in Deutschland zuletzt:

- 9,78 €/m^2 bei einer Wohnfläche bis zu 40 Quadratmeter
- 6,63 €/m^2 bei einer Wohnfläche zwischen 40 und 80 Quadratmetern
- 7,68 €/m^2 bei Wohnflächen von 80 bis 120 Quadratmetern
- 8,72 €/m^2 darüber.

Der Durchschnitt insgesamt liegt bei 7,28 €/m^2 . Dieselbe Quelle spricht davon, dass der durchschnittliche Preis beim Kauf von Immobilien bis zu 100 m^2 deutschlandweit bei 133.000 € liegt. Beim Kauf von Immobilien bis zu 140 m^2 sind es schon 226.000 €. Daraus ergibt sich der grobe Durchschnitt eines Immobilienpreises von 1.500 €/m^2.

Vergleichen wir:

Die Wohnung mit einer Größe von 100 m^2 kostet etwa 7,30/m^2 * 100 m^2 = 730 €. Dies entspricht einer jährlichen Miete von ungefähr 8.800 € (12 * 730 €). Nebenkosten kalkuliere ich hier nicht.

Das eigene Haus mit einer entsprechenden Größe würde etwa 150.000 € kosten. Nebenkosten kalkuliere ich hier nicht. Dies sind zwar lediglich Durchschnittswerte, zeigen aber, wie sich die Investition rechnen kann. Damit sparen Sie bei einem voll finanzierten Kauf der Immobilie gegenüber der reinen Wohnungsmiete jährlich also 5,9 % (8.800 € gegenüber 150.000 € Investition). Natürlich ist die Immobilie im Kauf wegen der Nebenkosten beim Erwerb etwas teurer. Diese Kosten jedoch lassen sich bei einer Nutzung über viele Jahre bezogen auf die jährliche Bilanz reduzieren. Ebenso könnten Sie einwenden, dass Eigentümer für die Renovierung und Sanierung Rücklagen bilden sollten. Dies jedoch gilt unausgesprochen auch für Mieter. Denn die Miete wird nach Renovierung und Sanierung noch steigen, ohne dass dies vorher kalkuliert war.

Dennoch: Selbst wenn Sie 2 Prozentpunkte für die Instandhaltung und Modernisierung der Immobilie sowie 1 Prozentpunkt für Steuern und Abgaben, die in der oben genannten Bruttomiete noch nicht enthalten sind, berücksichtigen, bleibt eine Nettorendite von 2,5 bis 2,9 % durch die Investition in die selbst bewohnte Immobilie. Beachten Sie: Diese Rendite ist netto, wird also nach Steuern angegeben. Denn die eingesparte Miete müssen Sie im Gegensatz zu positiven Einkunftsarten nicht mehr versteuern.

Die Rechnung stellt einen Idealfall dar und wird sich in der Praxis durch zusätzliche Umbauten und Investitionen sowie durch die Finanzierung verändern. Sie zeigt aber, dass und warum es sinnvoll sein kann, eine Immobilie zu erwerben und selbst zu bewohnen. Die „Lage“ spielt dann keine Rolle, auch wenn Experten dies immer wieder betonen (wollen).

Finanzierungskosten können Eigenkapitalrendite noch hebeln

Eine Anmerkung zu den Finanzierungskosten: Die Rechnung verschiebt sich bei einer günstigen Finanzierung nicht wesentlich. Denn die eingesparte Miete und die daraus resultierende Rendite bezieht sich auf das Geld, das Sie selbst investiert haben.

Konkret: Wenn von 150.000 € aus dem oben genannten Beispiel 75.000 fremdfinanziert sind und Sie inklusive aller Nebenkosten 5 % jährlich an Zinsen zahlen, stellt sich die Rechnung in den ersten Jahren wie folgt dar:

8.800 € Mietersparnis für die ansonsten bewohnte Mietimmobilie bleiben bestehen. Hier allerdings müssen Sie einen jährlichen Zinsaufwand von 3.750 € (5 % von 75.000 € Fremdkapital) berücksichtigen. Unter dem Strich beträgt der grob kalkulierte Ertrag also lediglich 5.000 € nach Zinsen. Dies entspricht allerdings bei einem Eigenkapital-Einsatz von 75.000 € jetzt sogar einer Bruttorendite von 6,7 %. Wenn Sie hier noch eine Rücklage von 2 % für die Wartung und Renovierung bilden sowie 1 Prozentpunkt sonstige Steuern berücksichtigen, bleiben auf das eingesetzte Kapital immer noch 3,5 % oder etwas mehr Nettorendite übrig.

Auch hier gilt, dass Ihr Ertrag netto (!) erwirtschaftet wird. Hierfür müssten Sie ansonsten etwa 5 % Bruttorendite mit anderen Anlageklassen erzielen. Das gelingt allenfalls mit Aktien. Bei selbst bewohnten Immobilien ist allerdings die Sicherheit wesentlich größer, da Sie die Miete auf jeden Fall einsparen. Sollte sich ein Mehraufwand im Betrieb der Immobilie ergeben, haben Sie in der Regel immer noch die Wahl, ob, wann und in welcher Weise Sie die Sanierung durchführen.

Die Rechnung wird sich unter dem Strich verändern, wenn Sie die Änderung des Immobilienwertes mitkalkulieren. Bislang habe ich nur die laufenden Erträge und Ersparnisse kalkuliert. Sollten Immobilien im Durchschnitt 0 bis 1 % nach Inflation wertvoller werden, würden Sie, wenn die Rücklagen nach der oben genannten Kalkulation für die Renovierung und Sanierung reichen, sogar noch einen kleinen Wertaufschlag erhalten. Dies allerdings ist nicht Bestandteil einer seriösen Kalkulation.

Insgesamt ist die selbst bewohnte Immobilie in den nächsten Jahren eine der sichersten Anlageformen, wenn Sie die gesparten Mieten als Ertrag für sich verbuchen und Rücklagen für Renovierung oder Sanierung bilden. Besonders die Steuervorteile der reinen Ersparnis kann Ihnen der Staat kaum nehmen.

Im Einkauf liegt der Gewinn

Auch bei dieser Investition gilt die alte kaufmännische Weisheit, dass der Gewinn im Einkauf liegt. Nachfolgend einige Hinweise, mit denen Sie die Kaufpreise für Immobilien trotz der scheinbaren Immobilienblase in Deutschland senken können.

- Maklerprovisionen: Maklerprovisionen müssen Sie nach den jüngsten Gesetzesänderungen nicht zwingend übernehmen. Dennoch ist kein Verkäufer rechtlich gezwungen, seine Immobilie zu verkaufen. Daher kann es trotz der gesetzlichen Änderungen passieren, dass sich für bestimmte Immobilien kein Kaufangebot ohne Makler findet. Die Maklerprovision selbst können Sie auf jeden Fall senken, indem Sie den Kaufpreis über den Makler verhandeln.

  Aus Maklersicht sind kleinere Änderungen im Kaufpreis ohne Belang. Erhebt ein Makler beispielsweise eine Provision von 3 %, beträgt der Unterschied für den Makler bei Kaufpreisen von 350.000 € beziehungsweise 300.000 € lediglich 1.500 €. Dafür kann es passieren, dass die Immobilie bei niedrigeren Preisen schneller aus dem Bestand verkauft wird. Dies ist ein entscheidender Vorteil für den Makler. Sie können Makler also vor Ihren eigenen Karren spannen.

- Die Höhe der Grunderwerbsteuer hängt ebenfalls von der Höhe des Kaufpreises ab. Auch deshalb lohnt es sich, wenn der Makler zu Ihrem Bündnispartner beim Kauf wird und den Kaufpreis senkt. Dasselbe gilt für alle anderen Kosten, die sich am Kaufpreis orientieren. Also beispielsweise für Notargebühren. Deshalb können Sie die Notargebühren schon dadurch senken, dass Sie den Kaufpreis teilen:

  Sofern Sie lediglich ein Baugrundstück erwerben und darauf eine Immobilie errichten, dann orientiert sich die Höhe der Notargebühren allein am Wert des Grundstückkaufs. Dies ist anders, wenn Sie eine Bestandsimmobilie erwerben. Dann zahlen Sie für das Grundstück ebenso wie für die Immobilie. Eine Unterscheidung findet nicht statt, noch nicht einmal für das Inventar, das Sie mit erwerben. Beispielsweise die Kücheneinrichtung, den Bodenbelag, die Sauna und so fort. Dennoch: Wenn Sie sich mit dem Verkäufer der Immobilie darüber einigen, diese Einrichtungsgegenstände außerhalb des eigentlichen Rechtsgeschäfts zu erwerben, geht der Notar leer aus. Dasselbe gilt für den Makler, der sich nur am notariell beurkundeten Kaufpreis orientieren darf. Mit anderen Worten: Schließen Sie einfach einen zusätzlichen Vertrag zur Übernahme bestimmter Wertgegenstände ab.

- Den Kaufpreis können Sie auch jenseits der Gebühren für Nebenkosten relativ einfach reduzieren. So dürfte es für viele Verkäufer lukrativ sein, die Immobilie möglichst schnell und sicher zu verkaufen. Sofern Sie glaubwürdig Liquidität und Kaufwillen nachweisen, haben Sie in aller Regel deutlichen Verhandlungsspielraum. Dazu sollten Sie wissen:

  Im Durchschnitt muss jeder Verkäufer zumindest drei Besichtigungstermine vereinbaren, bevor es überhaupt zu Preisverhandlungen kommt oder bis die Immobilie tatsächlich zu verkaufen ist. Dann kommt es eventuell zu weiteren Besichtigungsterminen, zu Prüfungen durch Gutachter oder ähnliche Zeitfresser. Schließlich müssen Verkäufer die Finanzierungsfähigkeit des Käufers prüfen lassen, brauchen also eine Bankauskunft oder gegebenenfalls Sicherheiten, die wiederum geprüft werden müssen. Schließlich folgt der Notartermin. Der Käufer legt fest, bei welchem Notar das Geschäft über die Bühne gehen soll. So sind Verkäufer also weitgehend ohne eigene Einflussmöglichkeit vom Terminkalender eines Notars abhängig. Insgesamt kann zwischen der Verkaufsabsicht, den ersten Verkaufstätigkeiten und dem tatsächlichen Verkaufsabschluss schnell eine Frist von mehreren Monaten verstreichen. Selbst bei begehrten Immobilien geht es in der Regel für den Verkäufer weniger schnell als ursprünglich erwartet. Das erleichtert Ihre Verhandlungsposition, wenn Sie liquide sind, Ihre Liquidität unmittelbar nachweisen können und Ihre Kaufbereitschaft signalisieren. Erfahrungsgemäß kann der Kaufpreis schnell um 10 bis 15 % sinken, wenn Sie „sofort" kaufen.

- Vorher sollten Sie durch fachliche Gutachten den Wert des Hauses einschätzen lassen und damit den Kaufpreis gegebenenfalls senken. Dabei gibt es zahlreiche unterschiedliche Standards. Im Internet finden Sie verschiedene Gutachten. Besonders wichtig ist allerdings der Unterschied zwischen sogenannten Sachgutachten und Wertgutachten. Die erstgenannten Gutachten bilden die sachliche Qualität und Werthaltigkeit des Objekts meistens relativ gut ab. So kann aus dem hübschen Bächlein im Garten zu anderen Jahreszeiten schnell ein reißendes Gewässer mit entsprechenden Problemen für den Keller werden. Das Heizsystem kann zwar vollkommen intakt sein, aber gleichzeitig ist eventuell die Wartung nicht sichergestellt, weil es vor Ort keinen entsprechenden Monteur gibt. Zudem aber ist das Wertgutachten mindestens ebenso wichtig. Hier geht es um den möglichen Marktwert vor Ort. Diese Kennziffer kann zwar nicht bis auf die Kommastelle genau sein, wird jedoch zumindest einen Anhaltspunkt liefern. Sofern Sie einen Wertgutachter selbst beauftragen, müssen Sie diese dem Verkäufer nicht mitteilen. So ist sichergestellt, dass der Marktwert nur dann eine Rolle spielt, wenn Sie das im Verkaufsgespräch wünschen.

Selbstgenutzte Immobilie bei Langfristvorsorge vorteilhaft

Schließlich bieten sich Immobilien bei der Selbstversorgung allerdings vor allem dann an, wenn Sie noch langfristig vorsorgen wollen oder müssen. Wer sich dann rechtzeitig um die Nutzung der Immobilie kümmert, hat die wohl solideste Anlageform.

So haben Sie die Möglichkeit, die Immobilie über eine Leibrente abzugeben. Das heißt, der Erwerber zahlt bis zum Lebensende ein bestimmtes Nutzungsentgelt. Diese Leibrente können Sie auch in eine Zeitrente umwandeln, also bis zu einem bestimmten Zeitpunkt vereinbaren. So lässt sich der wiederkehrende Ertrag erhöhen. Sollten Sie eine Leibrente erwägen, lassen Sie sich von Ihrem Steuerberater das geeignete Modell vorschlagen. Denn die Leibrente ist mit dem sogenannten Ertragsanteil steuerpflichtig.

In einem Vorsorgemodell können Sie Immobilien jedoch auch auf andere Weise einsetzen. So lässt sich praktisch jede Immobilie verkaufen, wenn Sie dem Käufer mit dem Finanzierungsmodell entgegenkommen. Statt einer Leibrente wäre es beispielsweise möglich, mit Käufern eine Art Ratenkauf zu vereinbaren, bei der das Nutzungsrecht an der Immobilie auf den Erwerber übergeht, Sie aber Eigentümer bleiben. Auch hier sollten Sie mit dem Steuerberater über die genaue Gestalt des Modells sprechen.

Fazit: Selbst genutzte Immobilien sind in aller Regel für die meisten privaten Haushalte eine gute, sehr gute und eventuell ideale Anlageform. Dabei geht es nicht um hohe Preissteigerungsraten, sondern um die gesamte ökonomische Wertschöpfung inklusive gesparter Mieten. Gegenüber möglichen Gebühren- und Steuersteigerungen sind Immobilieneigentümer kaum weniger geschützt als Mieter.

Andere Anlageformen in Immobilien sind zumeist deutlich weniger rentabel.

Vermieter: Im Würgegriff des Staates

Es gibt auch in Deutschland zahlreiche Vermieter, die erfolgreich und rentabel vermieten können. Sollten Sie dazu rechnen, überlesen Sie die folgenden Anmerkungen einfach. Sollten Sie jedoch darüber nachdenken, Vermieter zu werden, müssen Sie wissen, dass die künftige Rendite unsicher ist. Viele Vermieter scheuen sich, staatliche Zusatzkosten auf ihre bisherigen Mietparteien umzulegen. Daneben gibt es zahlreiche Nebenkostenarten, die Sie als Vermieter ohnehin nicht auf die Mieter umlegen dürfen: Dies sind etwa „Kosten des Geldverkehrs", Verwalterkosten, Instandhaltungskosten, soweit diese nicht Wartungsarbeiten entsprechen, Instandsetzungskosten, viele Abrechnungskosten an sich und so fort.

Da viele Vermieter aber auch Leerstand befürchten müssen, setzen sie Kostensteigerungen nur relativ langsam durch. Die Mietpreise steigen zwar weiter, geben aber nicht unbedingt den Anstieg der sonstigen Kosten wider. Natürlich ist die Zahl umstritten, da etwa der Deutsche Mieterbund davon ausgeht, dass die Mieten relativ stark steigen. Dennoch: Der Neubau oder die Bestandsübernahme sind wesentlich teurer gewesen als der daraus teilweise entstehende Mietpreisanstieg.

Deshalb wird es für manche Vermieter immer schwierig sein, die entstehenden Mehrkosten auf Mieter umzulegen.

Vermieter müssen zudem den Leerstand mitkalkulieren. Das heißt, wenn Sie als Vermieter beispielsweise 10 % Leerstandszeit auffangen wollten, müssten Sie die Miete um 10 % setzen, als es der Wert der Wohneinheit möglicherweise hergibt. Dies kann in manchen Situationen schwierig sein, etwa dann, wenn die Nachfrage nicht groß genug ist.

Als Vermieter müssen Sie also damit rechnen, dass sowohl der Staat mit seinen immer weiter ausholenden Mietschutzgesetzen, mit seinen Steuer- und Rechtsvorschriften wie auch der Markt als Renditegegner auftritt. Dass Vermieter automatisch Gewinne erzielen, ist ein Märchen von Mietrechtsorganisationen oder anderen Lobbygruppen.

Bedenken Sie dies, wenn es um Renditeanlagen in Immobilien geht.

Weitere Formen der Kapitalanlage in Immobilien

Neben dem Kauf von Immobilien für die eigene Nutzung oder für die Vermietung gibt es weitere Anlageformen, die viele private Investoren wählen. Dies sind Investitionen in Form von GbRs, um gemeinsam mit anderen Wohneigentum zu erwerben, als offene oder als geschlossene Immobilienfonds sowie als Immobilienaktien. Dies sind die wichtigsten Investitionsmöglichkeiten, die wir uns hier nunmehr ansehen.

GbRs: Streit inklusive

GbRs, also Gesellschaften bürgerlichen Rechts, finden sich häufig in Eigentümergesellschaften. So können mögliche Interessenten ohne immense Kaufkraft größere Wohneinheiten erwerben und gegebenenfalls Eigenbedarf geltend machen, um schnell Häuser zu übernehmen. Solche GbRs sind weitgehend formlos zu gründen.

Daraus resultiert häufig Streit. GbRs müssen über die euphorische Anfangszeit hinweg an einem Strang ziehen. Ob dies über Jahre gelingt, bei unterschiedlichen familiären oder finanziellen Entwicklungen und Anforderungen, ist fraglich. GbRs, die sich dann rasch auflösen, hinterlassen teuren Klärungsbedarf. So verkaufen GbRs im Zweifel die jeweilige Immobilie möglichst schnell und zu entsprechend günstigen Konditionen. Verlustgeschäfte sind vorprogrammiert.

In vielen Fällen dürften GbRs keine sinnvolle Alternative für Sie darstellen.

Offene Immobilienfonds: Fraglich

Ich gehe an anderer Stelle noch auf die Investitionsmöglichkeit in offenen Immobilienfonds und die steuerlichen Auswirkungen ein. Hier geht es um die Anlageform an sich. Offene Immobilienfonds sammeln Gelder ein, die sie in bestimmte Objekte investieren, um durch Mietzahlungen oder Verkäufe laufend Geld zu erwirtschaften. Etwa 50 Jahre lang haben die offenen Immobilienfonds in Deutschland durchgehend Gewinne erzielt, jedenfalls die normalen sowie die guten Fondsgesellschaften.

Erträge von 2 bis 4 % waren für private Investoren an der Tagesordnung. Diese Zeiten sind vorbei, auch wenn es zuletzt bei einigen Fonds wieder Erfolgsmeldungen gab. Vor wenigen Jahren zeigte sich die Schwachstelle offener Immobilienfonds. Investoren waren berechtigt, zu jedem Zeitpunkt ihre Anteile bei der Fondsgesellschaft zurückzugeben und eine Auszahlung zu verlangen.

Dies ging über Jahrzehnte gut, überforderte nunmehr allerdings das verwaltete Vermögen der Gesellschaften. Reichten die Kassenbestände nicht mehr aus, um die Anteile zurückzukaufen, mussten sie Immobilien veräußern, um zahlungsfähig zu bleiben. Dies drückte erwartungsgemäß die Preise für Immobilien und verstärkte die Investorensorgen bei offenen Immobilienfonds. Die Finanzkrise sorgte schließlich dafür, dass mehr als ein Dutzend offener Immobilienfonds letztlich abgewickelt werden mussten. Das heißt, die Fondsgesellschaften verkauften die zur Verfügung stehenden Immobilien unter Zeitdruck und mit Verlust. Das erwirtschaftete Geld wurde den Anlegern nach und nach zur Verfügung gestellt. Für alle Seiten ein Verlustgeschäft, das der Gesetzgeber stoppen wollte.

Damit werden offene Immobilienfonds für Sie jedoch nicht unbedingt weniger riskant. Die neuen Regeln verhindern, dass Sie Anteile so schnell liquidieren können, wie Sie es möglicherweise möchten.

- Neue Investoren dürfen ihre Fondsanteile erst nach zwei Jahren wieder veräußern.
- Wer die Anteile verkaufen möchte, muss dies ein Jahr vor dem Verkauf an die Fondsgesellschaft bekanntgeben.
- Lediglich die Investoren, die bereits vor den neuen gesetzlichen Regelungen investiert waren, sind davon nicht ganz betroffen.

Sie haben aktuell die Auswahl zwischen etwa einem Dutzend offener Immobilienfonds. Einige Fondsgesellschaften wollen die bereits verbrannten Fonds neu herausgeben. Möglicherweise wird sich eine ähnliche Krise wie in den vergangenen Jahren nicht so schnell wiederholen. Vielleicht schaffen die Fonds wieder Renditen von bis zu 3 % jährlich. Aber: Darauf können Sie sich nicht verlassen. Die Krise hat gezeigt, dass ein Run auf die Fondsanteile deren Wert durch frühzeitige Verkäufe in den Keller schicken wird. Die Bremsen, die der Gesetzgeber jetzt eingebaut hat, verlangsamen den Prozess lediglich. Fonds mit hohen Investitionsvolumina werden auch künftig in vergleichbaren Situationen keine ausgezeichneten Verkaufserfolge erzielen können, um die auszuzahlenden Anteile schnell wieder verkaufen zu können.

Deshalb empfiehlt der *Deutsche Wirtschaftsbrief* mittel- und langfristig, offene Immobilienfonds im besten Fall als Ergänzung im Depot zu halten. Wenn Sie mehr Anteile abgeben wollen, als Sie an die Fondsgesellschaft abgeben dürfen, müssen Sie Ihr Glück an den Börsen versuchen. So bietet die Fondsbörse Hamburg den Handel an. Die Internet-Adresse: www.boersenag.de

Geschlossene Immobilienfonds: Zu riskant

Auch geschlossene Immobilienfonds können Sie prinzipiell über die Fondsbörsen handeln. Hierbei handelt es sich um die Anteile an einem „geschlossenen" Unternehmen, das zumeist in ein einzelnes Objekt investiert. Daraus ergeben sich theoretisch Vor- und Nachteile. Als Mitunternehmer dürfen Sie anfangs hohe Kosten geltend machen, um am Ende Gewinne zu erwirtschaften. Dies war das Versprechen der Branche und gleichzeitig die Hoffnung vieler privater Investoren.

Die Realität ist ernüchternd. Zum einen können Sie die Anteile an geschlossenen Fonds über die Börsen faktisch kaum handeln, da die Nachfrage äußerst gering ist. Zum Anderen sind die Gewinnerwartungen so gut wie nie erfüllt worden. Von allen geschlossenen Immobilienfonds überhaupt haben lediglich 43 % einen Gewinn erzielt. 57 % erzielten über die gesamte oder bisherige Laufzeit insgesamt einen Verlust. Dies zeigte vor kurzem eine Untersuchung der Stiftung Warentest. Danach haben von den inzwischen aufgelösten Immobilienfonds bezogen auf das in ihnen versammelte Investorenvermögen nur gut 14 % ihre Prognose übertroffen oder zumindest erreicht. Das heißt, gut 85 % enttäuschten die Anleger.

Noch schlimmer ist das Verlustverhältnis bei anderen geschlossenen Fonds: Medienfonds haben fast durchgehend Geld verbrannt. 2 von 27 Fonds schafften es in die Gewinnzone. So genannte Umweltfonds haben ebenfalls viel Geld einfach vernichtet. Schiffsbeteiligungen schließlich rechneten sich ebenso wenig. Eingezahlt wurden in Deutschland nahezu 7 Milliarden €. Annähernd 2,9 Milliarden € davon sind auf Nimmerwiedersehen verschwunden. Statt der versprochenen Gewinne also haben geschlossene Fonds weitgehende Verluste produziert. Investoren mussten sogar darum fürchten, dass die jeweiligen Finanzämter die Geschäftstätigkeit als private Liebhaberei ohne Gewinnaussicht einstufen und damit sogar noch die steuerliche Anerkennung verweigerten.

Inzwischen hat der Gesetzgeber zwar strengere Vorschriften für geschlossene Fonds beschlossen, dennoch könnten Sie sich theoretisch weiterhin an diesen Unternehmen beteiligen. Letztlich sind die Gewinnaussichten kaum besser als bislang. Oft sind die Kosten noch zu hoch, zudem bleibt das unternehmerische Risiko.

Deshalb sind solche Investitionen mit höchster Vorsicht zu genießen. Geschlossene Immobilienfonds sollten, wenn möglich, in privaten Depots nicht auftauchen.

Immobilienaktien: Schwankend

Schließlich kommen auch Immobilien-Aktien als Investitionsmöglichkeit in Betracht. Dabei kaufen Sie Anteile an Unternehmen, die über den Bau, den Kauf, den Betrieb oder die Verwaltung von Immobilien Geld verdienen. Dies können Wohnungsbaugesellschaften sein, riesige Verwaltungseinheiten oder Unternehmen, die auf reine Gewerbeimmobilien setzen.

Der Vorteil von börsennotierten Immobilien-AGs ist, dass die Informationspolitik der Unternehmen über die Börse geregelt wird und meist relativ anspruchsvoll ist. So müssen Immobilien-AGs teils Quartalsberichte veröffentlichen, denen Sie die Geschäftsentwicklung relativ einfach entnehmen können.

Zudem spiegelt der Kurs oft die mögliche Markterwartung wider. Somit beschäftigen nicht nur Sie sich mit dem Unternehmen, sondern zahlreiche andere Experten ebenso. Doch Vorsicht: Immobilien-Aktien haben sich in der Vergangenheit teils besser als etwa der DAX entwickelt. Dies jedoch erhöht auch die Rückschlaggefahr in schwierigeren Zeiten. Denn in der guten Bewertung steckt viel Fantasie und Erwartung. Immobilien-AGs können nicht wie andere Unternehmen das Geschäftsfeld wechseln. Lässt der Immobilien„boom" nach, werden die Geschäfte teils schlechter laufen als in den vergangenen Jahren.

Langfristig entwickeln sich Immobilien-Aktien nicht besser als sonstige Aktien. Im Gegenteil: Der Index der Gesellschaft Ellwanger & Geiger, der sogenannte DIMAX, legt im Vergleich zum DAX sogar nahe, dass Immobilien-Aktien sich schlechter entwickeln werden.

Seit DAX-Gründung jedenfalls schnitt das deutsche Leitbarometer um ungefähr 60 % besser ab als der verglichene DIMAX. Auch seit 2007 gewann der DIMAX kaum hinzu.

Daraus lässt sich nur ableiten, dass ein allgemeiner Vergleich Immobilien-Aktien nicht als beste Anlage erscheinen lässt. Vielmehr bietet es sich an, einzelne Immobilien-AGs im Zweifel selbst zu analysieren und zu kaufen. Auch der *Deutsche Wirtschaftsbrief* wird gelegentlich eine entsprechende Empfehlung aussprechen. Dies hängt jeweils von der Qualität einzelner Unternehmen ab.

Einzelne Immobilien-AGs sind attraktiv, in der Gesamtheit sind Immobilien-Aktien nicht so gut wieder Gesamtmarkt. Daher sind Immobilien-Aktien vor allem eine attraktive Beimischung.

5. Investieren in Gold

Wenn Sie in Gold oder Silber als Alternative des teureren Edelmetalls investieren wollen, stehen Ihnen ebenfalls verschiedene Wege offen. Wir sehen uns die einzelnen Möglichkeiten an, denn Gold spielt als Währungsabsicherung sowie als Renditehebel in vielen Depots eine wichtige Rolle.

Zunächst sehen wir uns die Ausgangssituation an: Gold und Silber sind 2017 vergleichsweise günstig gewesen, da es bei den Preisen jahrelang nach unten ging. Sehen Sie sich die beiden Preisentwicklungen über einen Zeitraum von fünf Jahren in Dollar an.

Goldpreis in Dollar über 5 Jahre (bis Abschluss 2017)

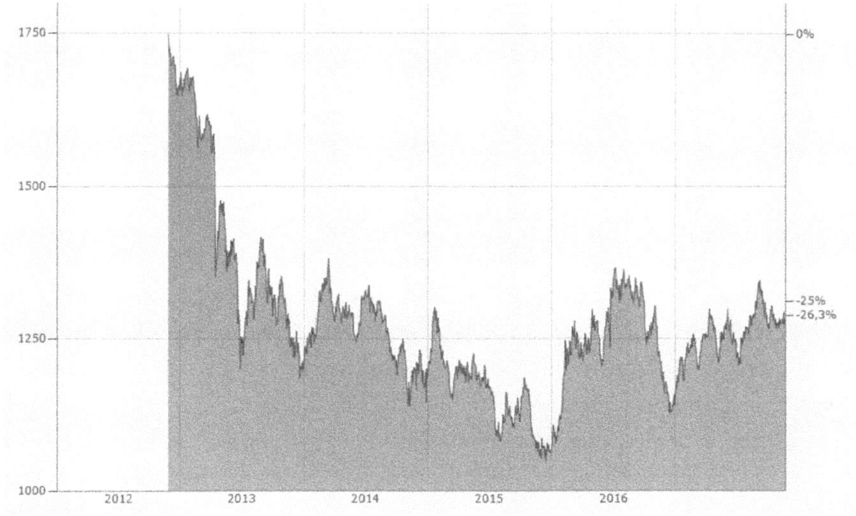

Quelle: www.finanzen.net

Edelmetallpreise sind kein Ruhekissen für Ihr Depot.

Silberpreis in Dollar über 5 Jahre (bis Abschluss 2017)

Quelle: www.finanzen.net

Vor allem Silber ist stark gefallen.

Als Euro-Investor schneiden Sie besser ab

Gold hat gegenüber den Allzeithochs im Jahr 2011 sogar mehr als 40 % verloren, Silber mehr als 70 %. Allerdings gilt diese Analyse lediglich für die Notierungen in der US-Währung Dollar. Als Euro-Anleger gehen Sie in der Regel zur Bank und kaufen mit einem bestimmten Euro-Betrag die Edelmetalle ein. Dieselbe Preisentwicklung sieht schon ganz anders aus:

Sie sehen in der folgenden Grafik, dass der Goldpreis notiert in Euro gegenüber Anfang 2010 kaum verloren hat. Auch das Minus im Vergleich zum Höchstkurs fällt deutlich geringer aus als bei der Betrachtung des Goldpreises in der Währung Dollar. Das heißt, Sie als Euro-Investor würden mit Gold und Silber, bei dem die Analyse zum selben Ergebnis kommt, wesentlich bessere Ergebnisse erzielt haben, als allgemein in den großen Medien kolportiert wird.

Genau dies aber ist die Funktion von Gold und Silber als Währungsabsicherung. Auch wenn der Goldpreis in Dollar notiert verliert, weil die US-Währung als Gegenspieler des Edelmetalls gilt, werden Sie umgekehrt als Euro-Investor nahezu automatisch die Verluste eindämmen können oder sogar ein Plus erzielen.

Goldpreisentwicklung in Euro über 5 Jahre (bis Abschluss 2017)

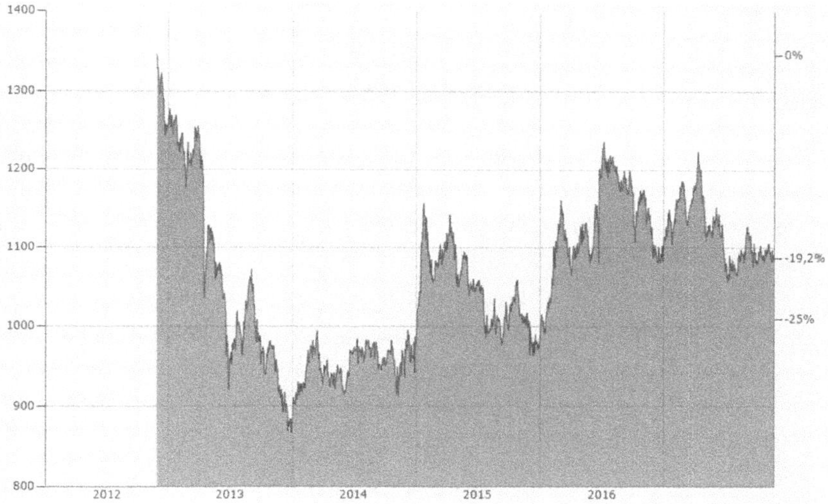

Quelle: www.finanzen.net

In Euro betrachtet haben Investoren in den vergangenen fünf Jahren kaum verloren.

Deshalb lohnt es sich durchaus, Gold als langfristige Absicherung zu einem kleineren Teil im Depot aufzunehmen. Als Währungssicherung funktionieren die Edelmetalle deutlich besser als die schwankenden Papierwährungen wie der US-Dollar, der Schweizer Franken oder die Norwegische Krone.

Sie müssen bei der Funktion als Währungssicherung jedoch umgekehrt auf die kurz- und mittelfristige Renditechance verzichten.

Denn: Würde der Euro gegenüber dem Dollar steigen, der Dollar also schwächer werden, würde spiegelbildlich mit hoher Sicherheit auch der Goldpreis anziehen. Der Effekt allerdings wird sich bei einem stärkeren Euro abschwächen.

Deshalb ist Gold eine „Beimischung“, die Sie in der richtigen Form kaufen können. Für Silber zählt prinzipiell dasselbe.

Anlageformen, die für Gold und Silber nicht geeignet sind

Sofern es Ihnen um die Absicherung der Währung geht, eignen sich die meisten der am Markt erhältlichen Anlageformen nicht:

- Zertifikate, die den Preis abbilden, sind reine Schuldverschreibungen. Auch hier gilt natürlich, dass ein schwächerer Euro durch einen geringeren Verlust beim in Dollar notierten Goldpreis abgefangen werden kann. Schuldverschreibungen wie Zertifikate allerdings gewähren Ihnen keinen Anspruch auf die Goldlieferung, wenn es ernst wird. Im schlimmsten aller denkbaren Fälle könnte der Euro als Währung abgeschafft werden. Gold ist in einem solchen Fall möglicherweise hilfreich, Silber ebenso. Schuldverschreibungen, die auf die Währung Euro lauten, sind dies nicht. Zudem müssen Sie bei solchen Goldpreis-Zertifikaten außer beim XetraGold damit rechnen, dass auf den Gewinn sogar die Abgeltungsteuer fällig wird. Dies ist bei sogenanntem physischem Gold nach mehr als einem Jahr Haltedauer nicht der Fall.

  Deshalb: Zertifikate, die den Preis abbilden, Discount-Zertifikate oder Hebel-Zertifikate auf den Gold- bzw. Silberpreis eignen sich für die langfristige Depotsicherung nicht. Sollten Sie diese Schuldverschreibungen im Depot haben, dann dienen diese der Preisspekulation, die in den kommenden Jahren gut gehen kann, aber nicht muss.

- **Goldfonds, die goldhinterlegt sind, eigenen sich auf den ersten Blick als Anlagealternative.** Auf den zweiten Blick reduziert sich die Euphorie bereits. Denn Goldfonds, die mit Gold hinterlegt sind, werden meistens im Ausland aufgelegt. Und das hat Folgen: Sollten Sie Gold als Alternative für Geld benötigen, wird es schwierig, dies im Ausland rechtzeitig zu organisieren. Zwar räumen einige Fondsgesellschaften Lieferrechte ein, dies jedoch dürfte in der Praxis schwierig werden. So gibt es immer wieder Gerüchte, wonach gerade ausländische Fondsgesellschaften die jeweils eigenen Bestände weiter verliehen haben. Besonders schwierig dürfte die Lieferung werden, wenn in einer Krisensituation viele Kunden auf einmal ihre Goldbestände haben möchten.

- Auch „Xetra-Gold“, die deutsche Variante an Goldzertifikaten und -fonds, gewährt einen Anspruch auf Auslieferung des Goldes. Hier dürfte es einfacher werden, tatsächlich an das jeweils eigene Gold zu kommen.

Dennoch gibt es auch bei Xetra-Gold Bedenken, über die kaum jemand spricht. Xetra-Gold stellt eine Inhaberschuldverschreibung dar. Damit gehört Ihnen der Anspruch auf das geliehene Geld. Diese Inhaberschuldverschreibung ist vom Emittenten vollständig mit Gold hinterlegt. Dennoch gehört das Gold nicht den privaten Investoren. Die Ansprüche auf Lieferung selbst sind gleichrangig mit anderen Forderungen gegen den Emittenten. Im Konkursfall also müssten Sie befürchten, dass das Gold auch von anderen Investoren beansprucht wird oder diesen zugeteilt wird. Das heißt, Xetra-Gold ist bei weitem nicht so sicher, wie es in den meisten Berichten heißt.

Zudem gibt es faktisch bei vielen Direktanlagebanken einen Lieferstop. Nur die Onlinebroker DAB bank sowie die Sparkassengesellschaft S-Broker boten bislang an, Xetra-Gold auszuliefern. Sie haben also keinen Anspruch gegen Ihre Bank und müssten sich auf die richtigen Banken einlassen. Schließlich ist die Auslieferung nicht gerade günstig: 58 €. Die Kosten selbst sind überschaubar. Für die Aufbewahrung im Depot müssten Sie 0,3 % jährlicher Gebühr in Kaufnehmen. Der Kauf und Verkauf kostet Ordergebühren bei der beauftragten Onlinebank, die sich neben geringen Fixkosten bei etwa 0,25 % des gesamten Kaufvolumens bewegen. Zudem zahlen Sie eine Geld-Brief-Spanne von 0,2 bis zu 1,0 %. Auf die Gewinne werden beim Verkauf (bei Anleihen: auch auf die Auszahlung von Zinsen) 25 % plus Kirchensteuer + Solidaritätszuschlag fällig.

Physisches Gold oftmals besser

Die Alternative zu Xetra-Gold ist dementsprechend physisches Gold. Dies sind Münzen und Barren, die sie an verschiedenen Orten lagern können. Diese Anlageform bringt Ihnen einige bedeutende Vorteile:

- Physisches Gold ist derzeit auf Wunsch und faktisch anonym, sofern Sie weniger als 10.000 € bei Händlern dafür zahlen und es anonym lagern.
- Physisches Gold, das nicht anonym gehalten wird, unterliegt nicht der normalen Abgeltungsteuer. Nach Ablauf von einem Jahr können Sie Gewinne steuerfrei realisieren.
- Physisches Gold ist weltweit bekannt und anerkannt. Als Zahlungsmittel funktioniert es in der Regel auch dann und dort, wenn es offiziell verboten ist.
- Physisches Gold haben Sie bei der richtigen Lagerung immer dann im Zugriff, wenn Sie es benötigen.

Deshalb ist physisches Gold an sich die beste Alternative für Sie, wenn Sie langfristig investieren möchten und dabei Ihr Vermögen absichern. Dabei sind allerdings verschiedene Aspekte zu beachten.

Physisches Gold ist vergleichsweise teuer

Kein Vorteil ohne Nachteil: Weil Sie physisches Gold faktisch jederzeit einsetzen können und festen Zugriff darauf haben, ist es allerdings teurer. Die Gebühren unterscheiden sich von Anbieter zu Anbieter. Die Kosten hängen zudem davon ab, wie viel Geld Sie in Gold investieren.

Die fixen Kosten beim Kauf von physischem Gold belasten den Kauf weniger, wenn Sie größere Mengen erwerben. Grob kalkuliert sind die Kosten bei physischem Gold in etwa doppelt bis dreifach so hoch wie bei anderen Goldanlageformen. Wenn Sie etwa 10.000 € investieren würden, zahlen Sie für Goldbarren bei Banken vielleicht 400 € als Gebühr, während ETCs Sie 140 € kosten. Zertifikate, die lediglich den Goldpreis widerspiegeln, würden etwas weniger als 100 € kosten.

Neben den höheren Kosten für physisches Gold spielt natürlich die Sicherheit eine herausragende Rolle. Die Sicherheit scheint bei physischem Gold oder Silber zunächst etwas geringer. Gold lässt sich nicht wie Papiergold einfach gutschreiben. Vielmehr müssen Sie das Gold in einen Tresor, in einem Schließfach bei der Bank oder bei sich zu Hause verwahren. Alternativ können Sie Gold noch an Lagerstätten beispielsweise in der Schweiz aufbewahren. Die Kostenfrage dürfte hier vergleichsweise einfach zu beantworten sein.

Goldlagerung zu Hause

Wenn Sie Gold zu Hause lagern, benötigen Sie im Idealfall eine Versicherung, die den Diebstahl versichert. Dies wiederum bedarf eines entsprechenden Tresors. Ohne Sicherung keine Versicherung. Insgesamt ist der Aufwand schon vergleichsweise hoch. Auf der anderen Seite steht, dass Sie das Gold jederzeit nutzen können und damit ohne Aufwand und zeitliche Verzögerung als direkte Währungssicherung einsetzen dürften. Tresore können allerdings schnell Tausende von Euro kosten.

Eine Alternative ist es wortwörtlich, Gold zu verstecken. Wenn Sie Gold im Garten vergraben, bleiben Einbrechern wenig Möglichkeiten. Niemand kann innerhalb der wenigen Minuten, die durchschnittlich für einen Einbruch bereitstehen, einen ganzen Garten umgraben. Wenn Sie besonders sichergehen wollen, suchen Sie sogar zwei oder noch mehr Verstecke. Die Wahrscheinlichkeit, dass ein Einbrecher einen relevanten Teil des Edelmetalls findet, ist verschwindend gering.

Goldlagerung bei der Bank: Schließfächer

Alternativ zur Eigenlagerung mieten Sie Bankschließfächer an. Die Schließfächer sind unterschiedlich teuer, aber keineswegs so hochpreisig wie ein eigener Tresor. Dafür allerdings gingen Sie mit Bankschließfächern zwei spezifische Risiken ein:

- Kommt es zu einem Banküberfall und wird das Gold geraubt, dann haften Sie mit Ihrem Vermögen. Es sei denn, Sie schließen eine entsprechende Versicherung auf den Inhalt des Bankschließfachs ab.
- Wenn eine Bank schließt, beispielsweise im Verlauf einer Bankenkrise oder aufgrund staatlicher Vorgaben, dann kommen Sie nicht sicher an Ihr Gold. Genau in dieser Situation könnte der Staat wiederum in einer Ausnahmesituation auf solche Goldbestände zurückgreifen wollen.

Bankschließfächer sind also vor allem eine sinnvolle Ergänzung zur Lagerung in anderen Lagerformen, etwa zu Hause. Eine weitere wertvolle Alternative ist die mögliche Lagerung im Ausland, etwa in Lagerstätten in der Schweiz. Dort allerdings wäre es wiederum schwieriger, sich das Gold ausliefern zu lassen.

Goldlagerung im Ausland: Zollfreilager in der Schweiz

Eine klassische Möglichkeit sind sogenannte Zollfreilager in der Schweiz. Dort wird das Gold relativ kostengünstig gelagert und bleibt auch dem Zugriff des deutschen Staates entzogen. Sie können auf Wunsch das Edelmetall genau nummerieren lassen, sodass die Bestände sicher zugeordnet würden. Diese Lager stellen zumeist sogenanntes Sondervermögen dar. Der Betreiber eines solchen Zollfreilagers also könnte durchaus Konkurs anmelden, ohne dass Ihr Bestand gefährdet wäre. Eine Möglichkeit, ein solches Zollfreilager zu eröffnen, finden Sie beispielsweise bei proaurum.de.

Die Kosten für die Lagerung, das heißt eigentlich den Kauf der Produkte, sind relativ niedrig.

Zunächst erhalten Sie ein Bestellformular, einen Antrag auf Verwahrung sowie ein Formular, mit dem die Eigentümer geprüft werden. Sind alle Unterlagen geprüft, erhalten Sie vom Anbieter eine schriftliche Bestätigung.

Im nächsten Schritt „kaufen" Sie das Gold, indem Sie den entsprechenden Rechnungsbetrag überweisen. Der vorab zugesandte Vertrag wird somit erfüllt. Im Anschluss an alle schriftlichen Rechtsgeschäfte erhalten Sie eine Depotbestätigung.

Wenn Sie das Gold abheben wollen, müssen Sie lediglich einen Antrag auf die physische Auslieferung stellen. Das Gold übergibt Ihnen pro Aurum beispielsweise „in den Räumlichkeiten" des Unternehmens: pro aurum Zürich in Kilchberg.

Der „Verkauf" bringt naturgemäß weniger als der Kauf kostet. Hieran verdient der Händler wie üblich über seine Handelsspanne.

31,10 g entsprechen einer Unze. Die Preise, die Sie dann sehen, beziehen sich auf die Währung Euro.

Neben den angegebenen Preisen bleibt unabhängig von der tatsächlichen Lagerform die Frage, welche physischen Goldstücke Sie am besten kaufen.

Die idealen Gold-Anlageformen

Wie Sie in der Preisliste oben sehen, gibt es Barren und Münzen in unterschiedlichen Größen sowie mit unterschiedlichen Bezeichnungen. Unter den Münzen gibt es vor allem verschiedene sogenannte Prägungen:

- Wiener Philharmonika
- Krügerrand
- Maple Leaf
- American Eagle
- Nugget Känguru

Grundsätzlich können Sie von diesen Münzen jede Sorte kaufen. Dabei ist jedoch wichtig zu wissen, dass die Münzen der Prägung Krügerrand einen geringeren Feingoldgehalt aufweisen, konkret fast 92 % des Gewichtes. Die Münze ist deshalb schwerer und gleich diesen Nachteil aus.

Unter den Barren gibt es verschiedene Größen, die für Sie in Betracht kommen. Die Einordnung reicht von 1 g über 10 g bis zu 31,1 g (= 1 Feinunze), 50 g oder mehr. Der *Deutsche Wirtschaftsbrief* empfiehlt Ihnen, bis zu einer Größenordnung von einer Feinunze Münzen zu kaufen, darüber gehende Einheiten sind als Barren in der Regel günstiger.

Wenn Sie Barren erwerben, dann verzichten Sie möglichst auf Sonderprägungen oder besondere Zertifizierungen. Entscheidend ist am Ende der Materialwert. Der bemisst sich am Gewicht sowie am Feingoldgehalt. Der beträgt bei solchen Barren in der Regel 99,9 %.

Fazit: Es bietet sich an, möglichst viel physisches Gold zu kaufen und selbst zu lagern. Zollfreilager in der Schweiz können hilfreich sein, sofern Sie etwas höhere Summen in Gold anlegen. Demgegenüber ist es deutlich riskanter, Gold in Form von Papiergold zu halten. Dies bildet den Goldpreis ab, bietet aber im Zweifel bei Emitteninsolvenzen keinen Schutz. Der bevorzugte Händler findet sich in der Regel im Internet. Hier sind die Einkaufskonditionen am günstigsten.

Silber: Ähnliche Handelsempfehlungen wie bei Gold

Auch Silber können Sie als Währungsalternative zu Gold in Ihrem Depot aufnehmen. Silber ist allerdings sperriger als das gelbe Edelmetall. Die Unze kostete zur Drucklegung des Buches etwa um die 17 Dollar. Damit brauchen Sie wesentlich mehr Silbergewicht, um denselben Vermögenswert zu verkörpern. Für den Handel allerdings gilt im Wesentlichen das für Gold bereits Gesagte. Physisches Silber ist sicherer als reines Papiersilber. Die Sicherheitsbedenken gegenüber Zertifikaten sind beim Silber identisch. Sobald ein Emittent ausfällt, werden Sie von der vorgeblichen Vermögenssicherheit nichts mehr haben. Das Zertifikat fällt einfach aus.

Fonds bieten sich beim Silber eher an als für Gold. Denn die zu lagernden Mengen sind bei größeren Vermögen deutlich höher. Die Vorteile der Lagerkosten für eine Fondsgesellschaft dürften relativ größer sein als beim Gold. Auch für Silber müssten Sie zu Hause Tresore anschaffen, wenn Sie eine Versicherung abschließen wollen. Die Aufbewahrungsfächer bei Banken sind zumindest nicht wesentlich günstiger. Deshalb ist der Kostenvorteil bei Fonds größer.

Zudem können Sie damit rechnen, dass das Edelmetall nicht wie möglicherweise Gold weiter verliehen wird. Sie dürften davon ausgehen, dass solche Fonds stets lieferfähig sind, wenn Sie das Silber zurückverlangen.

Sollten Sie Silber in physischer Form zu Hause lagern, eröffnet sich allerdings ein kleiner Vorteil gegenüber Gold. Typischerweise werden professionelle Diebe das weiße Edelmetall nicht mitgehen lassen wollen. Das Gewicht ist zu hoch, wenn das Diebesgut einen bestimmten Wert annehmen soll. Edelsteine, Schmuck insgesamt, Gold und Geld sind bevorzugt.

Auch Silber können Sie in Form von Münzen und Barren kaufen. Barren sind aus Kostengründen die bessere Variante. Durch den geringeren Wert pro Unze ist der Prägeaufwand für große Vermögen entsprechend höher. Deshalb sind ganze Barren günstiger. Auch hier haben Sie die Wahl unter verschiedenen Münzen:

- Wiener Philharmonika
- Maple Leaf
- Britannia
- American Eagle

Damit sind die prominentesten Münzen benannt. Auch für diese Münzen gilt wie beim Gold sowie für Barren, dass jegliche Sonderprägungen zu teuer sein werden. Beschränken Sie sich darauf, dass Sie einfaches Silber erwerben. Sonderprägungen, die beispielsweise im Fernsehen beworben werden, lohnen sich nicht.

Fazit:

Silber ist eine Alternative zum Gold. Wenn Sie möglichst sicher gehen wollen, ist Gold jedoch vorzuziehen. Der Goldpreis wird letztlich durch die Aktivitäten der großen Eigentümer wie Notenbanken festgesetzt. Je niedriger der Wert der typischen Papiergeldwährungen indes ist, desto stärker werden die Notenbanken an das gelbe Edelmetall denken.

6. Anleihen, die eine bessere Rendite bringen

Anleihen in Form von Staats- oder Unternehmensanleihen bringen 2018 und in den darauffolgenden Jahren wenig Rendite. Wenn Sie Anleihen kaufen möchten, um die Sicherheit des Depots zu erhöhen, bieten sich vor allem solche Titel an, die ein hohes Rating haben (siehe Teil I dieses Buches).

Konkrete Anleihen aus dem Bereich von Staats- oder Unternehmensfinanzierungen sind allerdings derzeit nicht direkt zu empfehlen. Ebenso wenig Rentenfonds, die Anleihen enthalten. Diese Rentenfonds bringen zu wenig Rendite und kosten zudem erhebliche Gebühren. Deshalb bewegt sich das Gesamtergebnis in vielen Fällen nahe der 0-%-Linie.

Wenn Sie Anleihen im Depot haben, sollten diese, hinreichende Sicherheit vorausgesetzt, das Depotziel nicht gefährden. Deshalb müssen Sie nicht gleich verkaufen. Neue Anleihen oder Anleihenfonds aus dem Standardprogramm des Marktes jedoch empfehlen sich nicht.

Wie eingangs dieses eils beschrieben, sind Alternativen wie Genussscheine oder Wandelanleihen die bessere Wahl.

Beide Anlageformen sind in Deutschland wenig bekannt. Dennoch bieten sie Ihnen bei nahezu ähnlicher Sicherheit oft höhere Renditen.

Genussscheine: Zwitter zwischen Aktien und Anleihen

Genussscheine sind ein sogenannter Zwitter zwischen Aktien und Anleihen. Dies liegt daran, dass Unternehmen diese Wertpapiere herausgeben, ohne dass Sie zum Anteilseigner werden. Damit sind Genussscheine auf der einen Seite Anleihen. Sie werden zum Gläubiger. Auf der anderen Seite sind Sie im Konkursfall des Unternehmens schlechter gestellt als bei üblichen Anleihen.

- Genussschein-Inhaber werden im Konkursfalls erst am Ende der Kette bedient. Zunächst erhalten andere Gläubiger wie der Staat für Steuerzahlungen, Banken und Angestellte eine Zahlung auf ihre Ansprüche. Erst dann kommen Genussscheine, sodass Sie mit diesen Wertpapieren eine ähnlich schlechte Rechtsstellung wie Aktionäre innehaben.

- Zudem kann ein Unternehmen üblicherweise die Auszahlung der versprochenen Zinsen verweigern, wenn das Geschäftsjahr keinen Gewinn gebracht hat. Dies ist bei Anleihen anders. Das Unternehmen schuldet Ihnen den Zins und sollte zumindest versuchen, diese Schulden regelmäßig zu begleichen. Genussscheininhaber würden beim Kauf auf genau diesen Anspruch faktisch von vornherein verzichten.

- Ein dritter Nachteil ist der deutlich kleinere Markt für Genussscheine. Viele Unternehmen nutzen dieses Instrument nicht. So ist sowohl die Auswahl als auch der tatsächliche Handel am Markt stark eingeschränkt. Sie müssen sich als Käufer also relativ gut auskennen, um geeignete Genussscheine zu finden. Zudem müssen Sie sich auch dann darauf vorbereiten, dass der Markt eng ist. Nicht jeder Genussschein ist zu jeder Zeit für einen guten Preis handelbar. Sie bleiben also eventuell für eine bestimmte Zeit auf Ihrem Engagement sitzen und können es nicht liquidieren.

- Der große Vorteil von Genussscheinen besteht darin, dass Sie in der Regel eine sehr ordentliche Verzinsung erhalten. Vor Jahren hat der *Deutsche Wirtschaftsbrief* seinen Lesern einen Genussschein der Bertelsmann AG empfohlen. Dieser Schein hat jahrelang Renditen von bis zu 7 % gebracht. Die Kurse des Scheins stiegen und stiegen, sodass die Rendite für Neueinsteiger für eine neue Empfehlung schließlich nicht mehr hoch genug war. Dennoch: Der Genussschein zählte zu den besten Scheinen aus der Anleihewelt.

- Solche Genussscheine sind auch an der Börse bestens handelbar. Den Bertelsmann-Schein hätten Sie jederzeit verkaufen können.

- Dafür spricht auch die immer noch günstige sogenannte Stückelung vieler Genussscheine. Anleihenkurse werden als „%“ angegeben. Damit sehen Sie auf den ersten Blick noch nicht, wieviel Sie investieren müssen. Bei vielen Anleihen bezieht sich die Prozentangabe dann allerdings auf eine Stückelung von 50.000 €. Dies ist für die private Geldanlage zu viel. Für Genussscheine müssen Sie bei weitem nicht so viel Geld investieren.

Weitere wichtige Merkmale:

Genussscheine haben eine begrenzte oder eine unbegrenzte Laufzeit. Auch bei einer unbegrenzten Laufzeit jedoch können Sie nicht davon ausgehen, dass der Genussschein niemals gekündigt wird. Vielmehr halten sich die Emittenten eine „vorzeitige" Kündigung offen. Dann sollten die Emittenten, also die ausgebenden Unternehmen, die Rückzahlung allerdings vollständig vornehmen.

Einige Genussscheine haben neben der oben genannten gewinnabhängigen Ausschüttung auch fixe Ausschüttungen, variable Zinsen oder sogar ein Wandlungsrecht in die zugrundeliegende Aktie. Je komplizierter die Regelung ist, desto schwieriger wird es für Sie allerdings sein, die Qualität des Genussscheins zu beurteilen. Im Zweifel ist es besser, die Hände von solchen Genussscheinen zu lassen.

Handelsübliche Anleihen enthalten in der Kursberechnung noch einen Aufschlag für die Zinsansprüche, die sich seit der letzten Zinsausschüttung angesammelt haben. Diese sogenannten Stückzinsen entschädigen Verkäufer dafür, dass sie auf einen Teil-Zinsanspruch verzichten. Wenn also die Anleihe A pro Jahr 5 % Zinsen verspricht und ein halbes Jahr seit der letzten Ausschüttung vergangen ist, betragen die zusätzlichen Stückzinsen etwa 2,5 %. Dies muss der Käufer zahlen. Genussscheine kennen diese Stückzinsen nicht ausdrücklich. Hier enthält der Kurs bereits die aufgelaufenen Zinsansprüche, sofern der Markt dies richtig berücksichtigt. Für Sie als Käufer ist der tatsächliche Kaufpreis damit eindeutiger. Im Verkauf hingegen verzichten Sie auch eindeutig auf Stückzinsen.

Das größte Angebot an Genussscheinen finden Sie an der Börse Stuttgart. Die Adresse: www.boerse-stuttgart.de.

Von insgesamt 50 verschiedenen Genussscheinen waren an einem zufälligen Handelstag zum Jahresanfang nur vier Scheine tatsächlich handelbar, es gab An- und Verkaufsaufträge.

Die Rendite solcher Genussscheine, also den Ertrag pro Jahr, können Sie sehr einfach ermitteln. Am Beispiel des Bertelsmann-Genussscheins erläutere ich dies.

1. Im ersten Schritt scrollen Sie beim Überblick unter www.boerse-stuttgart.de ganz nach unten und wählen unter „Wertpapiere & Märkte" die Option „Genussscheine", oder geben Sie im Suchfeld die WKN ein.

2. Es öffnet sich das Fenster, das den Handel an der Stuttgarter Börse anzeigt.

So ermitteln Sie die Rendite eines Genussscheins.
Das Beispiel: Bertelsmann, WKN 522994

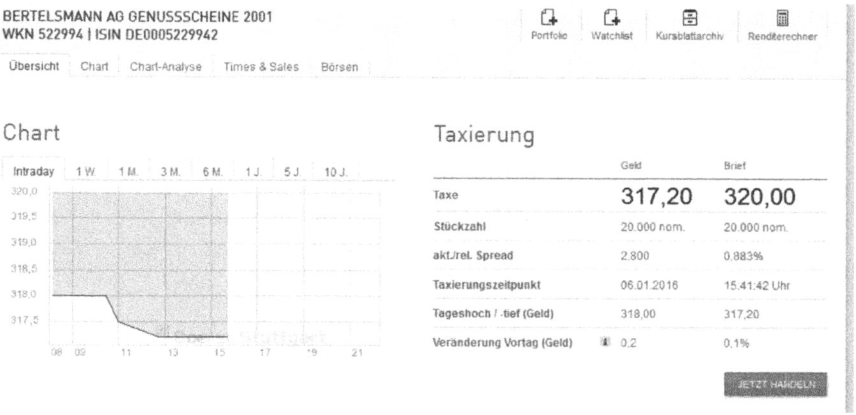

Quelle: www.boerse-stuttgart.de

Die Rendite eines Genussscheins können Sie einfach selbst errechnen.

Oben rechts klicken Sie auf den Button „Renditerechner". Es öffnet sich für diese Anleihe ein Renditerechner, der allerdings aus einem bestimmten Grund nicht funktioniert: Die Anleihe hat keine Laufzeitbeschränkung. Sie müssen wie bei anderen Anleihen, die keine Laufzeit kennen, eine fiktive Laufzeitbeschränkung eingeben. Ich habe für den Analysezeitpunkt als Anlageendpunkt das Jahr 2031 gewählt. Dann zeigt sich in diesem Ergebnisblatt die tatsächliche Rendite.

Ergebnisblatt für die Renditeberechnung zum Genussschein von Bertelsmann

Basis-Daten	
Handelsdatum (TT.MM.JJJJ)	06.01.2016
Valuta (TT.MM.JJJJ)	08.01.2016
Zinslaufbeginn (TT.MM.JJJJ)	
*Erster Kupontermin (TT.MM.JJJJ) **	
*Letzter Kupontermin **	
Fälligkeit (TT.MM.JJJJ)	31.01.2031
Kupon in %	15,000
Zinsfrequenz**	jährlich
Tageszählmethode	ACT_ACT
Stücknotiz	100
Rückzahlungskurs (Clean Price)	100
Aktueller Kurs (Clean Price) in %	317,25000

Ergebnis/Kennziffern	
Rendite in % p.a.	0,26772
Nettorendite in % p.a.	0,26772
Aufgel. Stückzinstage	342
Stückzinsen in %	14,01639
Restlaufzeit in Jahren	15,063
Duration	9,697
Modified Duration	9,671
Kurs inkl. Stückzinsen (Dirty Price) in %	331,26639
Vergangener Kupontermin (sofern vorhanden)	31.01.2015
Aktueller Wert in Euro	0,00000

Quelle: www.boerse-stuttgart.de

Das Ergebnis entnehmen Sie der rechten Spalte, zweite Reihe von oben.

Die Rendite pro Jahr betrug hier 2,677 %. Im Vergleich zu anderen Anleihen mit relativ hoher Sicherheit ist die Rendite noch relativ hoch. So würden Sie zu diesem Zeitpunkt mit Unternehmensanleihen, deren Rating gut bis sehr gut ist, vielleicht 1,5 % kassieren. Auch in dieser Phase könnte es sich aus kaufmännischer Sicht noch lohnen, einen solchen Genussschein zu erwerben. Dies erwähne ich an dieser Stelle jedoch lediglich beispielhaft.

Im Jahr 2018 dürfte es insgesamt schwierig sein, neue, attraktive Genussscheine zu finden. Der Markt ist weitgehend ausgetrocknet, wenn es um attraktive Papiere geht. Der *Deutsche Wirtschaftsbrief* empfiehlt Ihnen eindeutig, auf ausländische Papiere zu verzichten. Hier sind die Regelungen im Zweifel bei Weitem nicht so klar wie in Deutschland.

Deshalb bietet sich eine Alternative an: Sie können Fonds erwerben, die Genussscheine im Depot halten. Dann sind Sie als Fondseigner beteiligt. Hier empfiehlt der *Deutsche Wirtschaftsbrief* einen Fonds, der sich insgesamt in vielen Jahren bewährt hat. Der „DWS Hybrid Bond Fund LD". Der Fonds investiert in internationale Genussscheine und schüttet seine Erträge, also die Genüsse, aus.

Der Fonds hat ein Volumen von mehr als 700 Millionen €. Dies ist für Ihre Sicherheit wichtig, da selbst ein Kapitalabfluss durch viele Investoren keine dramatischen Folgen hätte. Neben den Ausschüttungen ist eine jährliche Kursperformance von 5 % bis 7 % möglich, wenngleich nicht garantiert. Sie können den Fonds über die Börse handeln und darüber hinaus auch einen Sparplan abschließen. Die sogenannte TER, das heißt die Gesamtkostenbelastung, ist mit gut 0,8 % jährlich im Vergleich zu vielen anderen Fonds relativ günstig.

Wandelanleihen: Chance auf Aktienrenditen

Zudem sind auch Wandelanleihen interessant. Mit Wandelanleihen erwerben Sie Schuldscheine, die ebenso wie sonstige Unternehmensanleihen einen Zinsanspruch sowie den Rückzahlungsanspruch gegen Unternehmen darstellen. Konkret: Wandelanleihen können Ihnen jährlich eine Zinsrendite von 1 bis 3 % bringen. Dies sind die durchschnittlichen Erwartungen.

Gegenüber sonstigen Anleihen bieten Ihnen diese Wandelanleihen allerdings einen entscheidenden Vorteil: Am Ende der Laufzeit können Sie in der Regel wählen, ob Sie statt der Rückzahlung der Schuldsumme die Aktie des zugrundeliegenden Unternehmens zu einem vorher festgelegten Preis für Ihr Depot erhalten. Wenn etwa der Kurs, der vereinbart wurde, für eine Aktie W bei 10 € liegt, der Markt zum Zeitpunkt aber 15 € zahlt, würden Sie durch den Umtausch in die Aktie zu einem Rückzahlungswert von 10 € jeweils 50 % Gewinn erzielen.

Dies wäre gegenüber der Barrückzahlung des geschuldeten Geldes sicher eine lohnenswerte Wahl. In diesem Sinne sind Wandelanleihen deutlich attraktiver als herkömmliche Unternehmensanleihen. Der Preis dafür ist der Zins. Meist liegt er etwas niedriger als bei vergleichbaren Unternehmensanleihen. Da die Zinsen im Jahr 2018 indes ohnehin niedrig sind, wären Wandelanleihen theoretisch relativ interessant. Das bedeutet natürlich auch, dass Sie bereits während der Laufzeit einer Wandelanleihe ein schönes Geschäft machen können. Wenn die Wette auf einen günstigen Aktienkursverlauf zutrifft, dann steigt der Wert der Wandlungsprämie. Die Wandlung wird immer attraktiver. Dies drückt sich in der Regel auch im Preis der Wandelanleihen aus, deren Kurs an den Börsen steigt. Deshalb müssen Sie nicht bis zum Laufzeitende warten, bevor eine Wandelanleihe ihre Vorteile ausspielt.

Hier bietet sich nicht an, bei der Stuttgarter Börse zu suchen. Die beste Suchmaske finden Sie auf www.onvista.de

So gehen Sie vor, wenn Sie Wandelanleihen vergleichen wollen:

1. Wählen Sie www.onvista.de
2. Wählen Sie oben unter den Reitern „Anleihen"
3. Auf der Seite „Anleihen" wählen Sie dann rechts oben unter den Reitern „Profi-Vergleich"
4. Dann erscheint eine Suchmaske, auf der Sie nach Wandelanleihen suchen können.

Suchmaske für die Suche nach Wandelanleihen

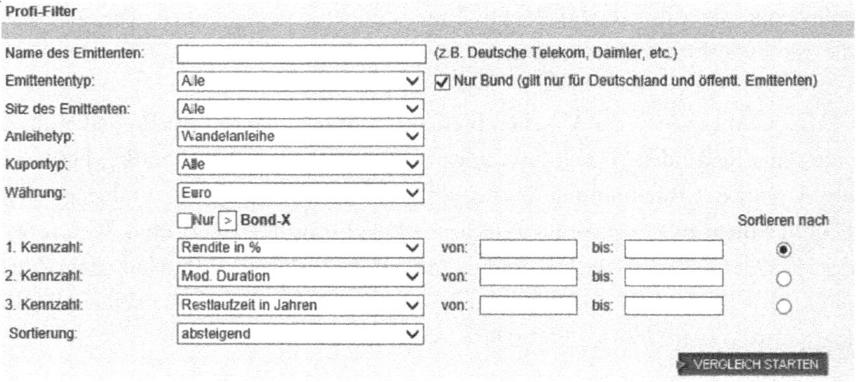
Profi-Filter
Name des Emittenten: (z.B. Deutsche Telekom, Daimler, etc.)
Emittententyp: Alle | Nur Bund (gilt nur für Deutschland und öffentl. Emittenten)
Sitz des Emittenten: Alle
Anleihetyp: Wandelanleihe
Kupontyp: Alle
Währung: Euro
Nur > Bond-X | Sortieren nach
1. Kennzahl: Rendite in % von: bis:
2. Kennzahl: Mod. Duration von: bis:
3. Kennzahl: Restlaufzeit in Jahren von: bis:
Sortierung: absteigend
VERGLEICH STARTEN

Quelle: www.onvista.de

Die Suchmaske finden Sie beispielsweise auf www.onvista.de

Die Suchmaske ist anfangs nicht so eingestellt wie hier abgebildet. Sie müssen als Anleihetyp „Wandelanleihe" auswählen und als Emittententyp unbedingt „Unternehmen" oder „alle". Sonst findet die Suchmaschine in diesem Fall keine Anleihe. Im folgenden Bild finden Sie dann das umfangreiche Ergebnis: Entscheidend ist für Sie die Rendite der Wandelanleihe. Da die Rendite sich aus dem zurück zu zahlenden geschuldeten Geld und dem aktuellen Kurs errechnet, bedeuten hohe Renditen, dass die Anleihe niedrige Kurse hat. Niedrige Kurse können einen unsicheren Markt andeuten. Hohe Kurse, also vergleichsweise niedrige Renditen hingegen deuten an, dass die Anleihe als sicher eingeschätzt wird.

Solche Wandelanleihen könnten Sie theoretisch in Deutschland handeln

WKN	Wertpapiername Emittent	Kupon	Fälligkeit	Kurs	Datum Uhrzeit	Whrg.	Börse	Rendite in %	Mod. Duration	Restlaufzeit in Jahren
A1YC02	HELIOCENTRIS ENERGY SOLUT... Heliocentris Energy Solution...	4,000%	16.01.17	32,00 +0,00%	08.01. 17:03:20	EUR	Düsseldor...	226,86%	0,28%	1,02
A1ASSA	ABENGOA S.A. EO-CONV.-NOT... Abengoa S.A.	4,500%	03.02.17	50,00 -5,66%	24.11. 14:46:29	EUR	Stuttgart	97,86%	0,52%	1,07
A0LNA8	IVG FINANCE B.V. EO-WANDE... IVG Finance B.V.	1,750%	29.03.17	1,00 +0,00%	08.01. 14:49:05	EUR	Stuttgart	61,00%	0,73%	1,21
A11QCS	CORONA EQUITY PARTNER AG ... Corona Equity Partner AG	6,000%	30.09.16	93,00 +0,00%	08.01. 11:51:08	EUR	München	59,98%	0,43%	0,72
A1GYMV	ESPIRITO SANTO FINL GROUP... Espirito Santo Financial Gro...	9,750%	19.12.25	20,00 -15,79%	28.07. 12:02:36	EUR	Berlin	50,72%	1,68%	9,94
A1HFDK	GVM DEBENTURES LUX 1 S.A.... GVM Debentures Lux 1 S.A.	5,750%	14.02.18	77,00 +0,33%	08.01. 10:38:41	EUR	Frankfurt	20,69%	1,51%	2,10
DZ42AN	DZ BANK AG DEUT.ZENTRAL-G... DZ BANK AG Deutsche Zentral-...	n.a.	04.08.17	75,51 +1,42%	05.01. 12:04:59	EUR	Stuttgart	19,78%	1,30%	1,56
A1HGM3	AIR BERLIN FINANCE B.V. E... Air Berlin Finance B.V.	6,000%	06.03.19	74,50 +0,84%	08.01. 16:20:31	EUR	Berlin	19,72%	2,12%	3,15
A1G7RH	JACCAR HOLDINGS S.A. EO-C... JACCAR HOLDINGS S.A.	7,000%	30.06.16	100,75 +0,00%	08.01. 11:11:39	EUR	Frankfurt	19,36%	0,36%	0,47
A1HQ7Y	NYRSTAR EO-OBL.CONV. BOND... Nyrstar	4,250%	25.09.18	71,09 +0,71%	08.01. 14:49:05	EUR	Stuttgart	19,10%	2,00%	2,71
A1G4Z1	ICHOR COAL N.V. EO-CONV. ... Ichor Coal N.V.	8,000%	07.06.17	90,00 +0,00%	09.11. 11:37:01	EUR	Frankfurt	17,04%	1,06%	1,41
A11QHW	ALNO AG WANDELANL.V.14(19... ALNO AG	8,000%	21.03.19	80,50 -1,53%	22.12. 11:36:31	EUR	Frankfurt	16,27%	2,32%	3,19
A1HH5M	OHL INVESTMENT S.A. EO-EX... OHL Investment S.A.	4,000%	25.04.18	79,19 -0,47%	08.01. 10:32:10	EUR	Frankfurt	15,67%	1,81%	2,29
A1GPSB	SACYR S.A. EO-CONV.-BONDS... Sacyr Vallehermoso S.A.	6,500%	01.05.16	98,00 +0,00%	08.01. 16:17:08	EUR	Frankfurt	14,06%	0,25%	0,31
A1GQJ1	COFINIMMO S.A./N.V. EO-CO... Cofinimmo S.A./N.V.	3,125%	28.04.16	100,00 +0,00%	08.01. 10:38:40	EUR	Frankfurt	13,08%	0,25%	0,30
A1ZHSR	SACYR S.A. EO-CONV.-BONDS... Sacyr Vallehermoso S.A.	4,000%	08.05.19	77,38 -0,06%	18.12. 15:38:14	EUR	Frankfurt	12,97%	2,52%	3,32
A1Z5ES	AZUBU INVESTMENTS S.A. EO... AZUBU Investments S.A.	5,000%	25.08.18	100,00 +0,00%	08.01. 09:12:06	EUR	Frankfurt	12,91%	1,79%	2,62
A1ZW68	OUTOKUMPU OYJ EO-CONV.-BO... Outokumpu Oy	3,250%	26.02.20	74,75 +0,50%	08.01. 10:38:39	EUR	Frankfurt	11,33%	3,22%	4,13
A1ZLG9	FF GROUP FINANCE LUXEMBOU... FF Group Finance Luxembourg ...	1,750%	03.07.19	77,82 -1,08%	08.01. 10:38:41	EUR	Frankfurt	9,60%	3,00%	3,48
A1HR6A	INDRA SISTEMAS S.A. EO-CO... Indra Sistemas S.A.	1,750%	17.10.18	83,06 +0,79%	08.01. 10:32:10	EUR	Frankfurt	8,98%	2,41%	2,77
A1ML4A	SGL CARBON SE WANDELSCHUL... SGL CARBON SE	2,750%	25.01.18	89,51 +0,00%	08.01. 17:31:00	EUR	Berlin	8,65%	1,76%	2,04
A0DEE5	4,375%NR EK IMMO-B.WA 04-... IMMO-BANK AG	4,375%	01.01.17	n.a. n.a.	n.a. n.a.	EUR		8,53%	1,30%	0,98
A161GJ	OTI GREENTECH AG WANDELAN... OTI Greentech AG	8,500%	30.10.18	100,50 +0,00%	08.01. 08:21:12	EUR	Düsseldor...	8,43%	2,09%	2,80
A11QP9	BENO HOLDING AG WANDELSCH... Beno Holding AG	5,000%	15.04.21	98,00 +0.00%	08.01. 11:51:08	EUR	München	8,36%	3,38%	5,26

Quelle. www.onvista.de

Die Anleihen können Sie mit den Pfeiltasten in der Kopfzeile, etwa bei „Rendite“, ordnen.

Wenn die Renditen bei Wandelanleihen zu hoch sind, gilt wie bei sonstigen Anleihen, dass die Risiken vom Markt als groß wahrgenommen werden. Dies kann bei Wandelanleihen an der erwarteten Unfähigkeit des Unternehmens liegen, die aufgenommenen Schulden zurückzuzahlen. Gleichzeitig wird stets deutlich, dass das Wandlungsrecht in die zugrundeliegende Aktie nicht viel oder nichts wert ist. Dann bewertet der Markt nur noch die Anleihe. Bei niedrigen Zinsen und der Kombination mit einer erwarteten Zahlungsunfähigkeit senkt der Markt dann oft den Daumen. Diese Wandlungsanleihen sollten Sie meiden.

Eine Alternative zu einzelnen Wandelanleihen sind Fonds, die zum Großteil oder vollständig Wandelanleihen aufnehmen. Diese Fonds untersuchen wir gleich. Hier zunächst ein Blick auf den relativ großen Markt für einzelne, in Deutschland handelbare Wandelanleihen. Insgesamt waren zum Zeitpunkt dieser Analyse gut 500 Wandelanleihen allein in Deutschland handelbar. Die ersten hier abgebildeten Wandelanleihen zeichnen sich durch sehr hohe Renditen aus. Dies ist Augenwischerei. Achtung: Die Rückzahlungswahrscheinlichkeit ist gering. Zudem ist die Wandlungsoption in aller Regel nichts mehr wert.

Wenn Sie sich für einzelne Wandelanleihen interessieren, dann halten Sie sich auf jeden Fall an Unternehmen, die Sie kennen und halbwegs einschätzen können. Mit Ausnahme diverser Banken ist uns keine Wandelanleihe aufgefallen, die eine positive Rendite gehabt hätte und die gleichzeitig hinreichend großes Vertrauen verdienen würde. Deshalb gilt bei Wandelanleihen stets größte Vorsicht.

Alternative: Fonds auf Wandelanleihen

Größte Vorsicht heißt in diesem Fall, dass Sie sich mit den Fonds auf Wandelanleihen vertraut machen können. Solche Fonds investieren mehr als 50 % oder bis zu 100 % des angelegten Vermögens in Wandelanleihen. Oft schüttet ein Fonds die erhaltenen Zinsen sogar an Investoren aus. Andere behalten die Ausschüttungen und investieren diese in den Erwerb neuer, weiterer Wandelanleihen.

Allerdings gibt es im Zusammenhang mit Investitionen in Fonds auf Wandelanleihen einige Wermutstropfen. So sind die meisten Fonds nicht an der Börse handelbar. Sie müssten die Fonds über Ihre Bank bei den Kapitalanlagegesellschaften kaufen. Dabei kann der Ausgabeaufschlag relativ hoch sein. Einige Banken gewähren in Sonderaktionen – vor allem für die Fonds des eigenen Hauses – Rabatte und senken die Ausgabeaufschläge drastisch. **Nutzen Sie eine solche Gelegenheit, denn Ausgabeaufschläge können bei Fonds auf Wandelanleihen die Rendite entscheidend beeinflussen.**

Zudem nutzen viele Fondsgesellschaften den internationalen Markt. Gerade im Ausland existieren weit mehr Wandelanleihen als in Deutschland. Deshalb werden Sie im Portfolio vieler Fonds vor allem ausländische Papiere finden. Damit erhöht sich für Sie das Risiko, dass die Politik des jeweiligen Fonds kaum noch zu verfolgen ist.

Wandelanleihenfonds unter www.fondsweb.de

Fondsname WKN / ISIN	Gesellschaft FWW FundStars®	Perf. lfd. Jahr	Anlageschwerpunkt Perf. 3 Jahre	Perf. 5 Jahre	
Deka-Wandelanleihen CF 693798 / LU0158528447	Deka Luxemburg		Rentenfonds Wandelanleihen, Welt, Euro		ZUM PROFIL
	★★★★	-1,22%	+24,60%	+26,31%	
Deka-Wandelanleihen TF 693799 / LU0158529254	Deka Luxemburg		Rentenfonds Wandelanleihen, Welt, Euro		ZUM PROFIL
	★★★★	-1,25%	+22,83%	+23,32%	
H & A Wandelanleihen Europa A A0B65V / LU0195337604	Hauck & Aufhäuser		Rentenfonds Wandelanleihen, Europa, Hartwährungen (Europa)		ZUM PROFIL
	★★	-0,94%	+10,50%	+18,54%	
H & A Wandelanleihen Europa B n.v. / LU0699623350	Hauck & Aufhäuser		Rentenfonds Wandelanleihen, Europa, Hartwährungen (Europa)		ZUM PROFIL
	★★	n.v.	n.v.	n.v.	
H & A Wandelanleihen Europa C II n.v. / LU0699623517	Hauck & Aufhäuser		Rentenfonds Wandelanleihen, Europa, Hartwährungen (Europa)		ZUM PROFIL
	★★	n.v.	n.v.	n.v.	
HWB Umbrella Fund - HWB Wandelanleihen Plus R A0LFYN / LU0277940929	LRI Invest S.A.		Strategiefonds Renten-Strategie Bond L/S, Welt		ZUM PROFIL
	★★★★	-0,71%	+32,86%	+31,16%	
HWB Umbrella Fund - HWB Wandelanleihen Plus V A0JMLY / LU0254656522	LRI Invest S.A.		Strategiefonds Renten-Strategie Bond L/S, Welt		ZUM PROFIL
	★★★★	-0,71%	+32,84%	+31,15%	
LLB Wandelanleihen H CHF A142F6 / LI0290911622	LLB Fund Services AG		Rentenfonds Wandelanleihen, Welt, Euro		ZUM PROFIL
	nicht bewertet	-1,63%	n.v.	n.v.	
LLB Wandelanleihen H USD A142F7 / LI0290911630	LLB Fund Services AG		Rentenfonds Wandelanleihen, Welt, Euro		ZUM PROFIL
	nicht bewertet	-1,15%	n.v.	n.v.	

Quelle: www.fondsweb.de

Die Fonds können Sie nach der Performance der vergangenen drei Jahre bzw. fünf Jahre in der Kopfzeile ordnen. Die Daten sind beispielhaft und ändern sich im Laufe der Zeit.

Dennoch sind Wandelanleihenfonds eine sinnvolle Alternative zu einzelnen Wandelanleihen und vor allem zu anderen Rentenfonds. Sie können die erfolgreichsten Fonds relativ einfach über Internetportale identifizieren. Ein Anbieter etwa ist unter www.fondsweb.de erreichbar. Dort geben Sie im Feld Suche „Wandelanleihe“ an. Wenn Sie den englischen Begriff „convertibles“ verwenden, erscheinen ebenfalls Wandelanleihenfonds.

Die Bewertung von „FWW FundStars" ist das Ergebnis dieser jeweiligen Ratinggesellschaft und kann einen ersten Anhaltspunkt bieten. Beachten Sie, dass die Performance-Angaben sich auf die Gesamtperformance beziehen. Wer also beispielsweise den „Deka-Wandelanleihen CF" bewertet und eine Performance von 24,60 % für drei Jahre unterstellt, sollte wissen, dass dies einer jährlichen Rendite von gut 7,5 % entspricht (nach Zins- und Zinseszinsberechnung). Dennoch sind die aufgelaufenen Renditen deutlich höher als bei nahezu allen anderen Rentenfonds.

Fazit: Genussscheine und Wandelanleihen sind sehr gute Alternativen für Sie, wenn Sie hohe Zinsen suchen und nicht ausschließlich auf Dividenden von Aktien setzen. Dabei sind einzelne gute Genussscheine in Deutschland vergleichsweise rar gesät. Dann bietet es sich an, vor allem auf Fonds zu setzen. Börsengehandelte Fonds, ETFs, sind transparenter und kosten im Vergleich meist weniger Gebühren. Wandelanleihenfonds hingegen müssen Sie in aller Regel über die Kapitalanlagegesellschaft kaufen. Dennoch bleiben die Fonds attraktiv, da die Renditen hoch sind.

Weitere Alternativen: Zertifikate auf Genussscheine oder Wandelanleihen?

Vor etlichen Jahren suchten viele Investoren auch Zertifikate auf Wandelanleihen oder auf Genussscheinen. Der Markt reagierte, da die Zinsalternativen attraktiv genug waren, um darauf Indizes abzubilden. Solche Indizes bilden die Grundlagen für Zertifikate, die dann den entsprechenden Index abbilden. Solche Zertifikate auf Wandelanleihen oder Genussscheine sind vollkommen aus der Mode gekommen. Sollte die Zeit wieder reif sein, lassen Sie dennoch die Finger davon. Indizes auf Wandelanleihen oder Genussscheine sind weitgehend sinnlos. Beide Anlagearten leben davon, dass sich durch eine besonders gute Unternehmensentwicklung erstklassige Ausschüttungen beziehungsweise bei Wandelanleihen Umtauschoptionen ergeben. Breite Indizes können solche Vorgänge kaum abbilden.

Daher bleibt die Empfehlung: Kaufen Sie Genussscheine oder Wandelanleihen entweder einzeln, möglichst zur Risikostreuung allerdings in Form von Fonds. Die Renditechancen sind deutlich höher als bei sonstigen Anleihen. Die Sicherheit ist dann durch die breite Streuung ebenfalls hoch.

7. Zertifikate als Sonderform von Anleihen

Zertifikate als Schuldverschreibungen sind zudem bei weitem nicht so „sicher“, wie viele Emittenten Glauben machen wollen. Die Schuldverschreibungen weisen oft durch ihre Emissionsbedingungen Risiken auf, die anfangs nicht sichtbar sind. So können Emittenten Schuldverschreibungen vom Markt nehmen, wenn sie mit der zugrundeliegenden Entwicklung nicht mehr einverstanden sind.

„Endlose“ Zertifikate sind grundsätzlich nicht endlos. Dies könnte kein Emittent in seiner Bilanz abbilden, denn dann bestünde die Gefahr unendlich hoher Verluste. Zertifikate leben davon, dass die Emittenten ihr jeweiliges Zahlungsversprechen durch Gegengeschäfte am Markt absichern. Wenn sie also steigende Kurse des zugrundeliegenden Wertpapiers in einem Index abbilden müssen, dann würden sie dies an einem anderen Markt „absichern“. Die Banken brauchen dann lediglich einen Gegenspieler, der dagegen wettet.

Die Bank verliert gerade bei Zertifkaten „nie“. Dies wird auch bei sogenannten Hebelzertifikaten sichtbar, bei denen der Erfolg oder Misserfolg einer Wette auf den Kurs eines zugrundeliegenden Wertpapiers sich mit einem bestimmten Faktor vervielfacht. Wie hoch der Vervielfachungsfaktor tatsächlich ist, hängt vom entsprechenden Hebel ab. Ein Hebel-Zertifikat „4“ auf den DAX beispielsweise würde bei einem DAX-Anstieg um 1 % einen Gewinn von etwa 4 % schaffen oder umgekehrt einen entsprechenden Verlust von 1 % um das Vierfache auf 4 % Minus hebeln. Solche Hebelzertifikate tauchen unter verschiedenen Begriffen auf. Dies können sein:

- Mini-Future-Zertifikate
- Turbozertifikate
- Knock-out-Zertifikate
- Open End Turbo Optionsschein
- Faktor-Zertifikate oder ähnlich

Die Risiken beschränken sich nicht nur auf die gehebelten Verlusterwartungen. Die Zertifikate sind zudem schwieriger zu kalkulieren als etwa Optionen oder Optionsscheine. Denn die Emittenten setzen in der Regel einen sogenannten Schwellenwert ein, bei dem ein solches Zertifikat wertlos verfällt. Dieser wertlose Verfall setzt weit früher ein als beim zugrundeliegenden Wert wie etwa dem DAX. Zudem verschiebt sich der Schwellenwert börsentäglich nach einer Formel, die der Emittent festsetzt.

Zertifikate können Sie an verschiedenen Börsen handeln. Die Börse in Frankfurt hält die meisten schnell überschaubaren Risiken und Fehltrades in einer Übersicht bereit. Wählen Sie:

www.zertifikate.boerse-frankfurt.de

Dort wählen Sie den Reiter „Handelsinfos". Hier erhalten Sie die entscheidenden Informationen über ausgeknockte Produkte, die also vom Handel genommen wurden und wertlos verfallen. Pro Tag verfallen tausende von Zertifikaten. Dies sind in der Regel Hebelzertifikate. Zudem gibt es für etliche dieser Zertifikate wichtige Handelseinschränkungen oder sogenannte Mistrades. Die beiden letztgenannten Punkte betreffen private Investoren, wenn Sie beispielsweise bei einem kleineren oder größeren Börsencrash bestimmte Produkte für eine möglicherweise entscheidende zeitliche Phase nicht mehr handeln können.

Fehler im Zertifikatehandel an der Börse Frankfurt an einem beliebigen Tag

Handelsinfos

Ausgeknockte Produkte | Handelseinschränkungen | Mistrades | Bekanntmachungen | Newsboard

Ausgeknockt am	Emittent	WKN	Name	Basiswert	Knock-Out Barriere	Letzter Handelstag	Währung
08.01.2016	UBS	UT5TVM	Turbo Optionsschein auf Home Depot	Home Depot	123,50	18.03.2016	USD
08.01.2016	UBS	UT6JEV	Turbo Optionsschein auf Home Depot	Home Depot	123,50	17.06.2016	USD
08.01.2016	UBS	UT6ZSA	Turbo Optionsschein auf Biogen	Biogen	280,00	17.06.2016	USD
08.01.2016	UBS	UT6ULV	Turbo Optionsschein auf Biogen	Biogen	280,00	18.03.2016	USD
08.01.2016	UBS	UT4E0D	Open End Turbo Optionsschein auf S&P 500	S&P 500	1.918,614	open-end	USD
08.01.2016	UBS	UT5RSN	Open End Turbo Optionsschein auf Celgene Corporation	Celgene Corporation	108,814	open-end	USD
08.01.2016	UBS	UT5F8K	Open End Turbo Optionsschein auf McDonald's	McDonald's	115,319	open-end	USD
08.01.2016	UBS	UX17C5	X-Open End Turbo Optionsschein auf DAX Performance	DAX Performance	9.733,132	open-end	EUR
08.01.2016	UBS	UT58PK	Open End Turbo Optionsschein auf NASDAQ 100	NASDAQ 100	4.266,321	open-end	USD
08.01.2016	UBS	UT30XN	Open End Turbo Optionsschein auf Schlumberger Ltd	Schlumberger Ltd	64,916	open-end	USD
08.01.2016	UBS	UT4G15	Open End Turbo Optionsschein auf 3M Company	3M Company	140,263	open-end	USD
08.01.2016	UBS	UT6V2V	Open End Turbo Optionsschein auf Biogen	Biogen	280,068	open-end	USD
08.01.2016	UBS	UX18CJ	X-Open End Turbo Optionsschein auf DAX Performance	DAX Performance	9.745,080	open-end	EUR
08.01.2016	UBS	UX18S[illegible]	X-Turbo Optionsschein auf DAX Performance	DAX Performance	9.725,00	30.03.2016	EUR
08.01.2016	UBS	UX177[illegible]	X-Open End Turbo Optionsschein auf DAX Performance	DAX Performance	9.729,210	open-end	EUR
08.01.2016	UBS	UT6FN3	Open End Turbo Optionsschein auf Home Depot	Home Depot	123,635	open-end	USD
08.01.2016	UBS	UX19H4	X-Open End Turbo Optionsschein auf DAX Performance	DAX Performance	9.739,281	open-end	EUR

Quelle: www.zertifikate.boerse-frankfurt.de

Sie sehen die Fehler im Handel sowie deren Auswirkungen aus.

Dies ist lediglich ein kleiner Ausschnitt der Probleme. Deshalb sind zumindest Hebelprodukte in Form von Zertifikaten mit Vorsicht zu genießen.

Doch auch andere Zertifikate bergen Risiken, die privaten Investoren nicht immer deutlich genug sind. So können Sie mit Discount-Zertifikaten Rabatte auf die zugrundeliegenden Werte erhalten. Ein Discount-Zertifikat auf den Kurs der Bayer-Aktie würde Sie zum Ende der Laufzeit etwa berechtigen, eine Aktie von Bayer für Ihr Depot zu bekommen. Dieses Recht erwerben Sie gegenüber dem Kauf der Aktie mit einem Abschlag, dem Discount.

Zertifikate leben davon, dass die Emissionsbanken am Ende auch zurückzahlen können. Das Risiko tragen Sie. Zudem sind Zertifikate dieser Art teurer, als es auf den ersten Blick wirkt. Die Bank schließlich leiht sich von Ihnen eine bestimmte Summe Geld. Deren Risiko besteht lediglich darin, dass der von Investoren erhoffte Gewinn sich einstellt. Bei Discount-Zertifikaten also müsste die Bank befürchten, dass sie am Laufzeitende die Aktie liefern muss.

Dieses Risiko übernimmt sie erst gar nicht, sondern bildet mit den Discount-Zertifikaten ein Geschäft am Derivate-Markt ab. Es gibt Investoren, die auf einen steigenden Aktienkurs setzen sowie Investoren, die als Wette dagegen halten und einen fallenden Aktienkurs erwarten. Die Bank muss sich auf diesem Weg lediglich die Gegenwette einkaufen und versichert damit ihr Geschäft. Dies ist extrem kostengünstig. Weitere Zinsen erhalten Sie nicht. Insofern kann die Bank sich über den Markt für Zertifikate weitgehend kostenfrei verschulden. Läuft ein Zertifikate über einen längeren Zeitraum, also beispielsweise zwei bis drei Jahre, summiert sich die entsprechende Zinsersparnis beträchtlich. Umgekehrt büßen Sie in zinsstärkeren Zeiten neben den fälligen Gebühren und den Kosten für die Börsentransaktion rechnerisch genau diese Zinsen ein. Da Sie das Geld effektiv nur verleihen, steht die Bank als Gegenpart der Leihe in Konkurrenz zu anderen, die sich von Ihnen Geld leihen wollen. Deshalb sind die entgangenen Zinsen für Sie ein Posten, der das Gesamtergebnis noch trübt.

Zertifikate sind also als Schuldverschreibungen letztlich riskanter als Fonds und zumindest im Vergleich zu ETFs in vielen Fällen teurer. Deshalb sind Zertifikate für viele private Anleger ungeeignet.

8. Die ideale Aktienstrategie für Ihr Depot

Das A und O der langfristigen Rendite an den Finanzmärkten sind nach wie vor Aktien. Darauf hatte ich Sie eingangs des Teils II dieses Buches hingewiesen. Aktien schaffen unverändert über viele Jahre hinweg typischerweise Renditen von 8 % oder mehr. Dies gilt sowohl in den USA als auch in Deutschland. Dies sehen Sie bereits im Abschnitt zu Aktienfonds.

Wenn Sie langfristig mit Aktien gewinnen wollen, dann kommt es auf Substanz an. In starken Phasen an den Aktienbörsen wird immer irgendjemand mit irgendeiner „Strategie" hohe Gewinne erzielen. Das ist, auch wenn dies unwahrscheinlich klingt, Zufall. Die statistischen Zufallsverteilungen zeigen seit vielen Jahrhunderten, dass bei allen Ereignissen mit vielen Ergebnissen eine kleine Minderheit extreme Ergebnisse erzielen muss. Irgendjemand muss also in jeder Periode auch besonders hohe Gewinne haben.

Systematisch können Sie mit Aktien jedoch nur gewinnen, wenn Ihre Strategie über viele Jahre haltbar und logisch ist. Im *Deutschen Wirtschaftsbrief* finden Sie solche substanzstarken Unternehmen, die wir zudem langfristig halten.

Warum Substanz die beste Aktienstrategie verkörpert

Aktien verkörpern einen bestimmten Anteil am Unternehmen. Die Anzahl der Aktien x dem jeweiligen Kurswert an den Börsen zeigt beispielsweise bei börsennotierten Aktiengesellschaften die sogenannte Marktkapitalisierung an. Frei interpretiert sehen Sie dabei, wie hoch der Markt den Wert des Unternehmens einschätzt.

Das hat nur am Rand und auch lediglich kurzfristig etwas mit Spekulation zu tun. Vielmehr geht es bei jedem Kurs für jede Aktie wie an jedem anderen Markt um den tatsächlichen „Wert" des Handelsgutes „Anteil am Unternehmen". Warum sollte jemand dauerhaft mehr zahlen, als ein solcher Anteil wert ist. Warum sollte jemand dauerhaft weniger kassieren wollen, als ein solcher Anteil wert ist. Deshalb wird sich über einen mittelfristige Zeit an funktionierenden Aktienmärkten mit großem Handelsvolumen stets ein „fairer" Wert einstellen.

Was aber ist fair? Den Anteilswert eines Unternehmens können Sie nicht auf das Komma genau bestimmen. Aber es ist nur logisch, dass der Wert zum Beispiel den Gewinnausschüttungen über einen bestimmten Zeitraum entsprechen sollte. Oder dem Buchwert des Nettovermögens eines solchen Unternehmens. Oder dem Buchwert ./. eines bestimmten Sicherheitsabschlags. Auf jeden Fall ist es logisch, dass es Kennzahlen gibt, die den Wert zumindest eingrenzen können.

Dividendenstrategie die wichtigste Kennzahl

Die wichtigste Kennzahl findet sich jedoch ausserhalb der Bilanz: Die Dividendenrendite. Auch im *Deutschen Wirtschaftsbrief* ist dies, die Verzinsung von Aktien, die wichtigste Basis. Die Datenagentur Bloomberg stellte vor einiger Zeit fest, dass der US-Zinssatz seit 1870(!) in aller Regel unterhalb der Dividendenrendite für S&P 500-Aktien lag. Lediglich in der Hochzinsphase nach dem Zweiten Weltkrieg stieg der Zinssatz bis zum Jahr 1980 massiv an und lag deutlich höher.

Danach fiel der Zinssatz steil ab, und wurde von der Dividendenrendite spätestens ab 2010 wieder klar übertroffen. Das heißt, allein die Ausschüttungen der wichtigsten Unternehmen waren regelmäßig höher als die Zinsen scheinbar sicherer Anleihen. Wer dem US-Staat sein Geld lieh, konnte meist weniger verdienen als diejenigen, die Anteilseigner von Unternehmen allein durch die jährlichen Gewinnausschüttungen. Wobei dies nur die halbe Wahrheit ist.

Die Dividendenrendite bezieht sich in allen Veröffentlichungen stets auf den Kurs einer Aktie zum jeweiligen Betrachtungszeitpunkt. Wenn die Dividenden allerdings steigen, und das passiert bei guten Unternehmen vergleichsweise stetig, dann ist die persönliche Dividendenrendite von früh eingestiegenen Aktionären noch viel höher als die jährlich ausgewiesene Dividendenrendite. Deshalb sind stetige Dividenden das Fundament für den Vermögensaufbau mit Aktien. Dies vergessen die Medien allerdings in aller Regel. Dargestellt wird lediglich die Kursentwicklung, die an sich keine große Rolle spielt.

Wenn Sie Aktien wie Anteile an Immobilien betrachten, wird der Unterschied zur üblichen Darstellung deutlicher: Stellen Sie sich vor, Sie würden die Immobilien vermieten. Wie hoch das Angebot für die Immobilien selbst monatlich, wöchentlich oder gar täglich ist, sollte keine große Rolle spielen. Sie können die Miete in regelmäßigen Abständen erhöhen. Ebenso ist es bei guten Unternehmen, denen Sie als Aktionär mit Ihrem Geld das Kapital zur Verfügung gestellt haben. Gute Unternehmen erhöhen ihre Gewinne im Durchschnitt über einen mittel- und langjährigen Zeitraum stets.

Auf diese Weise sammeln sich im Laufe der Jahre Dividendenrenditen von 8 %, 10 % und mehr, und das pro Jahr. Deshalb sind Dividenden das A und O einer fundamentalen Anlagestrategie. In den kommenden Jahren sind die Dividendenaussichten besonders gut.

Den Unterschied zwischen Investitionen inklusive attraktiver Dividenden und ohne Berücksichtigung der Dividenden sehen Sie schon im DAX sehr gut. Der DAX wird normalerweise als „Performance-Index" geführt. So, wie Sie den DAX im Fernsehen oder im Internet verfolgen, enthält er bei der Berechnung die ausbezahlten Dividenden. Daneben gibt es noch einen DAX-Index, der die reinen Kursgewinne abbildet. Der Unterschied ist gewaltig (etwa doppelt so hoch).

Kurz: Der DAX hat mit den Dividenden etwa 100 % mehr gewonnen, und das in noch nicht einmal 30 Jahren. Dies belegt auf den ersten Blick, warum hohe Dividenden so wichtig und ertragreich sind.

Und hier sehen Sie, dass die Dividendenzahlungen im DAX fast immer steigen, so auch für die kommenden Jahre.

Das heißt, dass Sie zumindest zu dividendenstarken Indizes und vor allem in Niedrigzinsphasen zu Aktien mit hohen Ausschüttungen greifen sollten. Wichtig ist, wie dargestellt, dass diese Ausschüttungen stetig sein müssen. Dafür gelten zwei Regeln, die im *Deutschen Wirtschaftsbrief* für den langfristigen Vermögensaufbau angewandt werden:

- Die Ausschüttungsquote, also der Anteil an Gewinnen, der ausgezahlt wird, sollte regelmäßig zwischen 30 % und 70 % betragen. Ansonsten würden die Unternehmen zu viel vom Gewinn abgeben und weniger in neue Projekte investieren.

Umgekehrt, wenn zu wenig ausgeschüttet wird, kann das Ihren Ansprüchen als Anteilseigner nicht genügen.

- Solche Unternehmen sollten zumindest regelmäßig dieselben Dividenden zahlen oder gelegentlich ihre Dividenden erhöhen. Dann wächst auch Ihre persönliche Dividendenrendite.

Es gibt zwei Möglichkeiten, solche Unternehmen zu identifizieren. So können Sie als Anleger die Bilanzen von Unternehmen aus diversen Indizes durchforsten und prüfen, wie sicher deren Gewinnsituation ist. Oder Sie sehen sich einfach die Dividendenzahlungen von Unternehmen aus den vergangenen Jahren an. Dann erfahren Sie auf einen Blick, wer über eine längere Zeit hohe Dividendenausschüttungen vorgenommen hat.

Auf der folgenden Seite sehen Sie einen Auszug an Unternehmen, die immerhin über einen Zeitraum von mehr als 10 Jahren ihre Dividende stets erhöht haben.

Solche Unternehmen sind für den *Deutschen Wirtschaftsbrief* grundsätzlich interessant. Eine Auswahl dieser Unternehmen findet sich daher auf den jeweiligen Empfehlungslisten. Ähnliche Aktien aus dem DAX sind zudem Linde, Bayer, SAP oder Henkel, die ebenfalls ihre Dividenden permanent erhöhen. Aus den USA lassen sich noch McDonald's nennen, Coca-Cola oder Philip Morris und Johnson & Johnson. LVMH zählt ebenfalls zu den international empfehlenswerten Unternehmen, bei denen Sie grundsätzlich investieren könnten.

Die einfachste Strategie für private Investoren basiert daher darauf, Aktien mit einer möglichst hohen Dividendenrendite und einer stetigen Dividende zu kaufen und liegen zu lassen. Sie können dann mit Gesamtrenditen von 6 bis 10 % jährlich rechnen. Kursverluste dürften über einen längeren Zeitraum nicht anfallen.

Ob die Dividenden tatsächlich auch in den folgenden Jahren jeweils sicher ist, erfahren Sie über die Veröffentlichungen des Unternehmens selbst. Aktiengesellschaften sind dazu verpflichtet, sogenannte (kurs-)relevante Informationen an die Öffentlichkeit zu geben. Dazu zählt auf jeden Fall auch die Entwicklung der Dividendenpolitik.

Diese Unternehmen haben ihre Dividenden in den vergangenen Jahren zuverlässig gezahlt

Name	ISIN	Dividende ununterbrochen erhöht (in Jahren) *	Kurs in Euro	Dividende in Euro	Akt. Divi-Rendite in %
L'Oréal**	FR0000120321	33	169,00	3,10	1,83
ROCHE HLDG	CH0012032113	29	219,50	7,38	3,36
PEARSON**	GB0006776081	23	9,15	0,59	6,46
Bunzl	GB00B0744B38	23	27,25	0,43	1,58
Fresenius	DE0005785604	23	71,03	0,55	0,77
Sanofi	FR0000120578	22	68,55	2,93	4,27
Unilever	NL0000009355	20	41,44	1,28	3,09
Nestle	CH0038863350	20	69,95	2,05	2,93
Lindt & Sprüngli	CH0010570759	20	60.350,41	728,80	1,21
Novartis	CH0012005267	19	70,35	2,46	3,50
Essilor	FR0000121667	19	114,10	1,11	0,97
Fresenius Med Care	DE0005785802	19	76,75	0,80	1,04
Novo-Nordisk	DK0060534915	18	36,10	0,86	2,38
Imperial Brands	GB0004544929	18	46,85	1,32	2,82
Diageo	GB0002374006	18	26,15	0,59	2,25
Vodafone	GB00BH4HKS39	17	2,66	0,13	4,70
SSE	GB0007908733	17	18,15	0,99	5,43
Assoc. Brit. Foods	GB0006731235	16	30,15	0,40	1,32
Brit. Am. Tobacco	GB0002875804	15	57,95	1,75	3,02
Reckitt Benckiser	GB00B24CGK77	13	85,10	1,58	1,86

Quelle: www.mydividends.de

Die Dividendenrendite bezieht sichauf den Einstiegskurs (Abschluss 2017). Die Daten ändern sich laufend etwas, da in den USA quartalsweise gezahlt wird.

Dafür müssen Sie lediglich ein Musterdepot auf einem Finanzportal wie www.onvista.de oder www.finanzen.net anlegen, Ihre Aktien „kaufen"und dann die entsprechenden News anzeigen lassen.

Doch die Ergebnisse einer solchen Aktienstrategie können Sie mit etwas mehr Arbeit noch deutlich verbessern. Dafür müssen Sie die Bilanzen eines Unternehmens nicht zwangsläufig lesen, sondern können sich ebenfalls mit relativ schnell vorliegenden Kennzahlen informieren.

Sichere Aktien nach dem *Deutschen Wirtschaftsbrief*

Die Aktienauswahl berücksichtigt dann neben den Dividenden auch Marktdaten, die Ihr Risiko reduzieren sollen. Die Auswahlstrategie im Einzelnen:

- Suchen Sie nach Aktien mit einer hohen Dividendenrendite, die möglichst über Jahre hinweg stabil ist. Die Dividendenrendite errechnet sich aus der Formel:

  Ausgezahlte Dividende/Einstiegskurs = Dividendenrendite

- Die Aktie sollte – jedenfalls in den meisten Fällen – eine hohe Marktkapitalisierung von mehr als 1 Milliarde € haben. Die Marktkapitalisierung errechnet sich aus folgender Formel:

  Börsenkurs der Aktie x Anzahl Aktien = Marktkapitalisierung

  Damit verhindern Sie, dass zu schwach gehandelte Aktien Einfluss auf Ihre Ergebnisse bekommen. Kleinere Unternehmen können zwar schnell steigende, aber auch rasch fallende Aktienkurse produzieren, weil einzelne Investoren einen größeren Einfluss auf das Marktgeschehen haben.

- Das Unternehmen sollte auf Märkten agieren, die bereits funktionieren. Schwellenländer kommen in der Regel nicht als Kernmärkte für starke Unternehmen in Betracht, da die Unternehmensentwicklung dort kaum zu kalkulieren ist. Deshalb sind Automarken wie VW oder Daimler mit Engagements in China für viele Depots zu riskant.

- Das Kurs-Gewinn-Verhältnis (KGV) sollte sich entweder bei weniger als 20 befinden oder im historischen Vergleich zur eigenen Unternehmensentwicklung als günstig erweisen. Das Kurs-Gewinn-Verhältnis errechnen Sie einfach so:

  Kurs/Gewinn pro Aktie = KGV

- Die Aktie sollte wenn möglich eine langfristige Outperformance gegenüber dem Markt aufweisen. Das heißt, die Kursentwicklung sollte überdurchschnittlich sein. Beobachtungszeitraum dafür könnte etwa eine Phase über 3 oder 5 Jahre sein. Das Kriterium ist das schwächste unter den hier genannten Faktoren, da „unterbewertete" Aktien sich definitionsgemäß dadurch auszeichnen, dass sie eigentlich unter Wert gehandelt werden und damit nicht positiv herausstechen dürften.

- Zudem sollte die sogenannte Volatilität möglichst niedrig sein. Dies ist die Schwankungsbreite eines Aktienkurses in einem bestimmten Zeitraum. Je weniger Schwankungen der Aktienkurs zeigt, desto sicherer scheint sich der Markt seiner Bewertung zu sein. Langfristig steigt damit die Glaubwürdigkeit einer Bewertung. Sie finden die Volatilität im Internet auf den Finanzportalen wie www.finanzen.net, indem Sie die WKN oder ISIN der betreffenden Aktie eingeben.

- Schließlich achtet der *Deutsche Wirtschaftsbrief* nach seiner Auswahlstrategie auch auf das sogenannte Beta einer Aktie. Diese statistische Kennziffer beschreibt den Zusammenhang zwischen dem Kurs einer Aktie und dem zugrundeliegenden Index. Wenn das Beta weniger als 1 beträgt, schwankt der Kurs weniger stark als der Index selbst – zurückgerechnet. Auch dieses Beta finden Sie auf den genannten Finanzportalen. Dabei ist vor allem das Beta auf 3-Jahres-Sicht interessant, wenn Sie langfristig sichere Aktien suchen.

Konkrete sichere Aktien nach dem Sicherheitssystem des *Deutschen Wirtschaftsbriefs*

Ausgesuchte Aktien erfüllen diese Bedingungen, die sowohl die Rendite als auch die Schwankungsanfälligkeit und damit Ihr Risiko betreffen. Hier finden Sie einen Auszug der interessantesten Aktien, bei denen es sich kurz vor dem tatsächlichen Investment lohnt, die Daten noch einmal zu vergleichen.

Name	Marktkapitalisierung	Dividendenrendite	KGV	Beta
Allianz	groß	> 4 %	12,6	0,44
AstraZeneca	groß	> 4 %	21,6	0,83
BAT	groß	> 4 %	2,7	0,86
Danone	groß	3 %	17,8	0,82
Diageo	groß	3,3 %	21,4	0,81
H&M	groß	3,6 %	17,3	0,83
Hugo Boss	groß	4,3 %	21,2	0,75
Lloyds Group	groß	4,9 %	15,5	1,01
Munich Re	groß	4,4 %	74,1	0,72
Nestlé	groß	3,2 %	36,1	0,81
Novartis	groß	3,3 %	18,0	1,06
OMV	groß	4,8 %	39,7	0,92
Siemens	groß	4,4 %	16,0	0,94
Swiss Re	groß	5,6 %	94,6	0,62
Vivendi	groß	6,2 %	22,2	0,82

Quelle: www.onvista.de, eigene Recherchen (Stand Ende 2017)

Das Beta einiger Aktien und damit die statistische Abhängigkeit ist gering.

Diese Aktien könnten die Grundlage für ein sicheres Depot bilden. Dennoch ändern sich die Daten möglicherweise im Laufe der Zeit. Vor einer Investition sollten Sie also diese Daten genau prüfen:

- Dividendenrendite
- Entwicklung von Dividende und Dividendenrendite
- KGV
- Marktkapitalisierung
- Kursentwicklung => Outperformance
- Volatilität
- Beta

Die genannten Finanzportale, die Bilanzen und die Beschreibung kaufenswerter Aktien im *Deutschen Wirtschaftsbrief* helfen Ihnen weiter. Wenn Sie diese Faktoren beachten, dann ist eine umfangreiche Bilanzanalyse weitgehend überflüssig. Dennoch:

Auch mit einer umfangreichen Bilanzanalyse finden Sie relativ gut bewertete Unternehmen. **Dann bietet sich schließlich als dritte Aktienstrategie auch eine Mischung aus fundamentalen Bilanzdaten sowie der Marktentwicklung an. Das Depot kann sich aus Aktien zusammensetzen, deren Auswahlkriterien auf den berühmten Fundamental-Anleger Benjamin Graham zurückgehen.**

Die dritte Auswahlstrategie im Überblick

Ertragskennziffern

- Die Gewinnrendite solcher Unternehmen sollte doppelt so hoch sein wie die durchschnittliche Rendite von Anleihen
- Das Kurs-Gewinn-Verhältnis (KGV) sollte maximal 60 % des höchsten KGV aus den vergangenen 5 Jahren betragen
- Die Dividendenrendite sollte zumindest knapp 70 % der Rendite deutscher Staatsanleihen betragen
- Der Aktienkurs darf nach dieser Strategie maximal 70 % des Buchwertes einer Aktie (KBV = Kurs-Buchwertverhältnis) ausmachen.
  Von diesen Kriterien sollte zumindest ein Kriterium erfüllt sein.

Substanzkennziffern

- Das durchschnittliche Gewinnwachstums aus den vergangenen 10 Jahren sollte jährlich bei mindestens 7 % liegen
- In den vergangenen 10 Jahren sollte der jährliche Gewinn des betreffenden Unternehmens im schlechtesten Fall einmal um maximal 5 % zurückgegangen sein
- Das Nettoumlaufvermögen aus der Bilanz sollte zumindest so hoch sein wie die Hälfte des Fremdkapitals
- Das Eigenkapital aus der Bilanz sollte doppelt so hoch wie die Verbindlichkeiten sein

- Das Umlaufvermögen aus der Bilanz sollte mindestens doppelt so hoch sein wie die kurzfristigen Verbindlichkeiten aus der Bilanz.

Auch von diesen Kriterien sollte das Unternehmen mindestens eines erfüllen. Alle Aktien, die diesen Kriterien insgesamt entsprechen, können Sie kaufen und in der Regel für zumindest ein Jahr halten.

Fazit: Auch als fundamental orientierter Anleger mit starkem Sicherheitsbedürfnis können Sie es sich vergleichsweise einfach machen. Die Dividenden und einige Marktdaten, die Sie über Finanzportale erfahren, reichen, um sehr solide Aktien zu finden. Empfehlenswert ist besonders die zweite Strategie, die auf hohe und gleichzeitig nachhaltige Dividendenrenditen sowie auf die Marktkapitalisierung und Kennziffern wie die Volatilität und das Beta abzielt. Dann haben Sie sowohl Aktien mit einem hoheren Ausschüttungswert als auch vergleichsweise sicheren und stabilen Kursen, die nicht stark vom Index abhängen.

9. Die beste Gesamtstrategie

Angesichts der Aufgaben, vor denen wir alle in den kommenden Jahren stehen, ist es wichtig für Sie, das Heft des Handelns selbst in die Hand zu nehmen. Der Staat, die Banken, Finanzberater, Versicherungsvermittler und auch werbeabhängige Finanzmedien werden versuchen, die für sie lukrativsten Modelle für die Anlage zu bewerben.

Geldanlage ist aber kein Selbstzweck, es geht nicht um höchste Renditen, sondern um einen wirksamen Vermögensaufbau und -erhalt, den Sie sich als Privatier wie auch als Selbstständiger hart erarbeitet haben. Dies kann wie gezeigt vergleichsweise entspannt gehen, wenn Sie sich ganz auf Ihr Wissen verlassen können.

Im Teil I habe ich Ihnen die Rahmenbedingungen für Ihre wirtschaftlichen Entscheidungen erläutert. Es ging um die ideale Technik der Geldanlage, um Tricks von Betrügern und Beratern und den steuereintreibenden Staat.

Im Teil II schließlich haben wir uns die Anlageformen selbst angesehen und ganz konkret auf die Verhältnisse ab dem Jahr 2017 untersucht. Es zeigt sich immer mehr, dass Sie auf normale Zinsangebote wie sie Banken oder Anleihegläubiger bieten, kaum hereinfallen sollten. Auch Lebensversicherungen haben als Standardmodell der Vorsorge schlicht ausgedient. Immobilien kommen als Kapitalanlage vor allem in Form selbst genutzter Objekte in Frage. Gold in den Anlageformen, die ich Ihnen oben gezeigt habe, dient Ihrem Schutz vor staatlichen Eingriffen oder einer Krise unserer Währung. Als Renditebaustein ist Gold nicht geeignet, ebenso wenig wie Silber.

Es bleiben lukrative Formen auf dem Anleihemarkt wie Genussscheine und Wandelanleihen, ebenso aber Aktien. Wenn Sie langfristig denken und auf die nötige Substanz achten. Immer wieder fragen Leser des *Deutschen Wirtschaftsbriefs,* wie die ideale Anlageaufteilung aussieht. Das lässt sich pauschal nicht beantworten. Es kommt auf Ihre individuellen Lebensverhältnisse an. Dennoch hilft eine Faustformel:

Je länger Sie investieren (können), desto stärker sinkt das Risiko von Aktienanlagen. Wenn Sie sich auf die Substanz konzentrieren und insbesondere Dividenden als Ausschüttung schätzen gelernt haben, dann ist das Risiko über einen längeren Zeitraum sogar recht gering.

Dafür finden Sie in diesem Teil II drei Auswahlstrategien, an die sich auch der *Deutsche Wirtschaftsbrief* hält. Mit Erfolg: Jahr für Jahr zweistellige Renditen zeigen, dass die Sicherheit am Markt belohnt wird.

Wenn Sie den Taschenrechner zur Hand nehmen, werden Sie feststellen, dass eine Rendite von nur 10 % jährlich zu einer Vermögensverdopplung in 7 Jahren führt. In 14 Jahren müsste sich ein Vermögen rechnerisch damit sogar vervierfachen lassen. Möglich ist dies nur mit Aktien, sofern Sie sich an die Substanzregeln halten.

Zusammen mit selbstgenutzten Immobilien und pfiffigen Anleihen sind Aktien daher der Baustein für ein wirtschaftlich gesundes, unabhängiges Leben.

Anhänge

Anhang 1
Formen der Immobilienfinanzierung

Die Planung einer Baufinanzierung sollte auf Ihre individuelle Lebenssituation zugeschnitten sein. Nur wer auf Dauer die monatlich anfallenden Belastungen tragen kann, wird glücklich und zufrieden in seinen eigenen vier Wänden leben. Zu unterscheiden sind folgende Finanzierungsziele:

- niedrige monatliche Belastung
- möglichst schnelle Entschuldung
- ausreichende Liquidität zum Leben

Nicht alle Ziele werden gleichzeitig erreicht werden können. Denn eine schnelle Entschuldung erfordert einen hohen Tilgungsgrad, der wiederum die monatliche Belastung in die Höhe treibt. Beim Ziel einer möglichst schnellen Entschuldung ist eine Sondertilgungsvereinbarung sinnvoll.

Die wichtigsten Darlehensarten einer Baufinanzierung

Annuitäten-Darlehen

Ein Annuitäten-Darlehen ist ein Darlehen mit konstanten Rückzahlungsbeiträgen (Raten). Im Gegensatz zum Tilgungsdarlehen bleibt die Höhe der zu zahlenden Raten über die gesamte Laufzeit gleich. Die Annuitätenrate setzt sich aus einem Zins- und einem Tilgungsanteil zusammen. Da mit jeder Rate ein Teil der Restschulden getilgt wird, verringert sich der Zinsanteil zugunsten des Tilgungsanteils. Am Ende der Laufzeit ist die Kreditschuld vollständig getilgt.

Der Zinssatz wird bei Abschluss eines Annuitäten-Darlehens über einen vertraglich vereinbarten Zeitraum festgelegt. Dieser Zeitraum kann sich auch über die komplette Kreditlaufzeit erstrecken. Die Tilgung sollte pro Jahr mindestens 1 % der Kreditsumme betragen. Aber Achtung: Wer bei dem aktuell niedrigen Zinsniveau die übliche Anfangstilgung von 1 % wählt, sollte wissen, dass es bei niedrigen Zinsen deutlich länger dauert als bei höheren, bis die Immobilie schuldenfrei ist. Wer kann, sollte deshalb mit 2 % Anfangstilgung beginnen oder kostenlose Sondertilgungsmöglichkeiten aushandeln.

Das Annuitäten-Darlehen ist die häufigste Form der Immobilienfinanzierung. In Deutschland wird der Zinssatz üblicherweise für fünf, zehn oder fünfzehn Jahre festgeschrieben. Danach kann der Vertrag gekündigt werden bzw. ein neuer Zinssatz für die Weiterführung des Vertrages muss verhandelt werden.

Vorteile:

- grundsätzlich gut geeignet zur Eigenheimfinanzierung
- bei langer Zinsbindung stabile monatliche Belastung
- kalkulierbarer Schuldenabbau

Nachteil:

- Zinserhöhungsrisiko nach Ablauf der Zinsbindung

Volltilger-Darlehen oder Konstant-Darlehen

Das Volltilger-Darlehen ist nichts anderes als ein Annuitäten-Darlehen. Bei einem Volltilger-Darlehen oder auch Konstant-Darlehen werden die Zinsbindung und die Laufzeit des Darlehens aufeinander abgeglichen. Die Höhe der monatlichen Rate aus Zins und Tilgung wird so berechnet, dass am Ende der Zinsbindung des Darlehens, z. B. nach 10, 15 oder 20 Jahren, das Darlehen vollständig getilgt ist. Da die Laufzeiten kürzer sind, sind Sie schneller wieder schuldenfrei und haben die Sicherheit, von Zinsschwankungen verschont zu bleiben.

Vorteile:

- fester Zinssatz über die gesamte Laufzeit des Darlehens bzw. kein Zinsänderungsrisiko
- Die Kosten der Baufinanzierung sind genau berechenbar, da die gesamte Laufzeit des Darlehens schon feststeht und das Darlehen am Ende der Laufzeit getilgt ist.
- sehr niedrige Kosten im Vergleich zu Kombipaketen wie Versicherungsdarlehen oder Bausparvertragsdarlehen, da weniger Gebühren und Provisionszahlungen anfallen
- sehr übersichtliche Form der Finanzierung, da nur wenige Finanzprodukte verwendet werden

Nachteil:

- Gefahr einer zu optimistischen Kalkulation. Kommt es zu einem unvorhergesehenen Ereignis (z. B. einer großen Reparatur), wird die Rate oft unbezahlbar.

Cap-Darlehen

Hierbei handelt es sich um ein Annuitäten-Darlehen mit variablem Zinssatz. Zur Begrenzung des Zinsrisikos wird ein sogenannter „Cap" vereinbart (= Vereinbarung einer Zinsobergrenze für einen bestimmten Betrag über eine festgelegte Laufzeit bei einem variablen Darlehen). Hierdurch sichert sich der Kunde ab, dass er bei steigendem Zins nie mehr als den als Cap vereinbarten Zins zahlen muss. Für die Vereinbarung eines Caps zahlt der Kunde einen Aufschlag, der als eine Art Versicherungsprämie zu verstehen ist. Zusätzlich kann auch eine Zinsuntergrenze vereinbart werden.

Vorteile:

- grundsätzlich gut geeignet zur Eigenheimfinanzierung
- bei langer Zinsbindung stabile monatliche Belastung
- kalkulierbarer Schuldenabbau

Nachteil:

- Zinserhöhungsrisiko nach Ablauf der Zinsbindung. Das hohe Risiko einer steigenden Belastung bei variablen Zinsen wird durch die Vereinbarung einer Zinsobergrenze zwar ausgeschlossen, damit entfällt jedoch bei steigenden Zinsen das Einsparpotenzial.

Versicherungsdarlehen (Festdarlehen mit Lebensversicherung)

Ein monatlich zu verzinsendes Festdarlehen wird zum Ablauf des Vertrages in einer Zahlung abgelöst. Hierfür wird eine Kapitallebensversicherung abgeschlossen. Die Tilgung erfolgt durch die kapitalbildende Lebensversicherung. Bei dieser Kombinationsfinanzierung zahlt der Kreditnehmer über die gesamte Laufzeit des Darlehens nur die Zinsen als Rate, d. h. die Belastung während der Laufzeit beschränkt sich nur auf die Zahlung der Zinsen – das Darlehen selbst ist tilgungsfrei gestellt.

Die Darlehensschuld wird beim endfälligen Darlehen (auch Festdarlehen) am Laufzeitende zurückgezahlt. Der Zinssatz kann je nach vertraglicher Vereinbarung bis zum Laufzeitende fest oder auch variabel sein, entweder am Ende einer fest vereinbarten Laufzeit oder nach einer erfolgten Kündigung. Durch Senkung des Garantiezinses durch die Versicherungsgesellschaften ist diese Art der Finanzierung für Eigentümer, die ihre Immobilien selbst nutzen wollen, meist uninteressant.

Vorteile:

- Die Schuldzinsen sind steuerlich absetzbar.
- Für Eigentümer, die ihre Immobilie nicht selbst nutzen, sondern vermieten wollen, kann diese Variante aus steuerlichen Gründen interessant sein. Die Darlehenszinsen sind bei vermieteten Immobilien steuerlich voll über die gesamte Laufzeit als Werbungskosten abziehbar.
- Für Eigennutzer ist das neue Alterseinkünftegesetz zu beachten. Bei Neuverträgen ist in Zukunft unter bestimmten Voraussetzungen nur die halbe Wertsteigerung zu versteuern. Trotzdem ist der Gesamtaufwand nach Steuer beim Verrechnungsabkommen in der Regel immer noch geringer als bei Tilgungsdarlehen.
- Integrierte Todesfallversicherung: Die Angehörigen sind für den Fall der Fälle abgesichert.

Nachteile:

- Gefahr einer Finanzierungslücke. Diese entsteht dann, wenn die Wertentwicklung der Versicherung am Ende der Darlehenslaufzeit geringer ausfällt als erwartet, um die Darlehensschuld abzulösen.
- Es erfolgt keine Tilgung, d. h. die Höhe des Darlehens bleibt bis zur Ablösung durch die Versicherung bestehen.

Bausparvertragsdarlehen (Festdarlehen mit Lebensversicherung)

Beim Festdarlehen mit Bausparverträgen erfolgt die Tilgung des Festdarlehens über einen angesparten Bausparvertrag. Durch die Besparung eines Bausparvertrages sichert man sich den Anspruch auf ein zinsgünstiges Darlehen. Um dieses zinsgünstige Darlehen zu erhalten, muss der Bausparer ca. 40 – 50 % der Bausparsumme angespart haben. Nach Zuteilung des Bausparvertrages löst er das Festdarlehen ab. Die

Bank gewährt vorab ein Darlehen in Höhe der Bausparsumme. Mit Zuteilung des Bausparvertrages erfolgt die Rückzahlung des Darlehens.

Bauspardarlehen sind Annuitäten-Darlehen mit einem Festzins über die gesamte Laufzeit. Die Bank kann aber je nach Vereinbarung auf eine Tilgung während der Laufzeit verzichten.

Vorteile:

- Planungssicherheit, da feste Kreditzinsen und schnelle Entschuldung gewährleistet sind
- Das Bauspardarlehen kann jederzeit ganz oder teilweise zurückgezahlt werden, ohne dass die bei Banken üblichen Vorfälligkeitsentschädigungen anfallen.
- Speziell in Niedrigzinsphasen lohnt sich der Abschluss eines Bausparvertrages, da sich der Bausparer damit gegen hohe Hypothekenzinsen in der Zukunft absichert.

Nachteile:

- hohe Tilgungsraten aufgrund der relativ kurzen Laufzeit (vertragsabhängig)
- Der Bausparer hat keinen Rechtsanspruch auf das Bauspardarlehen. So kann die Bausparkasse die Auszahlung des Bauspardarlehens ganz oder teilweise, z. B. bei nicht ausreichender Bonität, verweigern.

KfW-Darlehen

Die Kreditanstalt für Wiederaufbau (KfW) vergibt Kreditprogramme zur Finanzierung von wohnwirtschaftlichen Investitionen. Gerade die Bedingungen für Sanierungs- und Modernisierungsmaßnahmen unter Einbeziehung von ökologischen Vorgaben sind günstig. Es gilt keine Einkommensgrenze. Informationen über die Fördermöglichkeiten finden Sie auf der Internet-Seite www.kfw.de.

Anhang 2
Erbpacht: Alternative zum Grundstückskauf

Grundstücke sind in Deutschland knapp – und daher entsprechend teuer. Selbst für Gutverdiener wird es immer schwieriger, an begehrten Standorten, wie etwa in den Großräumen München, Stuttgart oder Hamburg, ein Grundstück in guter Lage zu erwerben. Eine Alternative zum Kauf ist das Erbbaurecht, auch kurz als „Erbpacht" bezeichnet.

Wie das Erbpacht-Modell funktioniert

Beim Erbpacht-Modell kauft der künftige Hauseigentümer das Grundstück nicht, sondern pachtet es langfristig – in der Regel für einen Zeitraum von bis zu 99 Jahren. Bereitgestellt werden derartige Grundstücke oft von einer Kommune, der Kirche oder einer Stiftung. Diese sogenannten „Erbbaurechtgeber" erhalten dann als Ausgleich für die Nutzung des Grundstücks einen bestimmten Erbbauzins. Wie hoch er ist, vereinbaren die Parteien untereinander. Auf dem gepachteten Grundstück kann der „Erbbaurechtnehmer" daraufhin seine Immobilie errichten. Das von ihm gebaute Haus ist dann sein Eigentum – nicht jedoch das Grundstück, auf dem es steht.

Rechtliche Aspekte

Die Grunderwerbsteuer errechnet sich bei diesem Modell nicht wie bei einem Kaufgrundstück nach dem gültigen Bodenanteil, sondern wird auf der Grundlage der vereinbarten Jahrespacht mit einem festgelegten Vervielfältiger für die Laufzeit des Pachtvertrages ermittelt. Erst wenn die Grunderwerbsteuer beim Finanzamt eingegangen ist, wird die Unbedenklichkeitsbescheinigung erstellt, die zur Eintragung der Rechte im Grundbuch notwendig ist.

Ebenso wie der festgelegte Erbbauzins wird auch die Erbpachtvereinbarung ins Grundbuch eingetragen, da es sich hierbei um ein sogenanntes Grundrecht handelt. Während der Laufzeit des Pachtvertrages hat der Erbbaurechtnehmer ähnliche Rechte wie ein Eigentümer: Er kann die darauf errichtete Immobilie vermieten, vererben und verkaufen. Letzteres darf der Eigentümer nur dann ablehnen, wenn erwiesen ist, dass der Käufer zur Zahlung des Erbbauzinses nicht in der Lage ist.

Achtung: Das Erbpacht-Modell hat viele Nachteile

Auf den ersten Blick mag das Erbpacht-Modell überzeugend wirken. Denn: Der Finanzierungsbedarf des Bauherrn sinkt, da er das Grundstück ja nicht kaufen muss. Und bei einer Laufzeit von 99 Jahren besteht selbst für junge Bauherren keine Gefahr, noch zu Lebzeiten wegen Vertragsablaufs ausziehen zu müssen. Diesen Vorteilen stehen allerdings erhebliche Nachteile gegenüber.

Finanzierung: Da beim Erbbaurecht das Grundstück dem Bauherrn nicht gehört, stehen manche Banken einer Finanzierung kritisch gegenüber. Bisweilen werden zusätzliche Sicherheiten gefordert. Zudem finanzieren Banken in der Regel nur öffentliche Träger als Erbbaurechtgeber. Außerdem sollte die Restlaufzeit mindestens genauso lang sein wie die Dauer der Finanzierung bis zur vollständigen Tilgung plus zusätzlich 20 Jahre – also mindestens 50 Jahre.

Dauer der Pachtzahlung: Der Erbbaurechtnehmer muss so lange Pacht zahlen, wie er oder seine Mieter in dem Haus wohnen. Diese Verpflichtung geht auch auf Erben oder Käufer des Objekts über. Ganz anders sieht das beim kreditfinanzierten Kauf eines Grundstücks aus: Selbst bei einer niedrigen Anfangstilgung ist der Kredit meist nach 30 bis 40 Jahren zurückgezahlt, und die monatliche Rate fällt weg.

Entwicklung des Erbbauzinses: Erbpachtverträge sehen im Normalfall vor, dass der Erbbaurechtgeber den Erbpachtzins regelmäßig anheben darf. Die Orientierungsgröße hierfür ist häufig die Entwicklung des Verbraucherpreisindex'. Über Jahrzehnte können sich so beträchtliche Erhöhungen des Erbpachtzinses ergeben. Oftmals erhöhen die Grundstückseigentümer den Zins aber jahrelang nicht, um ihn dann auf einmal stark nach oben anzupassen. Wohnt jemand beispielsweise seit 30 oder 40 Jahren in dem Haus, und der Zins wurde während dieser Zeit nie erhöht, kann der Aufschlag zum Beispiel schlagartig 300 % betragen. Zwar dürfen solche Anpassungen nach § 9a der Erbbaurechtsordnung nicht über die „allgemeinen wirtschaftlichen Verhältnisse" hinausgehen – ob man gegen unverhältnismäßig starke Zinserhöhungen aber gerichtlich vorgehen kann, hängt stets vom Einzelfall ab.

Beleihung des Erbbaugrundstücks: Erbbaurechte können normal finanziert und beliehen werden. Allerdings gibt es bei vielen Banken und Sparkassen Einschränkungen hinsichtlich der maximalen Finanzierung. Auch die Restlaufzeit des Erbbaurechts spielt eine wesentliche Rolle. In der Regel verlangen Banken, dass der Erbpachtvertrag mindestens zehn Jahre länger läuft als die voraussichtliche Darlehenslaufzeit. Außerdem fordern Banken vom Erbbaurechtgeber meist eine sogenannte "Stillhalteerklärung". Diese besagt, dass im Falle einer Zwangsversteigerung der Immobilie zuerst die begünstigte Bank ihr Geld bekommt und erst danach der Erbbaurechtgeber. Manche Erbbaurechtgeber begrenzen die Belastung des Grundstücks auch mit Hilfe von Grundschulden. Ist das der Fall, muss es bei einer Finanzierung (insbesondere bei höheren Beleihungen oder gar Vollfinanzierungen) ebenfalls bedacht werden.

Verkauf der Immobilie: Generell gilt: Je kürzer die Restlaufzeit des Pachtvertrags ist, desto schwieriger wird der Verkauf des Hauses bzw. desto geringer wird sein Marktwert. Denn wer will schon ein Objekt erstehen, das ihm in 20 oder 25 Jahren gar nicht mehr gehören wird? Um das Verkaufsrisiko zumindest einzuschränken, ist es zu empfehlen, beim Abschluss des Pachtvertrags gleich eine Verlängerungsoption zu vereinbaren.

Keine freie Eigenbestimmung über das Haus: Naturgemäß ist ein Grundstückspächter weniger flexibel als Grundstückseigentümer. So muss der Erbpachtgeber zustimmen, wenn der Pächter das Erbbaurecht belasten will, z. B. um einen Modernisierungskredit aufzunehmen. Schließlich stellt das Haus eine Sicherheit für den Fall dar, dass der Pächter den Erbbauzins nicht mehr zahlen kann. Auch wesentliche bauliche Erweiterungen bedürfen der Zustimmung des Grundstückseigentümers. Meist können Erbpächter nicht einmal über ihre Immobilie frei verfügen. Zwar dürfen sie das Eigenheim und das Erbbaurecht selbst nutzen, vererben oder vermieten, jedoch behalten sich die Grundstückseigentümer im Vertrag verschiedenste Mitspracherechte vor. Will der Bauherr etwa sein Haus verkaufen, ist das oft nur in Absprache mit dem Grundstücksbesitzer möglich. Auch bei einem Um- oder Anbau darf der Erbbaurechtgeber ein Wörtchen mitreden, ebenso wie bei Neueintragungen ins Grundbuch. Die Zustimmungsrechte des Rechtgebers sollten daher genau geprüft und möglichst gering gehalten werden.

Beendigung des Pachtvertrags: Läuft der Vertrag aus, geht die Immobilie an den Grundstückseigentümer über! Damit der Pächter bzw. dessen Erben in diesem Fall das Haus nicht völlig ohne Entschädigung verlieren, wird im Erbpachtvertrag üblicherweise geregelt, welcher finanzielle Ausgleich ihnen zusteht. Dabei gilt: Je günstiger die Abfindungsregelung ist, desto besser ist es für die Nachkommen, und desto besser wird sich das Objekt bei Bedarf verkaufen lassen.

Tipps für Bauherren

Genau rechnen: Vor dem Abschluss eines Erbpachtvertrags sollten Bauherren mit spitzem Bleistift kalkulieren – vor allem in der aktuellen Niedrigzinsphase. Liegt der Erbbauzins über der Rate, die bei einem Grundstückskauf für die langfristige Finanzierung des Kaufpreises anfällt, macht die Pachtvariante wirtschaftlich grundsätzlich keinen Sinn – zumal mit künftig steigenden Belastungen zu rechnen ist.

Erbbaurechtgeber prüfen: Eine wichtige Rolle spielt, wer als Erbbaurechtgeber fungiert. Mit Gemeinden, kirchlichen Organisationen oder gemeinnützigen Verbänden gestaltet sich der Abschluss eines Erbbauvertrags im Allgemeinen unproblematisch. Privatpersonen und Immobiliengesellschaften dagegen haben oft die Absicht, ihr Grundstück nach Vertragsende zu „versilbern". Ein Verkauf des Vertrags an Dritte sollte daher ausgeschlossen werden.

Vorsicht bei Ankaufspflicht und Heimfall: „Ankaufspflicht" heißt, der Bauherr muss das Grundstück erwerben, wenn der Eigentümer dies verlangt. Andererseits muss der Grundstückseigentümer nach Ablauf des Erbbaurechts für das auf dem Gelände befindliche Gebäude eine Entschädigung zahlen. Unter bestimmten Umständen („Heimfall") hat der Erbbaurechtgeber aber auch einen Anspruch auf Rückübertragung des Grundstücks. Das können Gründe wie Eigenbedarf oder die Verwahrlosung des Gebäudes sein. Der Erbbaurechtnehmer hat dann einen gesetzlichen Anspruch auf entsprechende Vergütung. Für Bauherrn bedeutet dies: Zustimmungsrechte des Erbbaurechtgebers prüfen und möglichst gering halten!

Kaufoption vereinbaren: Ein Erbbaurechtsvertrag sollte immer eine Kaufoption enthalten, so dass der Bauherr das Grundstück kaufen kann, wenn das Haus bezahlt ist. So genießt er den Vorteil einer geringeren Anfangsverschuldung und kann später auch Eigentümer des Grundstücks werden.

Anhang 3
Anwalts- und Gerichtskosten bei Mietrechtsstreitigkeiten

Jeder Rechtsstreit, der vermieden werden kann, ist für den Mandanten der Beste. Doch wie die Praxis zeigt, führt an einer gerichtlichen Entscheidung mitunter kein Weg vorbei. Für die Frage, ob sich der Gang zum Gericht lohnt, sollten Sie wissen, welche Kosten auf Sie zukommen. Denn selbst wenn Sie vor Gericht Recht bekommen und der Gegner Ihnen deshalb Ihre Kosten erstatten muss, gilt: Kann er dies nicht, bleiben Sie auf den Kosten sitzen. Umso wichtiger ist es, dass Sie Ihre Ansprüche bündeln, um Ihr Kostenrisiko gering zu halten.

Ein wichtiger Kostenfaktor im Gerichtsverfahren sind neben den Gerichts- vor allem die Anwaltskosten. Ob Sie vor Gericht einen Anwalt brauchen, hängt davon ab, ob der Rechtsstreit vor einem Amts- oder einem Landgericht verhandelt wird. Bei Verhandlungen vor dem Landgericht ist ein Anwalt für Sie unumgänglich. Das heißt: Als Kläger würde Ihre Klage ohne Anwalt abgewiesen, als Beklagter würden Sie ohne Anwalt verurteilt.

Ob das Amts- oder das Landgericht zuständig ist, bemisst sich nach dem Streitwert, also dem Wert der Klageforderung, wobei folgende Regel gilt:

- Bei einem Streitwert bis 5.000 € ist das Amtsgericht zuständig.
- Bei einem Streitwert ab 5.000,01 € ist das Landgericht zuständig.

Bei Wohnraummietverträgen sind immer Amtsgerichte zuständig

Vermieten Sie Wohnraum, ist immer das Amtsgericht zuständig – auch dann, wenn Ihre Forderung 5.000 € übersteigt. Bei allen Rechtsstreitigkeiten aus einem Wohnraummietverhältnis, etwa wegen

- rückständiger Mieten,
- Räumung der Wohnung,
- unterlassener Schönheitsreparaturen,
- nicht gezahlter Betriebskosten,
- Ruhestörungen des Mieters und sonstiger Vertragsverletzungen,
- Mieterhöhungen,
- Duldung von Modernisierungsmaßnahmen oder
- Sachbeschädigungen in den jeweiligen Mieträumen,

brauchen Sie also keinen Rechtsanwalt. Das bedeutet umgekehrt: Vermieten Sie Gewerberaum und übersteigt Ihre Forderung 5.000 €, ist das Landgericht zuständig und ein Rechtsanwalt für Sie gesetzlich vorgeschrieben.

Was Ihnen der Rechtsanwalt berechnen darf

Haben Sie mit Ihrem Anwalt keine spezielle Honorarvereinbarung getroffen, richten sich seine Gebühren nach dem Rechtsanwaltsvergütungsgesetz (RVG). Es sieht für Anwälte zwei wichtige Gebührentatbestände vor: Die Verfahrensgebühr und die Terminsgebühr.

Die Verfahrensgebühr

Die Verfahrensgebühr kann Ihnen der Anwalt für sämtliche Tätigkeiten berechnen, die für ihn außerhalb des Gerichtstermins anfallen, wie beispielsweise

- die Fertigung der Klage oder der Klageerwiderung sowie sämtlicher weiterer Schreiben an das Gericht und Klagegegner,

- sämtliche Besprechungstermine,
- sämtliche Telefongespräche oder telefonischen Auskünfte und
- die Beantragung von Prozesskostenhilfe.

Ausgehend vom Streitwert hat die Verfahrensgebühr den Faktor 1,3. Um zu erfahren, wie hoch die Verfahrensgebühr in Ihrem konkreten Fall ist, schauen Sie einfach in die Tabelle auf den folgenden Seiten. In der Zeile mit dem jeweiligen Streitwert Ihrer Klage finden Sie den Gebührenwert in der entsprechend betitelten Spalte.

Beispiel: Bei einem Streitwert von 1.950 € beträgt die Verfahrensgebühr 172,90 €; bei einem Streitwert von 3.600 € beträgt sie 318,50 €.

Die Terminsgebühr

Wird die Klage nicht zurückgenommen und einigt man sich nicht, steht der Gerichtstermin für Sie an. Für dessen Wahrnehmung kann Ihr Anwalt die Terminsgebühr berechnen. Die Terminsgebühr fällt nur einmal an – selbst dann, wenn Ihr Anwalt mehrere Gerichtstermine für Sie wahrnehmen muss. Ausgehend vom Streitwert hat diese Gebühr den Faktor 1,2.

Beispiel: Sie verlangen von Ihrem Mieter 2.600 € Schadenersatz wegen nicht durchgeführter Schönheitsreparaturen. Ihr Anwalt erstellt die Klage und nimmt bei Gericht mehrere Termine zur mündlichen Verhandlung sowie zur Zeugenvernehmung für Sie wahr. Dann kann er Ihnen eine Verfahrensgebühr von 245,70 € plus eine Terminsgebühr von 226,80 € berechnen.

Welche Gerichtskosten entstehen

Erheben Sie Klage, sind dafür zunächst Gerichtsgebühren zu zahlen. Deren Höhe richtet sich ebenfalls nach dem sogenannten Streitwert, also dem Wert, den der Rechtsstreit für den Kläger hat.

Übersicht: So viel kostet Sie der Rechtsstreit

Wenn sich die Gebühren nach dem Streitwert richten, beträgt die Gebühr bei einem Streitwert bos 500 € 35 €. Die Gebühr erhöht sich bei einem …

Streitwert bis	für jeden angefangenen Betrag von weiteren	um
2.000 €	500 €	18 €
10.000 €	1.000 €	19 €
25.000 €	3.000 €	26 €
50.000 €	5.000 €	35 €
200.000 €	15.000 €	120 €
500.000 €	30.000 €	179 €
über 500.000 €	50.000 €	180 €

Bündeln Sie Ihre Ansprüche in einer Klage

Auch vor Gericht gibt es Rabatt: Je mehr Ansprüche Sie auf einen Schlag gegen Ihren Mieter geltend machen, desto günstiger wird es für Sie. Vor allem bei Räumungs- und Zahlungsklagen können Sie damit viel Geld sparen. Der Grund hierfür nennt sich Gebührenprogression. Dies bedeutet: Je höher die Forderungen sind, desto billiger wird es, wenn sich die Gerichte in einem Rechtsstreit mit unterschiedlichen Forderungen beschäftigen können.

Beispiel: Sie haben Ihrem Mieter wegen Mietrückständen in Höhe von 2.680 € gekündigt; die monatlich von ihm zu zahlende Kaltmiete beläuft sich auf 590 €.

- **Variante 1:** Sie erheben eine Räumungsklage, nachdem der Mieter trotz Kündigung nicht auszieht, und später eine weitere Klage, mit der Sie die Zahlung der offenen Mieten verlangen.

- **Variante 2:** Schon in der Räumungsklage machen Sie Ihren Zahlungsanspruch geltend.

Sie können daher einfach Geld sparen, wenn Sie Ihre Ansprüche bei Gericht gebündelt geltend machen. Aus diesem Grund kann es bisweilen auch klug sein, mit der gerichtlichen Durchsetzung noch etwas zu warten. Befindet sich Ihr Mieter beispielsweise mit seinen Mietzahlungen im Rückstand und werden Sie ihm in Kürze Ihre Betriebskostenabrechnung zustellen, sollten Sie zunächst abwarten, ob er Ihre etwaige Nachforderung zahlt. Denn wenn dies nicht der Fall sein sollte, ist es auch hier billiger für Sie, beide Zahlungsansprüche zusammen geltend zu machen.

Anhang 4
Verhalten bei Hausdurchsuchungen

Jedes Jahr kommt es in Deutschland zu ca. 15.000 Durchsuchungs-Aktionen der Steuerfahndung. Künftig dürften dies aufgrund des Finanzbedarf des Staates noch mehr werden. Sie erfolgen immer ohne Vorankündigung und werden meist am frühen Morgen durchgeführt – manchmal sogar schon in Bagatellsachen wie Zinsdelikten oder beim Verdacht falscher Spendenbescheinigungen. Das Ziel ist es, Betroffene zu überrumpeln und verfängliche Unterlagen zu finden, die den Verdacht einer Steuerhinterziehung erhärten können.

Solche Durchsuchungen stützen sich häufig nur auf Indizien. Es ist deshalb durchaus möglich, dass selbst völlig unschuldige Bürger überraschend Besuch von der Steuerfahndung bekommen. Dabei werden Betrieb/Büro und Wohnung/Zweitwohnung sowie Haus/Wochenendhaus zeitgleich von den Fahndern aufgesucht.

Für den Fall der Fälle diese Tipps:

- Kommt es zu einer Steuerfahndung, sollten Betroffene versuchen, einen klaren Kopf zu behalten. Lassen Sie sich nicht zu irgendwelchen Äußerungen provozieren und auf keinen Fall in Diskussionen verwickeln. Denn: Stehen die Fahnder vor der Tür, heißt das: Es ist ein Steuerstrafverfahren eröffnet.

- Lassen Sie sich das Original des Durchsuchungsbeschlusses aushändigen und über das Ziel der Durchsuchung informieren. Ein richterlicher Durchsuchungsbeschluss ist nicht erforderlich, wenn lediglich in Geschäftspapieren gesucht wird, zu deren Aufbewahrung Sie verpflichtet sind. Deshalb wichtig: Geschäftliche und private Unterlagen sollten Sie immer getrennt aufbewahren.

- Da man Ihnen nicht verbieten darf zu telefonieren, sollten Sie schnellstmöglich Ihren Anwalt und/oder Steuerberater zu erreichen versuchen. Dieser sollte nach Möglichkeit sofort vorbeikommen und während der Durchsuchung anwesend sein.

- Geben Sie keine Stellungnahmen zu Steuerfragen oder zu einem Strafvorwurf ab. Berufen Sie sich stattdessen auf Ihr Aussageverweigerungsrecht. Das sollten auch

Angehörige und Mitarbeiter tun. Weder der Beschuldigte noch andere Personen sind verpflichtet, bei der Durchsuchung anwesend zu bleiben. Sie können Mitarbeiter also auch nach Hause schicken.

- Sie können sich bei einer Durchsuchung völlig passiv verhalten. Wo das Risiko von Zufallsfunden besteht, empfiehlt es sich, die im Durchsuchungsbefehl aufgeführten Unterlagen den Fahndern unverzüglich und vollständig zusammenzustellen. Lassen Sie diese Unterlagen, falls so vom Einsatzleiter gewünscht, beschlagnahmen.

- Prüfen Sie das Protokoll über die beschlagnahmten Unterlagen auf Richtigkeit und Vollständigkeit. Unterschreiben Sie das Durchsuchungsprotokoll erst, wenn vermerkt ist, dass die Herausgabe „zum Zweck der Beschlagnahme" erfolgt.

- Wer versucht, Unterlagen noch schnell zu vernichten oder verschwinden zu lassen, riskiert, wegen Widerstands gegen die Staatsgewalt angezeigt zu werden. Es besteht sogar die Gefahr der vorläufigen Festnahme. Schränke und Safes sind auf Verlangen von Ermittlungsbeamten zu öffnen. Auch wenn sie Unterlagen enthalten, die vom Durchsuchungsbeschluss nicht erfasst sind.

- Soweit Unterlagen mitgenommen werden, die durch den Durchsuchungsbeschluss nicht erfasst sind, sollten Sie auf Verpackung und Versiegelung bestehen. Denn: Es ist Sache der Richter, über die Auswertbarkeit dieser Materialien zu entscheiden.

- Alle Unterlagen, die die Beamten mitnehmen, sollten nach Möglichkeit komplett kopiert werden. Insbesondere, wenn es sich um Papiere bzw. Akten handelt, die Sie zur Arbeit benötigen.

Anhang 5
Wie und wo Sie Wertpapiere am besten kaufen

Wie Sie die richtige Bank finden

Der *Deutsche Wirtschaftsbrief* empfiehlt Ihnen, trotz eines möglicherweise bereits vorhandenen Depotkontos bei Ihrer Hausbank vor Ort ein Konto bei einer Direktbank einzurichten. Das ist besonders dann vorteilhaft, wenn Sie als Anleger

- Ihre Wertpapier-Orders kostengünstig abwickeln wollen,
- sehr engagiert sind und Ihr Depot häufig umschichten,
- auf schnellstmögliche Abwicklung Ihrer Aufträge Wert legen und
- das Internet zur Auftragsvergabe und -überwachung nutzen.

Denken Sie dabei daran, dass sich das Leistungsspektrum der Banken ändern kann. Um sich über den jeweils aktuellen Stand der Konditionen bei den Direktbanken, Discountbrokern und großen Privatbanken zu informieren, nutzen Sie die Möglichkeiten, sich telefonisch oder auch über das Internet ein genaues Bild zu machen.

Wichtige Kriterien sind: Ordergebühren, die Möglichkeit des Kaufs und Verkaufs innerhalb eines Tages (Intraday-Handel) sowie die Limitgebühren.

Direkthandel per Internet

Am einfachsten ist die Orderaufgabe per Internet. Hier können Sie schnell und kostengünstig Ihren Auftrag aufgeben. Gerade die Direktbanken favorisieren diesen Weg. Ihr Vorteil: Sie müssen nicht stundenlang oder bis zum nächsten Tag warten, um zu wissen, ob und zu welchem Kurs Ihre Order ausgeführt wurde.

Speichern Sie Ihren Auftrag und später auch die Auftragsbestätigung der Bank. In der Regel sind hier alle Ihre Angaben vermerkt. Schon kurze Zeit später können Sie in Ihrem Depot sehen, zu welchem Kurs Ihr Auftrag ausgeführt wurde oder später bei Erreichen der Limits verbucht wird.

Jede Verspätung bei der Kauf- oder Verkaufsabwicklung kann Sie Geld kosten. Prüfen Sie daher immer, ob Ihr Auftrag auch ausgeführt wurde. Denn: Dass Sie Ihre Order abgeschickt haben, bedeutet noch lange nicht, dass der Auftrag von der Bank auch an die Börse weitergeleitet wurde.

Orderaufgabe per Fax oder telefonisch

Der *Deutsche Wirtschaftsbrief* empfiehlt Ihnen, nur solche Haus- und Direktbanken zu nutzen, bei denen Sie auf jeden Fall die Möglichkeit haben, Ihre Aufträge (auch) per Fax aufzugeben. Die Weitergabe per Fax ist aus Dokumentationsgründen besser als die Orderaufgabe per Telefon.

Lassen Sie sich von Ihrem Faxgerät dazu immer auch gleich ein Sendeprotokoll ausdrucken, in dem die Uhrzeit der Weitergabe und die Faxnummer angegeben sind. So verfügen Sie bei Reklamationen über entsprechende Unterlagen.

Sende-Protokoll	
Fax-Nr. Absender:	089 88984733
Fax-Nr. Empfänger:	089 85173948
Anfangszeit:	08.23 Uhr
Datum:	10.01.2018
Fax-Protokoll-Nr.:	7834
Interne Vermerke:	RM

Jede Bank sollte heute in der Lage sein, eine Fax-Order innerhalb von wenigstens 30 Minuten an die Börse zu bringen.

Bei größeren Aufträgen oder der Notwendigkeit, vorgeschlagene Limits zu überprüfen und der sich schnell verändernden Marktlage anzupassen, sollten Sie auch die Möglichkeit haben, Ihre Order telefonisch oder per Internet aufzugeben. Versäumen Sie es bei telefonischen Bankgeschäften aber nicht, sich genaue Notizen über den Zeitpunkt und die anderen Spezifikationen Ihrer Order zu machen, damit Sie bei verspäteter oder Nichtausführung Ihres Auftrags etwas Schriftliches in der Hand haben.

Wo Sie Ihre Order am besten aufgeben

Achten Sie darauf, Ihre Aufträge gezielt an die Börse(n) mit den normalerweise höchsten Wertpapierumsätzen zu geben. Dann ist Ihre Chance umso größer, dass Ihre Ordervorgaben auch erfüllt werden können. Am günstigsten platzieren Sie Ihre Aktienorders meist im Xetra-Handel oder am Frankfurter Parkett; für Optionsscheine und Zertifikate dürfte die Stuttgarter Börse am besten geeignet sein. Damit Sie direkt an in- und ausländischen Börsen handeln können, habe ich in der folgenden Tabelle die wichtigsten Börsen und ihre Öffnungszeiten aufgeführt. Natürlich können Sie Ihren Auftrag auch an jeder anderen Börse aufgeben.

Börsenplatz	Internet-Adresse	Handelszeit (MEZ)
Frankfurt	www.exchange.de	9.00 – 17.30/20.00 Uhr
Stuttgart	www.boerse-stuttgart.de	9.00 – 20.00 Uhr
New York	www.nyse-com / www.nasdaq.com	15.30 – 22.00 Uhr
Tokio	www.tse.or.jp	1.00 – 3.00 Uhr 4.30 – 7.00 Uhr
Hongkong	www.hkex.com.hk	3.00 – 5.30 Uhr 7.30 – 9.00 Uhr
London	www.londonstockexchange.com	9.00 – 17.30 Uhr
Zürich	www.swx.com	9.00 – 17.30 Uhr
Wien	www.wbag.at	8.30 – 17.45 Uhr

Ordern via Internet

Wer zum ersten Mal eine Aktie ordert, fühlt sich oft überfordert von den vielfältigen Eingaben, die eine Ordermaske verlangt. Unsere Erfahrung ist aber auch: Häufig kennen sich noch nicht einmal routinierte Anleger mit den Einzelheiten aus. Das ist schade, denn es gibt einige Tipps, Tricks und Sparmöglichkeiten, von denen Sie profitieren können. Deshalb hier am Beispiel Statoil, was Sie bei der Orderaufgabe beachten müssen.

WKN oder ISIN: Die Kennung eines Wertpapiers

Zu Beginn Ihrer Order werden Sie nach der Wertpapierkennung gefragt. Jedes börsengehandelte Wertpapier hat eine solche Kennung. Dabei sind die folgenden beiden Varianten möglich, zwischen denen Sie frei wählen können:

- Die in Deutschland übliche Wertpapierkennnummer, abgekürzt WKN. Das ist eine sechsstellige Ziffernfolge. Die WKN von Statoil lautet: 675213.
- Die international gebräuchliche und an allen Wertpapierbörsen der Welt gültige „International Security Identification Number", die kurz ISIN heißt. Am Anfang steht immer das Länderkürzel, zum Beispiel DE für Deutschland oder NO für Norwegen. Anschließend folgen zehn Ziffern. Statoil hat die ISIN: NO0010096985.

Oft kommt es zu Verwechslungen zwischen dem Buchstaben „O" und der Ziffer „0" (null). Falls Sie im Zweifel sind: Der Buchstabe „O" kann bei der ISIN nur an den ersten beiden Stellen auftauchen. Was danach folgt, ist immer die Ziffer „0" (null).

Stückzahl

In diesem Feld legen Sie fest, wie viele Aktien Sie kaufen wollen. Gehen Sie dabei von dem Betrag aus, den Sie investieren möchten, und teilen Sie diesen durch den derzeitigen Kurs des gewünschten Wertpapiers. Die Zahl, die dabei herauskommt, geben Sie dann in das Feld „Stückzahl" ein. Allerdings müssen Sie auch für die Orderaufgabe noch einen kleinen Betrag einrechnen. Falls also eine Fehlermeldung kommt, z. B. „Es besteht nicht genügend Guthaben für diese Transaktion", reduzieren Sie die Stückzahl.

Angenommen, Sie wollen 5.000 € in die Statoil-Aktie investieren. Diese steht gerade bei 17 €. Dann rechnen Sie: 5.000 : 17 = 294. Sie können also für den ins Auge gefassten Betrag 294 Aktien ordern.

Handelsplatz bzw. Handelsort

Bei der Wahl des Handelsplatzes können Sie Ordergebühren sparen. Aber Sie sollten auch darauf achten, dass Ihre Aktie am betreffenden Handelsplatz häufig genug geordert wird. Nur dann ist ein fairer Kurs zu erwarten.

Direkthandel (Sekundenhandel) meiden

Häufig haben Sie die Wahl zwischen verschiedenen Börsen und dem Direkthandel, der manchmal auch Sekundenhandel heißt. Im Direkthandel versuchen die Banken außerbörslich, ihre eigenen Wertpapierbestände abzubauen. Aber Vorsicht: Das geschieht oft zu höheren Preisen als an der Börse. Meist ist es am günstigsten, an einer Börse zu ordern. Denn dort werden laufend neue Preise gebildet, die sich nach Angebot und Nachfrage richten.

Die Börsen sind verpflichtet, Ihren Auftrag zum besten Preis auszuführen, der zum Zeitpunkt des Eingangs Ihrer Order als Gegenangebot vorliegt. Indem Sie den Direkthandel meiden, sparen Sie also fast immer Geld. Häufig gilt das sogar dann, wenn die Ordergebühren für den Direkthandel günstiger sind.

Sie haben meist die Wahl zwischen verschiedenen Börsenplätzen. Auslandsbörsen sollten Sie nur wählen, wenn die gewünschte Aktie im Inland nicht erhältlich ist, denn diese Börsenplätze sind oft deutlich teurer. Die Statoil-Aktie bekommen Sie aber problemlos in Deutschland. Empfehlenswert für die meisten ausländischen Standardwerte ist die elektronische Börse Xetra. Dort erledigt ein Computer Ihren Kauf oder Verkauf automatisch ohne menschliche Beteiligung. Auch deutsche Standardaktien können Sie über Xetra unkompliziert ordern.

Daneben gibt es mehrere kleinere Präsenzbörsen, die auch Parkettbörsen genannt werden, so beispielsweise Frankfurt, Stuttgart, München, Düsseldorf, Hamburg und Berlin. Hier kümmern sich noch Börsenmakler um die Ausführung der Orders. Diese Börsen eignen sich vor allem für Nebenwerte, die in der entsprechenden Region angesiedelt sind.

Die Aktie der Münchener Einzelhandelsgesellschaft Ludwig Beck („am Rathauseck") würden Sie beispielsweise über die Börse München ordern.

Orderart

Unter der Überschrift „Orderart" können Sie wählen zwischen

- „billigst" (oder bei manchen Brokern in gleicher Bedeutung „bestens"),
- „Limit",
- „Stop Loss" und
- „Stop Buy".

„Billigst" oder „bestens" heißt, Ihre Order wird zum aktuell günstigsten Börsenkurs ausgeführt – wo auch immer der gerade liegt. Mit dieser Eingabe signalisieren

Sie also, dass Sie das Papier kaufen wollen, egal, was es kostet. Bei deutschen Standardwerten machen Sie damit nichts falsch. Denn hier sind Kursausschläge nach oben oder unten nicht zu erwarten – dazu werden ständig zu viele Aktien in zu großer Stückzahl gehandelt.

Mit der Orderart „Limit“ können Sie den Höchstpreis pro Aktie eingeben, den Sie maximal zu zahlen bereit sind. Ein Kauf wird aber nur dann ausgeführt, wenn der Kurs Ihr Limit nicht übersteigt. Außerdem müssen Sie wissen, dass limitierte Orders stets nachrangig ausgeführt werden, also erst dann, wenn alle unlimitierten Kauforders bereits abgewickelt sind (unlimitierte Orders sind die mit der Eingabe „billigst“/„bestens“). Es kann also sein, dass eine limitierte Order lange Zeit nicht ausgeführt wird.

Limit setzen

Das ist sinnvoll bei Nebenwerten, also Aktien kleinerer Unternehmen, sowie bei Auslandsaktien, die hierzulande nicht so häufig gehandelt werden wie deutsche Standardwerte. Setzen Sie das Limit in etwa da, wo der aktuelle Kurs liegt. Dann kaufen Sie die Aktie nicht ungewollt teuer.

Spartipp: Abstauber-Limit setzen

Wenn eine Aktie stark schwankt, ist es gut möglich, dass Sie sie auf diese Weise billiger bekommen. Angenommen, der Kurs liegt gerade bei rund 17 €. Dann versuchen Sie es doch einmal mit einem Limit von 16 €. Wenn die Order ausgeführt wird und der Kurs anschließend wieder auf die 17-€-Marke steigt, haben Sie so bereits gut 6 % gewonnen. Bleibt Ihre Order dagegen unausgeführt, können Sie immer noch das Limit erhöhen oder „billigst“/„bestens“ ordern.

Die Orderart „Stop Buy“ wählen Sie, wenn Sie eine Aktie erst kaufen wollen, wenn sie steigt. Angenommen, Sie glauben an das Potenzial einer Aktie, aber ihr Kurs bewegt sich monatelang auf ungefähr gleichem Niveau, nämlich bei 47 €. Dann signalisieren Sie mit der Orderart „Stop Buy“ von 50 €: Die Aktie soll erst gekauft werden, wenn die Aktie den Kurs von 50 € erreicht oder überschritten hat. Ausgeführt wird die Order dann allerdings zur nächsten gültigen Kursfeststellung und damit unabhängig davon, ob der Kurs dann noch höher oder schon wieder niedriger liegt als Ihr Stop-Buy-Limit.

Die Orderart „Stop Loss“ steht Ihnen nur bei Verkaufsorders zur Verfügung. Auch hier gilt: Eine Stop-Loss-Order wird ausgeführt, sobald der Kurs des betreffenden Wertpapiers die eingegebene Grenze berührt oder unterschritten hat. Verkauft wird also auch dann, wenn der Kurs nach Erreichen der Schwelle weiter sinkt oder schon wieder steigt. Trotzdem kann ein Stop-Loss-Kurs ein sinnvolles Mittel zur Verlustbegrenzung sein.

Stop-Loss-Limit setzen

Angenommen, Sie haben die Statoil-Aktie gerade für 16 € gekauft. Maximal 20 % Verlust wollen Sie tolerieren. Dann geben Sie eine Verkaufsorder für Statoil mit der Orderart „Stop Loss“ auf. Als Stop-Loss-Kurs geben Sie 12,80 € (16 € minus 20 %) ein.

Das heißt: Die Aktie wird erst verkauft, wenn der Kurs von Statoil auf 12,80 € oder darunter fällt. Aber Achtung: Fällt die Aktie anschließend weit unter diese Marke, sind trotzdem größere Verluste möglich.

Orderbeschränkung oder Handelshinweis

Bei der Orderbeschränkung sollten Sie „variabel“ wählen. „Kassa“ bedeutet, Sie bekommen einen einheitlichen Durchschnittspreis. Kassakurse werden meist kurz vor Börsenschluss ermittelt. Für alle Aufträge, die bis dahin noch nicht abgewickelt wurden, wird dann ein einheitlicher Kurs festgestellt.

Orderzusatz

Im Feld „Orderzusatz“ sollten Sie vor allem bei selten gehandelten Aktien (d. h. Nebenwerten oder Auslandsaktien) „Fill or kill“ („FOK“) oder „Immediate or cancel“ („IOC“) wählen. Das bedeutet: Entweder sofort oder gar nicht. Ihre Order wird dann meist nicht in mehrere Teile gestückelt, sondern entweder sofort ausgeführt oder gelöscht, wenn kein passendes Gegenangebot vorliegt. So vermeiden Sie Teilausführungen, die Ihnen manche Depotbanken einzeln in Rechnung stellen. Vor allem bei Xetra besteht diese Gefahr.

Gültigkeit

Nicht immer wird eine Wertpapierorder sofort ausgeführt. Oft müssen Sie sich als Anleger gedulden, etwa weil noch kein passendes Gegenangebot vorliegt oder weil ein Limit, das Sie gesetzt haben, noch nicht erreicht wurde. Sie bestimmen selbst, wie lange eine Wertpapierorder Bestand haben soll. Möglich sind folgende Varianten:

- tagesgültig
- bis zum letzten Tag des laufenden Monats („Ultimo")
- bis zum letzten Tag des Folgemonats („Ultimo + 1")
- bis zur Streichung der Order („Good till cancelled", abgekürzt „GTC")

Tipp: Meist ist es sinnvoll, die Gültigkeit zu beschränken, denn nicht selten kostet die Streichung oder Änderung einer unausgeführten Order Geld. Es kann aber durchaus zweckmäßig sein, eine unausgeführte Order später noch einmal zu ändern, etwa um Stop-Loss-Kurse an den gestiegenen Aktienkurs anzupassen.

Die Kosten einer Wertpapierorder

Dank der Konkurrenz durch Online-Broker sind die Transaktionsgebühren deutlich gesunken. Bei den Online-Brokern kostet eine Aktienorder 4 bis 20 €, bei einer Filialbank können es aber auch 40 bis 50 € sein. Wertpapieran- und -verkäufe an den Auslandsbörsen sind meist deutlich teurer. 25 bis 50 € pro Transaktion sind hier keine Seltenheit.

Ein Teil dieser Entgelte ist fix. Das gilt meist für die Ordergebühr, die die Bank selbst verlangt. Ein anderer Teil ist aber oft variabel und hängt vom Ordervolumen ab, also von dem Betrag, den Sie investieren wollen. Ein weiterer Teil der variablen Kosten geht als „Maklergebühr" an die Börse, die den Kauf ausführt.

Angesichts dieser happigen Preise ist aber auch klar: Allzu klein sollte Ihre Wertpapierorder nicht sein. Für nur 20, 30 oder 50 € Wertpapiere zu kaufen, lohnt sich in aller Regel nicht. Empfehlenswert sind dagegen „Flatrates", also feste Ordergebühren, bei denen Sie von vornherein wissen, was auf Sie zukommt.

Anhang 6
Ombudsleute: Nutzen Sie das private Schlichtungsverfahren, um Streit vor Gericht zu vermeiden

Sie haben Ärger mit einer Bank, einer Versicherung, einem Online-Shop oder mit der Schufa? Ihre Bank bucht von Ihrem Konto beispielsweise eine Gebühr ab, die Sie nicht für rechtmäßig halten? Die Versicherung Ihres Unfallgegners weigert sich, die vollen Reparaturkosten auszuzahlen? Ein Online-Shop weist Ihre Reklamation ab, obwohl sie begründet ist? Oder die Schufa weigert sich, Daten zu löschen, die Sie als falsch angemahnt haben? Natürlich könnten Sie jetzt den Klageweg beschreiten, um Ihr Recht durchzusetzen. Das hätte aber mehrere Nachteile:

- Es dauert meist recht lange, bis eine solche Streitigkeit vor Gericht entschieden wird.
- Sie tragen ein hohes Kostenrisiko. Wird juristisch zu Ihren Ungunsten entschieden, müssen Sie nicht nur für die Prozesskosten aufkommen, sondern zusätzlich noch Ihren eigenen Anwalt und den der Gegenpartei bezahlen.
- Wenn Sie obsiegen, riskieren Sie, dass der Prozessgegner Berufung bzw. Revision einlegt, sich also an die nächsthöhere gerichtliche Instanz wendet, um dadurch die Entscheidung der Vorinstanz überprüfen zu lassen.

Keinen dieser Nachteile erleiden Sie dagegen, wenn Sie sich stattdessen für ein außergerichtliches Schlichtungsverfahren bei eigens dafür eingesetzten Schlichtern („Ombudsleuten") entscheiden. Das ist allerdings üblicherweise nur Verbrauchern möglich, nicht aber Selbstständigen oder Gewerbetreibenden.

Ombudsleute sind meist ehemalige hochrangige Richter, die im Auftrag eines Verbandes die Rechtslage prüfen und einen Schiedsspruch abgeben. Dabei richten sie sich – ebenso wie staatliche Richter – nach der aktuellen Gesetzeslage und der jüngsten Rechtsprechung in vergleichbaren Fällen. Üblicherweise dauert eine Beschwerde drei bis gut sechs Monate. Lediglich in sehr komplizierten Fällen kann die Wartezeit länger sein.

Bis zu einer bestimmten Summe (auf welche Höhe sich diese beläuft, ist von Verband zu Verband verschieden; meist sind es 5.000 €) ist Ihre Gegenpartei an den

Schiedsspruch gebunden. Sie selbst haben dagegen ohne jede Beschränkung die Freiheit, auch nach dem Schlichtungsverfahren noch Klage einzureichen. Üblicherweise hemmt ein schwebendes Schiedsverfahren auch die Verjährung. Solange der Ombudsmann also noch nicht über Ihre Beschwerde entschieden hat, läuft die Verjährungsfrist nicht weiter.

Beachten Sie:

Ihre Beschwerde müssen Sie unbedingt vor Ablauf der gesetzlichen Verjährungsfrist geltend machen, also spätestens drei Jahre nach Ablauf des Jahres, in dem Ihr Anspruch entstanden ist (§§ 195, 199 BGB). Ist Ihr Anspruch bereits verjährt, kann auch ein Ombudsmann nichts mehr für Sie tun.

So beschweren Sie sich richtig

Bevor Sie sich beschweren, wenden Sie sich an das Unternehmen (Bank, Versicherung, Online-Shop, Schufa), dem Ihre Beschwerde gilt, und bitten Sie, die Entscheidung zu überdenken bzw. zu begründen. Das gebietet nicht nur die Fairness, sondern es ist bei einigen Schlichtern auch Voraussetzung für die Annahme der Beschwerde. Setzen Sie dem Empfänger dabei eine Frist von beispielsweise 14 Tagen, um zu verhindern, dass er Sie übermäßig lange warten lässt. Erst danach wenden Sie sich an die zuständige Schlichtungsstelle.

Zuerst sollten Sie möglichst einen Blick auf die Homepage der jeweiligen Schlichtungsstelle im Internet werfen. Die Adressen finden Sie – ebenso wie die Postanschriften – weiter unten in diesem Beitrag. Manche Ombudsleute stellen ein Beschwerdeformular zur Verfügung. Ist das nicht der Fall, formulieren Sie Ihre Beschwerde frei. Ihr Schreiben sollte folgende Angaben enthalten:

- Ihren Namen, Ihre vollständige Adresse und Ihre Kontaktdaten
- Gegen wen richtet sich Ihre Beschwerde? (Name der Bank, der Versicherung, des Online-Shops oder die Angabe, dass es sich um die Schufa handelt)
- Was werfen Sie dem betreffenden Unternehmen vor? (z. B. Abbuchung einer unzulässigen Gebühr, Weigerung einer Schadenserstattung, falscher Schufa-Eintrag)
- Was möchten Sie mit Ihrer Beschwerde erreichen? (z. B. Erstattung der betreffenden Gebühr, Schadenersatz)

Wichtig: Fügen Sie Belege bei, etwa den Kontoauszug, aus dem die Abbuchung einer unzulässigen Gebühr hervorgeht, oder den Schriftwechsel, den Sie mit Ihrer oder der gegnerischen Versicherung in der betreffenden Angelegenheit geführt haben. Hilfreich sind auch Gesprächsnotizen oder -protokolle über mündliche Absprachen.

Lesen Sie im Folgenden, welche Schlichtungsstellen für welche Banken und Versicherungen zuständig sind und was Sie ggf. über die oben genannten Angaben hinaus bei einer Beschwerde beachten müssen.

Banken-Ombudsleute

Bei allen Banken-Schlichtungsstellen ist der Schlichterspruch bis in Höhe von 5.000 € bindend für die Bank. Erst was darüber hinausgeht, kann die betroffene Bank gerichtlich überprüfen lassen. Achtung! Je nach Kreditinstitut sind unterschiedliche Schlichtungsstellen zuständig. Hier ein Überblick über die wichtigsten Adressen:

Kreditinstitut	Postanschrift	Internet-Adresse
Genossenschaftliche Banken (z. B. Volksbanken, Raiffeisenbanken, Sparda-Banken, ApoBank)	Kundenbeschwerdestelle beim Bundesverband der Deutschen Volksbanken und Raiffeisenbanken BVR Schellingstr. 4, 10785 Berlin	www.bvr.de > Kunden-beschwerdestelle
Sparkassen (auch Stadt- und Kreissparkassen)	Deutscher Sparkassen- und Giroverband Kundenbeschwerdestelle Charlottenstraße 47 10117 Berlin	www.sparkasse.de > Sparkassen-Finanz-gruppe > Schlichtungsstelle
Privatbanken (z. B. Deutsche Bank, Commerzbank, Postbank)	Kundenbeschwerdestelle beim Bundesverband deutscher Banken Postfach 04 03 07 10062 Berlin	www.bankenverband.de > Service > Beschwerdestelle
Öffentliche Banken (z. B. Landesbank, Deutsche Kreditbank)	Bundesverband Öffentlicher Banken Deutschlands, VÖB Kundenbeschwerdestelle Postfach 11 02 72 10832 Berlin	www.voeb.de > Über uns > Ombudsmann

Kreditinstitut	Postanschrift	Internet-Adresse
Private Bausparkasse (z. B. Schwäbisch Hall, BHW, Wüstenrot)	Verband der Privaten Bausparkassen e. V. Kundenbeschwerdestelle Postfach 30 30 79 10730 Berlin	www.bausparkassen.de > Verbraucherschutz > Ombudsverfahren
Landesbausparkassen	Schlichtungsstelle der LBS Postfach 74 48 48040 Münster	www.lbs.de > Service > Schlichtungsstelle

Versicherungs-Ombudsleute

Zwei Schlichtungsstellen sind für den Bereich Versicherungen zuständig – eine davon für Privatversicherungen (Haftpflicht-, Kasko-, Lebens-, Gebäude-, Unfall-, Rechtsschutz-, Berufsunfähigkeitsversicherung etc.). Fast alle Versicherungsunternehmen haben sich dem Schlichtungsverfahren angeschlossen. Die andere Schlichtungsstelle ist ausschließlich für private Kranken- und Pflegeversicherungen zuständig und ebenfalls für die Mehrzahl der privaten Krankenversicherer.

Neben den oben genannten Informationen ist bei einer Beschwerde die Angabe der versicherten Person wichtig. Diese Mitteilung ist immer nötig. Wenn Sie einen Haftpflichtschaden bei der gegnerischen Versicherung durchsetzen möchten, ist sie sogar unerlässlich. Beachten Sie:

Bei privaten Versicherungen (außer Krankenversicherungen) sind Beschwerden von Verbrauchern und unter bestimmten Voraussetzungen auch von Kleingewerbetreibenden zulässig. Die Bindung der Versicherer an den Schlichtungsspruch ist jüngst ausgeweitet worden: Bei Schiedssprüchen bis zu 10.000 € ist der Versicherer jetzt an die Entscheidung des Ombudsmannes gebunden. Damit sind mehr als 90 % aller Beschwerdefälle abgedeckt. Beschwerde dürfen Sie jedoch nur einreichen, wenn es dabei um maximal 100.000 € geht (bis November 2010 waren es noch 80.000 €).

Beim Ombudsmann für private Kranken- und Pflegeversicherungen gilt keine Bindungswirkung. Sowohl der Versicherer als auch Sie selbst können unabhängig vom Ausgang des Schlichtungsverfahrens später Klage einreichen.

Versicherung	Postanschrift	Internet-Adresse
Private Versicherungen (allgemein)	Versicherungsombudsmann Postfach 08 06 32 10006 Berlin	www.versicherungsom-budsmann.de (Beschwerdeformular nutzen!)
Private Kranken- und Pflegeversicherungen)	Ombudsmann Private Kranken- und Pflegeversicherung Postfach 06 02 22 10052 Berlin	www.pkv-ombuds-mann.de (Beschwerdeformular nutzen!)

Janne Jörg Kipp

- Über 20 Jahre Geldanlageerfahrung
- Spezialgebiet: langfristige Geldanlage
- Besondere Anlageschwerpunkte: Dividendenstrategien

„Wirtschaft und Geldanlage“ – So beschrieb Janne Jörg Kipp, geboren in Hannover, von Kindesbeinen an einen großen Teil seiner Hobbys. Mit Beginn seines Studiums zum Diplom-Ökonom machte er sein Hobby zum Beruf. Das Studium finanzierte er sich mit der Beratung von Kleinunternehmern und privaten Geldanlegern.

Dank einer „sehr gut“ abgeschlossenen Diplomarbeit hatte er nach Beendigung seines Studiums die Wahl: Unternehmens- oder Geldanlageberatung. Er entschied sich zunächst für den Standardweg, die Unternehmensberatung, nahm aber bereits 1999 ein Angebot vom Verlag für die Deutsche Wirtschaft AG, Bonn, zur publizistischen Beratung von Selbstständigen und privaten Geldanlegern bei Dr. Liemen an.

Im Sommer 2009 gründete der Analyst die Fachmedienagentur für Wirtschaft und Finanzen, die Investoren zum Thema Geldanlage publizistisch berät. Als Autor und Analyst steht er Dr. Erhard Liemen in der Chefredaktion zur Seite.

Heute ist er Chefredakteur der Informationsdienste *„Der Deutsche Wirtschaftsbrief“*, *„Dr. Liemen Depot-Brief“* und des Newsletters *„Wirtschaft vertraulich“*.

„Wirtschaft vertraulich“, den kostenfreien täglichen Newsletter von Janne Jörg Kipp können Sie über die nachfolgende Internetseite anfordern: www.liemen.de

Wirtschaft, Finanzen & Politik sind die entscheidenden Stellschrauben für das Wohl Ihres Privatvermögens, Ihres Unternehmens und Ihrer Familie. Erfahren Sie täglich und zeitnah, wie sich Entscheidungen in Wirtschaft und Politik auf Ihr Vermögen und Ihr Unternehmen auswirken. In *„Wirtschaft vertraulich“* lesen Sie alles, was erfolgreiche Entscheider auch künftig brauchen.